FAC • UNIVERSITÉS

MÉMENTOS LMD

DROIT DES BIENS

7e édition

Sophie DRUFFIN-BRICCA

est Maître de conférences HDR à l'Université Côte d'Azur, Faculté de droit de Nice Sophia Antipolis, directrice du Master 2 Droit de la propriété intellectuelle et des nouvelles technologies et membre du CERDP (E.A n°1201).

Laurence-Caroline HENRY

est avocat général à la Cour de cassation en service extraordinaire, professeur agrégé et membre du CERDP (E.A n°1201).

Des mêmes auteurs, chez le même éditeur

Collection « Mémentos LMD »

- *Mémentos LMD Introduction générale au Droit*, 11e éd. 2017-2018.
- *Mémentos LMD Droit des entreprises en difficulté*, à paraître.

Collection « Exos LMD »

- *Exos LMD Introduction générale au Droit*, 4e éd. 2014.

Collection « Carrés Rouge »

- *L'essentiel de l'Introduction générale au Droit*, 13e éd. 2017-2018.
- *L'essentiel du Droit des biens*, 10e éd. 2017-2018.
- *L'essentiel du Droit international privé*, 6e éd. 2017-2018.
- *L'essentiel du Droit des entreprises en difficulté*, 6e éd. 2017-2018.

Collection « Annales corrigées et commentées »

- *Introduction générale au droit*, 2e éd. 2017-2018.
- *Droit de la famille et des personnes*, 2e éd. 2017-2018 (en coll. avec Marie-Cécile Lasserre).
- *Droit des obligations*, 2e éd. 2017-2018 (en coll. avec Marie-Cécile Lasserre et Jean-Raphaël Demarchi).

70, rue du Gouverneur Général Éboué
92131 Issy-les-Moulineaux cedex
ISBN 978 - 2 - 297 - 06166 - 7
ISSN 1288-9199

FAC • UNIVERSITÉS

MÉMENTOS LMD

DROIT DES BIENS

- Propriété individuelle
- Propriété collective
- Propriété démembrée

Sophie DRUFFIN-BRICCA • Laurence-Caroline HENRY

7e édition 2017-2018

Gualino
une marque de Lextenso

FAC • UNIVERSITÉS

MÉMENTOS LMD

La collection pour les étudiants en licence (L1, L2 et L3)
Droit, Économie et Gestion.
Chaque livre rend accessibles les connaissances
à acquérir pour réussir les examens.

Présentation

Cet ouvrage est une présentation claire et simple du droit des biens, pilier du droit civil.

Il est destiné à un large public : étudiants en droit (licence et master), étudiants en sciences économiques ou AES, candidats aux concours de la fonction publique et à l'examen du CRFPA et plus globalement à tous ceux, professionnels ou particuliers, qui s'intéressent au droit des biens.

Dans une première partie, ce Mémentos LMD aborde le ***concept classique de propriété individuelle***, notion fondamentale du Code civil. À travers une présentation pédagogique du droit de propriété, les transformations de la matière sont mises en exergue. Elles révèlent l'évolution du mode d'exercice du droit de propriété.

Dans une seconde partie, le ***développement de la propriété dite collective*** est pris en considération. Si elle est collective, la propriété est nécessairement partagée. Ce partage prend deux formes, d'une part, un cumul des droits sous la forme de propriétés collectives (indivision, copropriété) et d'autre part, une distribution des droits entre les titulaires en présence de démembrements du droit de propriété (servitudes, usufruit).

Les auteurs ont été soucieux de tenir compte des ***dernières évolutions de la matière***. Les propositions les plus marquantes de l'avant-projet de réforme du droit des biens sont signalées, ainsi que les toutes dernières jurisprudences et évolutions législatives.

Sommaire

SOMMAIRE

PARTIE 1
La propriété individuelle

TITRE 1 • Le droit de propriété

SOMMAIRE

SOMMAIRE

SOMMAIRE

PARTIE 2
La propriété partagée

TITRE 1 • La propriété collective

TITRE 2 • La propriété démembrée

SOMMAIRE

Liste des principales abréviations

AJDA	Actualité juridique de droit administratif
AJDI	Actualité juridique de droit immobilier
APD	Archives de philosophie du droit
Bull. civ.	Bulletin des arrêts de la chambre civile de la Cour de cassation
C. aviation	Code de l'aviation civile
CCH	Code de la construction et de l'habitation
C. com.	Code de Commerce
C. dom. publ. fluv.	Code du domaine public fluvial et de la navigation intérieure
C. envir.	Code de l'environnement
C. for.	Code forestier
CPC	Code de procédure civile
C. patr.	Code du patrimoine
C. rur.	Code rural
C. urb.	Code de l'urbanisme
C. voirie routière	Code de la voirie routière
D.	Recueil Dalloz-Sirey
DP	Dalloz périodique
Dr. famille	Droit de la famille
GAJ civ.	Grands arrêts de la jurisprudence civile par Fr. Terré et Y. Lequette, Dalloz, 12e éd., 2007
IR	Informations rapides
JCP E	Juris-classeur périodique, Semaine juridique, édition entreprise
JCP N	Juris-classeur périodique, Semaine juridique, édition notariale
JCP G	Juris-classeur périodique, Semaine juridique, édition générale
JO	Journal Officiel de la République française
JOCE	Journal Officiel des Communautés européennes
JOUE	Journal Officiel de l'Union européenne
Loyers et copr.	Loyers et copropriété
Mél	Mélanges en l'honneur de
R.	Rapport annuel de la Cour de cassation
Resp. civ. et assur.	Responsabilité civile et assurances
RDI	Revue de droit immobilier
RD rur.	Revue de droit rural
Rép. civ.	Répertoire de droit civil, Dalloz
Req.	Chambre des requêtes de la Cour de cassation
Rev. Administrer	Revue Administrer
Rev. huissiers	Revue des huissiers de justice
Rev. loyers	Revue des loyers et des fermages
RJPF	Revue juridique Personnes et famille
RTD civ.	Revue trimestrielle de droit civil
S.	Recueil Sirey
somm.	sommaires

Introduction

« *Tous les biens ne sont pas des choses et toutes les choses ne sont pas des biens* » : l'expression est connue. Loin d'être un jeu de mots, elle reflète la réalité des concepts juridiques.

Tous les biens ne sont pas des choses. Caractériser la notion de bien est un défi. Au sens large, les biens sont liés à la commercialisation et à l'utilité économique qu'ils présentent pour l'homme. Ils ne sont pas prisonniers d'une matérialité quelconque. Ils sont, de plus en plus souvent, immatériels ; les droits incorporels portent sur une activité forgeant les propriétés incorporelles. Ainsi, au sens large, les biens désignent tous les droits ayant une valeur patrimoniale ; en d'autres termes, il s'agit des richesses au sens de la science économique.

Toutes les choses ne sont pas des biens. *A priori,* les choses sont les objets que nos sens perçoivent. Elles sont en principe corporelles, pourtant, elles sont elles aussi touchées par la dématérialisation ; par exemple, l'électricité est également qualifiée de chose. Cependant, les choses ne sont prises en considération par le droit que dans la mesure de « l'utilité qu'en tirent les hommes »[1]. Pour être qualifiées de « bien » par le droit, les choses doivent pouvoir faire l'objet d'une appropriation et doivent avoir une valeur patrimoniale. Pour qu'une chose soit un bien, il faut qu'elle puisse faire l'objet de droits. Ainsi, les biens ne sont des choses que dans la mesure où ils sont l'objet de droits réels. Ces droits sont essentiels car les choses ont moins de valeur en elles-mêmes que les droits qui portent sur elles. Ce sont eux qui présentent une véritable valeur, de sorte que ce sont ces droits qui constituent des biens au sens juridique du terme.

Le droit des biens fait l'objet d'une réflexion approfondie qui devrait, à terme, actualiser et améliorer la rédaction du titre II du Code civil consacré aux biens. Un groupe de travail constitué au sein de l'Association Henri Capitant, composé d'éminents juristes spécialisés en droit des biens, a réfléchi à la refonte de notre droit des biens. Le travail a

1. La citation complète de Portalis, maintes fois reprise : « Les choses ne seraient rien pour le législateur sans l'utilité qu'en tirent les hommes. »

abouti à la rédaction d'un avant-projet de réforme du droit des biens présenté le 31 octobre 2008 à la direction des affaires civiles et du Sceau du ministère de la Justice. Ce texte est riche de nombreuses réflexions et propositions d'amélioration et de modernisation du droit des biens[2]. C'est pourquoi, bien qu'il n'ait aucune valeur juridique, il lui sera utilement fait référence. Ainsi, le projet de réforme du droit des biens propose l'introduction, dans le titre II du Code civil, d'un titre Ier intégrant une définition du patrimoine et des biens qui le composent (art. 519 « *Le patrimoine d'une personne est l'universalité de droit* comprenant l'ensemble de ses biens et obligations, présents et à venir, l'actif répondant du passif » et 520 « *sont des biens (...), les choses corporelles ou incorporelles faisant l'objet d'une appropriation, ainsi que les droits réels et personnels tels que définis aux articles 522 et 523* »). Ces définitions apportent un éclairage précieux pour comprendre les biens en tant qu'ils sont des droits patrimoniaux (1) et des droits sur une chose (2).

1• BIENS : DROITS PATRIMONIAUX

Les biens se caractérisent par leur valeur patrimoniale. Il existe une relation de droit entre les biens et le patrimoine. Ce dernier leur sert de contenant en même temps que de critère de qualification : constituent des biens, les choses, les droits portant sur ces choses, mais également tous les droits, y compris personnels, qui ont une valeur pécuniaire et entrent dans le patrimoine du sujet de droit. Comprise ainsi, la notion de bien excède largement l'objet traditionnel du droit des biens et impose un rappel du concept de patrimoine en ce qu'il intéresse le droit des biens, à savoir en tant que réceptacle des biens.

A - Les biens, éléments du patrimoine

Il s'agit des biens pris au sens large. Ils réunissent dans un même creuset tous les droits évaluables en argent (ultime méthode pour chiffrer la valeur). Ce rapprochement n'est pas sans conséquences sur les catégories du droit : la distinction entre droits réels (droits portant sur les choses) et droits personnels ou droits de créance (droits se caractérisant par un lien entre deux personnes) se trouble. Il s'y ajoute les droits intellectuels consacrant les droits des créateurs sur leurs œuvres. Autant de droits qui deviennent des biens pour avoir une valeur et figurer à l'actif du patrimoine.

Ces derniers sont au cœur des défis lancés à notre époque, d'une part par la science qui intellectualise le réel, dématérialisant les choses naturellement corporelles, réifiant le vivant, d'autre part par l'emprise croissante de l'économie qui « patrimonialise » les objets par l'intermédiaire des droits portant sur eux, qui fragmente les droits pour en tirer davantage de profit... Il en résulte une constatation : tout devient susceptible

2. Périnet-Marquet H. (dir.), « Propositions de l'Association Henri Capitant pour une réforme du droit des biens », 2009, Litec, coll. Carré Droit ; V. W. Dross et B. Mallet-Bricout, « L'avant-projet de réforme du droit des biens : premier regard critique », D. 2009, p. 508 ; F. Zénati-Castaing, « La proposition de refonte du livre II du Code civil : étude critique », RTD civ. 2009, p. 211.

d'être évalué en argent. L'évolution contemporaine du droit tend à une intellectualisation et une diversification de la notion de bien.

Les fonds de commerce, la propriété commerciale, sur le devenir desquels on s'interroge, constituent des biens. La clientèle civile, par exemple celle d'un médecin, montre les difficultés de la qualification. Doit-elle être considérée comme un bien pour être une valeur négociable dans un contrat de cession de clientèle civile ? L'évolution jurisprudentielle et législative consacre la valeur qu'elle représente au même titre que la clientèle commerciale ou les monopoles d'exploitation.

L'intellectualisation des droits impose une autre constatation : les catégories de choses appropriées se développent. Par suite, il existe de nouveaux biens : un numéro de carte bancaire, des nanoparticules, des OGM, des quotas... Les biens nés de l'œuvre humaine avec la propriété industrielle, littéraire et artistique sont reconnus depuis longtemps ; un pas de plus est franchi lorsque l'activité humaine produit des biens sans qu'une œuvre puisque les concrétiser. Il faut alors dépasser le concept de propriété sur l'immatériel pour régler le problème de la connaissance. Elle ne produit pas d'objet, elle ne devrait donc pas pouvoir faire l'objet d'une appropriation et ne saurait être qualifiée de « bien ».

D'aucuns ont démontré que la connaissance obtenue sur un objet est une « information ». Cette connaissance distingue l'information de l'invention, une fois l'information appropriée, elle devient un bien. Les biotechnologies illustrent l'émergence de cette nouvelle catégorie de biens : la connaissance d'un gène engendre un droit de propriété, une information appropriée.

La « marchandisation[3] » est une caractéristique de notre époque, l'immatériel devient évaluable, renforçant la catégorie juridique des biens. La valeur n'a plus besoin de prendre corps : la dématérialisation des titres en est une preuve de plus ; elle entraîne une simple inscription en compte des valeurs mobilières, posant la question de leur corporalité, qualifiée de scripturale par certains. Si la matérialité s'affaiblit, laissant la place à des biens-valeurs incorporels, par un mouvement opposé, la personne qui échappait par principe à la sphère du patrimoine, est rattrapée par une tendance à la réification du vivant.

Les fluctuations des limites de la sphère des biens imposent de tenter de les définir. Ils sont des droits ayant une valeur pécuniaire. Par conséquent, ils s'inscrivent à l'actif du patrimoine : « *c'est l'inscription au patrimoine qui fait le bien* »[4].

B - Le patrimoine, réceptacle[5] des biens

Le patrimoine est le contenant, le cadre des biens. Il constitue une universalité juridique composée « *d'un ensemble de droits et d'obligations, c'est-à-dire d'actif (les droits) et de passif (les obligations) se rapportant à l'activité d'une personne, l'actif répondant du*

3. Au sens d'être évaluable et échangeable en tant que marchandise.
4. Lécuyer H. et Caron Ch., *Les biens*, 2002, Dalloz, coll. Connaissance du droit, p. 18.
5. Simler (Ph.), *Les biens*, 1996, PUG, coll. Le Droit en plus, p. 13, n° 9.

passif »[6]. Cette définition est reprise à l'article 519 de l'avant-projet de réforme du droit des biens.

Le patrimoine sert d'interface entre la personne et les biens qui entrent dans son patrimoine. La théorie d'Aubry et Rau se caractérise en quelques phrases. Toute personne a un patrimoine, ce dernier, même vide de contenu, reste lié à la personne. Ce principe semble toujours sous tendre le droit français puisque la chambre sociale de la Cour de cassation en reconnaissant au comité d'hygiène, de sécurité et des conditions de travail (CHSCT) le droit d'agir en justice le dote de la personnalité juridique et lui permet de recevoir une indemnisation ce qui implique l'attribution d'un patrimoine en même temps que la personnalité morale[7].

Tout patrimoine appartient à une personne qu'elle soit physique ou morale. Une personne n'a qu'un patrimoine, ce qui signifie que le patrimoine est incessible entre vifs mais qu'il est transmissible à cause de mort. L'unité du patrimoine est posée comme un principe : les créanciers d'un commerçant ne sont pas cantonnés à une partie du patrimoine de leur débiteur, ils entrent en concurrence avec les créanciers civils, et à défaut de sûretés et autres garanties, ils se paient au prix de la course. Le droit français a multiplié les exceptions à la théorie d'Aubry et Rau :

- la création, par la loi du 11 juillet 1985, de l'entreprise unipersonnelle à responsabilité limitée (EURL) permet d'affecter une partie du patrimoine à l'activité professionnelle. Cependant, l'exception est atténuée par la reconnaissance de la personnalité juridique de la société unipersonnelle et surtout cette affectation est trompeuse, car les créanciers exigent l'engagement personnel de l'associé unique par le biais du cautionnement ;
- la loi du 11 février 1994, dite loi *Madelin*, relative à l'entreprise individuelle, permet à l'entrepreneur individuel de demander que l'exécution des créances nées de son activité professionnelle soit poursuivie sur les biens affectés à son activité[8] ;
- un autre assouplissement à la théorie française du patrimoine a été introduit par la loi n° 2003-721 pour l'initiative économique du 1er août 2003 insérant un article L. 526-1 dans le Code de commerce. Cette disposition permet au chef d'entreprise de faire une déclaration notariée et publiée d'insaisissabilité de sa résidence principale. La loi de modernisation de l'économie n° 2008-776 du 4 août 2008 étend le domaine de la déclaration d'insaisissabilité à « tout bien foncier bâti ou non bâti non affecté à un usage professionnel ». Cette déclaration isole une partie du patrimoine de l'entrepreneur ce qui rompt l'unité du patrimoine. La déclaration d'insaisissabilité a fait l'objet de nombreuses modifications législatives. L'ordonnance n° 2014-326 du 6 mars 2014 portant réforme de la prévention des difficultés des entreprises et des procédures collectives a réduit l'efficacité de la déclaration d'insaisissabilité, qui figure désormais dans la liste des nullités de la période suspecte. La déclaration d'insaisissabilité reste, au regard de la jurisprudence de la Cour de cassation, une protection efficace en cas d'ouverture d'une procédure collective à l'encontre du débiteur personne physique répondant, apparemment, à

---

6. Larroumet (Ch.), *Droit civil*, t. 1, *Introduction à l'étude du droit privé*, 1997, Économica, n° 412.
7. Cass. soc., 3 mars 2015, n° 13-26258 : D. 2015, p. 1356, note Dondero B.
8. Ces dispositions ne sont pas les seuls aménagements existants : en droit successoral des mécanismes permettent d'éviter la confusion immédiate du patrimoine du défunt avec ceux des héritiers.

l'objectif du législateur c'est-à-dire lui permettre de prendre un nouveau départ. La loi n° 2015-990 du 6 août 2015 pour la croissance, l'activité et l'égalité des chances économiques (dite loi *Macron*) prévoit l'insaisissabilité de plein droit de la résidence principale de l'entrepreneur individuel à l'égard de ses créanciers professionnels dont la créance est née postérieurement à la loi (C. com., art. L. 526-1). Cette insaisissabilité ne concerne pas les autres biens fonciers non affectés à un usage professionnel appartenant à l'entrepreneur individuel (telle une résidence secondaire) qui devront, pour échapper aux créanciers, toujours faire l'objet d'une déclaration notariée ;

– une nouvelle exception a été apportée avec l'instauration de la fiducie. Après des années de débats, de méfiance et d'hésitation, la loi sur la fiducie à la française a été votée le 19 février 2007 puis modifiée par la loi n° 2008-776 du 4 août 2008, l'ordonnance n° 2008-1345 du 18 décembre 2008 portant réforme du droit des entreprises en difficulté et l'ordonnance n° 2009-112 du 30 janvier 2009 portant diverses mesures relatives à la fiducie. Cette loi crée dans le Code civil un titre XIV intitulé « de la fiducie » (art. 2011 à 2031) dans le titre III relatif aux différentes manières dont on acquiert la propriété. La fiducie est inspirée du trust anglo-saxon sans lui être totalement assimilable. Elle consacre une sorte d'éclatement de la propriété. La définition de la fiducie telle que donnée par la loi de 2007 se trouve à l'article 2011 du Code civil : c'est l'opération par laquelle « *un ou plusieurs constituants transfèrent des biens, des droits ou des sûretés, ou un ensemble de biens, de droit ou de sûretés, présents ou futurs, à un ou plusieurs fiduciaires qui, les tenant séparés de leur patrimoine propre, agissent dans un but déterminé au profit d'un ou plusieurs bénéficiaires* »

  Cette définition porte atteinte à la théorie française de l'unité du patrimoine en consacrant la notion de patrimoine d'affectation. En effet, les biens, droits ou sûretés transférés sont séparés du patrimoine propre du fiduciaire. Pour mieux cerner ce nouvel instrument du droit français, il convient d'abord d'envisager sa constitution puis d'étudier ses effets, jusqu'à son dénouement. La constitution de la fiducie est strictement encadrée. La fiducie suppose trois intervenants. Les fiduciaires qui reçoivent les biens, droits ou sûretés en les tenant séparés de leur patrimoine et en respectant le but fixé par le constituant au profit des bénéficiaires. Les constituants peuvent être des personnes physiques ou morales. L'article 2016 précise que le constituant ou le fiduciaire peut être le bénéficiaire ou l'un des bénéficiaires d'un contrat de fiducie. Le bénéficiaire (ou les bénéficiaires) peut être une personne physique ou morale, il doit être capable. Il n'est pas nécessaire de l'identifier dans le cadre du contrat de fiducie, il suffit de prévoir les règles permettant sa désignation (C. civ., art. 2018). Les buts poursuivis par la fiducie sont strictement encadrés par la loi. Il s'agit de la fiducie la gestion et de la fiducie sûreté. L'ordonnance du 30 janvier 2009 améliore la fiducie. Le nouveau texte élargit son champ d'application tout en la clarifiant et en lui donnant une plus grande cohérence. Désormais, les avocats, sous conditions, peuvent être fiduciaires (C. civ., art. 2015). En outre, cette nouvelle forme de propriété sûreté est neutralisée lorsque le débiteur ayant constitué la fiducie sûreté a des chances de redressement dans le cadre de la loi de sauvegarde des entreprises ;

– une des dernières exceptions introduites en droit français rompant avec le principe de l'unité du patrimoine est l'instauration de l'entrepreneur individuel à responsabilité limitée (EIRL). Cette rupture a été réalisée avec l'adoption de la loi n° 2010-658 du 15 juin 2010 relative à l'EIRL, entrée en vigueur le 1er janvier 2011. L'EIRL permet à l'entrepreneur individuel de limiter sa responsabilité professionnelle par la création d'un véritable patrimoine d'affectation ou patrimoine professionnel, unique garantie des créanciers professionnels de l'EIRL. Contrairement à l'EURL, l'EIRL n'entraîne pas la création d'une personne morale. L'entrepreneur individuel dresse la liste des biens nécessaires à son entreprise ou utilisés dans le cadre de son activité professionnelle. Ces biens, destinés à l'exercice de son activité, vont être soustraits de son patrimoine privé. Ainsi, la création du patrimoine d'affectation d'une EIRL remet en cause le principe d'unicité du patrimoine de l'entrepreneur individuel. En effet, après création d'une EIRL, l'entrepreneur individuel à responsabilité limitée dispose de deux patrimoines : un patrimoine professionnel, dédié à son activité, qui constitue le seul gage des créanciers professionnels, et un patrimoine privé qui reste la garantie exclusive des créanciers personnels de l'entrepreneur. En cas de difficultés professionnelles, les créanciers de l'EIRL ne pourront saisir qu'un bien du patrimoine professionnel, les biens du patrimoine privé se trouvant ainsi totalement à l'abri sous réserve de la preuve de la confusion des patrimoines. En cas de décès de l'entrepreneur, de cession de l'EIRL ou de liquidation, le patrimoine affecté demeure séparé du patrimoine professionnel. Il faut constater le peu de succès de l'EIRL auprès des entrepreneurs. Le législateur, par la loi n° 2014-628 du 18 juin 2014 relative à l'artisanat, au commerce et aux très petites entreprises, ainsi que l'ordonnance n° 2014-326 du 6 mars 2014 portant réforme de la prévention des difficultés des entreprises et des procédures collectives, a simplifié son régime. Poursuivant le même objectif, à savoir l'attractivité de l'EIRL, la loi n° 2016-1691 du 9 décembre 2016, dite *Sapin 2* prend différentes mesures pour favoriser le passage du statut d'entrepreneur individuel vers celui d'EIRL.

Le patrimoine est un critère de qualification des biens dans la mesure où il ne peut pas comprendre des droits extrapatrimoniaux dépourvus de valeur pécuniaire. Ces derniers ne peuvent être exercés que par leur titulaire, car ils sont intimement liés à la personnalité. Les droits de la personnalité ne sont pas évaluables en argent et ne sont pas transmissibles moyennant finance. Ils ont été pris en considération par la jurisprudence, avant d'être protégés tardivement par la loi. Ils peuvent se résumer comme constituant l'ensemble des attributs de la personne humaine. Il s'agit, par exemple, du droit au nom, à l'honneur, à l'intégrité physique, à la santé, au respect de la vie privée. La frontière entre les droits patrimoniaux et extrapatrimoniaux semble nette, pourtant elle se brouille. Le critère de l'évaluation monétaire rend les catégories juridiques poreuses. Les droits de la personnalité présentent des caractères patrimoniaux et une gradation se dessine : les moins patrimoniaux sont les obligations naturelles, au-dessus se trouvent les obligations alimentaires, puis en cas d'atteinte à l'honneur, au nom, à l'intégrité physique, la réparation se fait en argent, laissant apparaître des créances patrimoniales[9]. Les éléments composant le patrimoine ont donc une propension à l'inflation.

Les biens composant l'actif du patrimoine sont indifférenciés pour se fondre dans l'actif qui répond aux dettes et constituent le gage des créanciers en application de l'article 2284 du Code civil. Le passif, quant à lui, est composé de la totalité des dettes

9. P. Catala, « Les transformations du patrimoine dans le droit civil moderne », RTD civ. 1996, p. 185.

contractées par le titulaire du patrimoine. Cette composition provoque critiques et réflexions. La corrélation du passif et de l'actif est dénoncée par certains : les dettes, sauf celles qui grèvent directement la chose possédée, ne sont en réalité rattachées qu'à la personne de l'obligé. L'article 2284 du Code civil est dénué d'ambiguïté sur ce point, il précise que celui qui s'est obligé personnellement est tenu de remplir son engagement sur tous ses biens. Le sens commun voudrait que le patrimoine soit compris comme l'avoir légitime d'une personne à l'exclusion de tout passif.

Cette analyse mérite d'être nuancée, car le patrimoine constitue le point de jonction entre la personne, ses biens et ses obligations. Les biens ne sont pris en considération par le droit que dans la mesure de leur intérêt pour la personne. La notion même de biens, de choses, objets de droits, renvoie au titulaire de ces droits : la personne. Le lien entre la personne et le patrimoine, composé de tous ses engagements pécuniaires, actif ou passif, est établi par la définition même du bien. Le caractère personnel de l'engagement du débiteur à l'égard de ses créanciers est indubitable, il n'en demeure pas moins que son exécution porte sur les biens, droits patrimoniaux par définition pour être évaluables en argent.

2• BIENS : DROITS SUR LA CHOSE

Dans un sens abstrait et juridique, les biens sont les droits eux-mêmes qui portent sur les choses, les droits permettant de se procurer le bénéfice des choses.

Seuls les droits portant sur des choses sont considérés comme des biens, c'est-à-dire au sens précis du terme, les droits réels. Or toutes les choses ne peuvent être l'objet de droit. Le rapport créé entre la chose et le titulaire du droit réel ne peut exister qu'à l'égard des choses qui ont une valeur et peuvent être appropriées. Choses et biens ne coïncident plus nécessairement. Le droit ne prend pas en compte toutes les choses mais seulement certaines d'entre elles : le droit des biens est seulement le droit des choses appropriées. Encore qu'en ce qui concerne les « nouveaux biens », certains auteurs considèrent que « *ce n'est pas l'appropriation (relation personne chose) qui transforme la chose en bien mais le contrat (relation de personne à personne) qui donne à cette propriété incontestée une valeur et conduit à la qualifier de bien* »[10].

La chose n'est admise qu'indirectement au rang des biens, au sens juridique, parce qu'elle fait l'objet d'un droit. Pourtant, la confusion entre la chose et le droit qui porte sur elle (c'est-à-dire le bien) subsiste souvent. Le droit de propriété lui-même, étant le droit le plus complet que l'on puisse avoir sur une chose, est confondu avec la chose sur laquelle il porte (il est un *jus in re*). Il est traité comme une chose, non comme un droit. Les rédacteurs du Code civil eux-mêmes utilisent le terme « bien » dans ses deux sens, tantôt de chose et tantôt de droit. De même, les classifications opérées par le Code civil concernent les choses mais s'appliquent aux droits. La loi n° 2008-561 du 17 juin 2008, portant réforme de la prescription civile, a modifié un certain nombre de règles relatives au droit des biens (plus spécialement la possession). Elle apporte une avancée

10. H. Périnet-Marquet, « Regard sur les nouveaux biens », JCP 2010, étude 1100, p. 2073.

terminologique en substituant au terme « chose », l'expression « le bien ou le droit » dans les articles du Code civil qu'elle a réécrits.

A - La détermination des choses, objets de droit réel

Les biens ne sont pas les choses, mais seulement les choses susceptibles d'appropriation. Plus loin, ce ne sont pas les choses elles-mêmes, mais les droits dont elles peuvent être l'objet qui constituent des biens.

1) Les choses susceptibles ou non d'appropriation

Ne sont considérées comme biens que les choses qui peuvent être appropriées. *A contrario*, les choses non susceptibles d'appropriation ne sont pas des biens. Cette faculté revient à distinguer les choses pouvant faire l'objet de droit ou du commerce juridique et les choses hors commerce.

Deux catégories de choses doivent être précisées :

- les choses qui ne sont pas susceptibles d'appropriation parce qu'elles doivent profiter à tous (les choses communes) ;
- les choses qui ne sont pas ou plus appropriées mais qui peuvent l'être (les choses sans maître).

Une troisième catégorie de choses mérite une analyse particulière, celle relative au vivant.

a) Les choses communes

Le droit des biens consiste à permettre juridiquement la répartition des biens rares. Les choses communes comme l'eau, l'air ou la lumière, sont celles qui existent en quantité suffisante pour tous. Elles n'appartiennent à personne et leur usage est commun à tous (C. civ., art. 714, al. 1er). Elles ne sont pas en principe susceptibles d'appropriation et ne sont donc pas des biens. Ce sont des choses dont l'usage est libre, même s'il est réglé par des lois de police (exemple : réglementation de la navigation maritime ou fluviale), et même si certaines appropriations en sont possibles. L'air est susceptible d'appropriation sous certaines formes (par exemple l'air liquide), le sel de mer est exploité, l'eau aussi... Mais cette appropriation ne doit pas gêner l'usage de tous sur ces choses (exemple : utilisation des eaux courantes). Cette limitation apportée au droit de chacun dans l'intérêt de tous est la caractéristique des choses communes, qui ont la particularité de pouvoir être utilisées en l'absence de toute appropriation véritable.

Ces choses communes doivent être distinguées des choses qui ne sont pas appropriées au moment où on les considère mais qui sont susceptibles d'appropriation. Ce sont des choses sans maître.

b) Les choses sans maître

Il s'agit des choses qui à un instant donné ne sont pas appropriées mais qui sont appropriables. Il ne peut y avoir d'immeubles sans maître. Selon l'article 713 du Code civil, « *les biens qui n'ont pas de maître appartiennent à la commune sur le territoire de laquelle ils sont situés* ». Si la commune renonce à exercer ses droits, la propriété est transférée de plein droit à l'État. Il n'y a donc pas d'immeubles sans maître.

Parmi les ***meubles sans maître***, ou **« *biens vacants* »**, se trouvent deux sortes de choses :

- les « ***res nullius*** » : ce sont les choses qui n'appartiennent à personne, parce que personne ne se les est appropriées, mais qui pourront l'être (gibier, poissons...) ;
- les « ***res derelictae*** » : ce sont des choses qui ont été appropriées mais qui ne le sont plus parce qu'elles ont été volontairement abandonnées par leur ancien maître et qui pourront être appropriées à nouveau par ceux qui les récupéreront.

La première personne qui s'empare d'une *res nullius* (le pêcheur ou le chasseur) ou d'une chose abandonnée en devient propriétaire par occupation[11]. Cette appropriation transforme la chose en bien. La chose est devenue un bien, au sens juridique, que parce qu'elle est devenue objet d'un droit.

c) Le vivant : la nature, l'animal et le corps humain

Traditionnellement, la nature était soustraite à toute appropriation. Aucun monopole d'exploitation comparable à ceux que reconnaît la loi sur les œuvres de l'esprit (droit d'auteur) ou sur les inventions (brevets) n'était envisageable. Progressivement, cette idée a été battue en brèche, notamment à cause des progrès scientifiques. L'agriculture et l'expérimentation animale ont ouvert la voie vers une appropriation du vivant. Il est aujourd'hui possible d'avoir un monopole d'exploitation sur une fleur ou du maïs transgénique. En brevetant des plantes ou des animaux génétiquement manipulés, l'homme s'approprie petit à petit des éléments de la nature.

Cette évolution est rendue possible notamment par le fait que l'***animal*** est considéré par le droit comme une chose et non comme une personne. Même si certains auteurs tentent de lui faire reconnaître une certaine forme de personnalité, la loi le refuse, tout en admettant qu'il s'agisse d'une chose particulière, en sanctionnant par exemple les actes de cruauté envers eux. La loi relative aux animaux dangereux et errants et à la protection des animaux du 6 janvier 1999, a introduit dans les articles du Code civil relatifs à la distinction entre meubles et immeubles une distinction terminologique entre les « animaux » et les « objets » ou les « corps », parmi lesquels se trouvaient auparavant compris les animaux (C. civ., art. 524 et 528). Mais elle n'a emporté aucune différence de traitement qui aurait pu aboutir à l'admission d'une nouvelle catégorie intermédiaire entre les biens et les personnes.

La loi n° 2015-177 du 16 février 2015 relative à la modernisation et à la simplification du droit et des procédures dans les domaines de la justice et des affaires intérieures, bien que présentée comme une véritable avancée par les défenseurs des animaux, n'est pas allée plus loin. Elle reconnaît dans un nouvel article 515-14 inséré dans le Code civil que « *les animaux sont des êtres vivants doués de sensibilité* », reprenant la formule utilisée par le Code rural et le Code pénal. Mais ce même article précise très clairement que « *sous réserve des lois qui les protègent, les animaux sont soumis au régime des biens* ». La loi procède également à des modifications de coordination, c'est-à-dire rédactionnelles, des articles traitant des animaux pour les distinguer des autres choses. Par exemple, à l'article 522 du Code civil les animaux ne sont plus des immeubles ou des meubles mais « *sont soumis au régime des* » immeubles ou des meubles selon leur

11. V. *infra*, p. 105.

affectation. Mais l'animal reste une chose, objet de propriété, qui peut être cédée ou louée. Toutefois, parce que vivants, les animaux bénéficient d'une protection spéciale, qu'il s'agisse d'animaux domestiques ou d'animaux sauvages, notamment dans le Code rural, dans le Code de l'environnement ou dans le Code pénal qui sanctionne les sévices et les actes de cruauté.

À l'autre extrémité du vivant, on a toujours affirmé la non-patrimonialité et l'indisponibilité du ***corps humain***, parce qu'il est non une chose mais la personne elle-même. Le corps humain est par principe *(noli me tangere)* hors du commerce. La loi n° 94-653 du 29 juillet 1994 a introduit un nouveau titre dans le Code civil, intitulé « du respect du corps humain ». L'objectif des lois de bioéthique est d'assurer le respect du corps humain à travers l'interdiction de toute convention à titre gratuit ou onéreux. L'article 16-1 alinéa 3 du Code prévoit que « *le corps humain, ses éléments et ses produits ne peuvent faire l'objet d'un droit patrimonial* », l'article 16-5 frappant de nullité les conventions ayant pour effet de leur conférer une valeur patrimoniale[12]. Le Code pénal prévoit aussi des sanctions particulières en cas de violation de ces dispositions[13].

On peut pourtant constater ici aussi une évolution vers l'appropriation des éléments et produits du corps humain. La loi *Bioéthique* du 6 août 2004 affirme le principe de non-brevetabilité des éléments du corps humain mais les velléités des scientifiques laissent subsister des inquiétudes et une directive européenne n° 98/44 du 6 juillet 1998 sur la protection juridique des inventions biotechnologiques permet déjà la brevetabilité de séquences d'ADN. La distinction pourtant fondamentale en droit civil entre le droit des personnes et le droit des biens n'est plus aussi tranchée qu'avant. Si une personne physique ne peut être considérée comme un bien (depuis l'abolition de l'esclavage), un de ses organes (détaché du corps) le peut, ou même le corps sans vie. En effet, puisque la personnalité disparaît avec le décès de la personne, le cadavre est considéré comme une chose, même s'il s'agit d'une chose particulière, quasiment sacrée. Depuis la loi n° 2008-1350 du 19 décembre 2008, le respect dû au corps humain ne cesse pas avec la mort (C. civ., art. 16-1-1). Les restes des personnes décédées (y compris leurs cendres en cas de crémation) doivent être traités avec respect, dignité et décence. Le cadavre est également protégé pénalement contre toute atteinte à son intégrité. L'article 225-17, alinéa 2 du Code pénal prévoit une peine d'un an d'emprisonnement et 15 000 euros d'amende pour toute atteinte à l'intégrité du cadavre, par quelque moyen que ce soit.

2) Les droits réels

Si les biens sont conçus comme des droits portant sur des choses, il ne peut s'agir que de droits réels, définis comme des droits ou pouvoirs exercés directement par une personne sur une chose (*res* = chose). Le droit réel est défini comme le bénéfice juridique qu'une personne retire directement de tout ou partie de l'utilité d'une chose : ce n'est donc pas un droit exercé à l'encontre d'une autre personne, mais un droit exercé sur une chose. Le droit réel est un rapport juridique immédiat et direct entre une personne et une chose.

---

12. L'article 16-6 complète ces dispositions en prohibant toute rémunération pour les expérimentations sur la personne, les prélèvements d'éléments ou les collectes de produits du corps.
13. C. pén., art. 511-2 et s.

Pendant longtemps, on a considéré que les droits réels étaient déterminés de manière limitative par la loi qui distingue droits réels principaux et droits réels accessoires :

- les ***droits réels principaux*** portent sur la chose elle-même (leur titulaire a le pouvoir d'en retirer tous les avantages ou une partie de ceux-ci) : droit de propriété *(usus, fructus, abusus)* et ses démembrements qui ne confèrent qu'une partie des prérogatives attachées au droit de propriété, tel l'usufruit où une personne a le droit d'user et de jouir d'une chose dont un autre, le nu-propriétaire, a la propriété ou la servitude, c'est-à-dire la charge établie sur un immeuble (le fonds servant) pour l'utilité d'un autre immeuble (fonds dominant) ;
- les ***droits réels accessoires*** portent sur la valeur de la chose. Ce sont des garanties accordées par un débiteur à son créancier contre les risques d'insolvabilité. Ces droits ne sont que l'accessoire d'une créance qui est la relation principale (par exemple un prêt). Ils peuvent porter sur des immeubles (hypothèque) ou des meubles (gage pour les biens corporels, nantissement pour les biens incorporels comme le fonds de commerce). Ces droits réels accessoires ne permettent pas d'user de la chose du débiteur mais de faire servir cette chose à la garantie de sa créance. Cette caractéristique explique qu'ils soient traités au titre des sûretés réelles et non en droit des biens.

En admettant, dans un important arrêt « Maison de Poésie » du 31 octobre 2012[14], qu'un propriétaire puisse consentir « un droit réel conférant le bénéfice d'une jouissance spéciale de son bien », la Cour de cassation a reconnu l'existence d'un droit qui n'entre pas dans la catégorie nommée des droits réels principaux. La cour confirme la possibilité de créer conventionnellement des droits réels[15], sous réserve du respect des règles d'ordre public. Un propriétaire peut donc volontairement constituer un droit réel au profit d'un tiers, en dehors de la liste des droits prévus par la loi. La haute juridiction ne précise pas en revanche la nature de ces droits réels de jouissance, ce qui soulève des interrogations quant à leur régime juridique. La doctrine propose plusieurs qualifications (démembrement *sui generis* ou droit de superficie notamment) alors que l'arrêt se contente de préciser que le droit réel de jouissance librement créé, contrairement à l'usufruit ou au droit d'usage et de jouissance consenti à une personne morale, peut excéder trente ans, supposant un régime particulier. La question s'est alors posée de la durée de ces nouveaux droits de jouissance et notamment la possibilité de créer des droits spéciaux perpétuels. Dans une décision du 23 mai 2012 avait admis le caractère perpétuel du droit réel « de cru et à croître »[16]. Mais dans un arrêt du 28 janvier 2015[17], la Cour de cassation a apporté deux précisions : d'une part, elle confirme la reconnaissance des droits réels de jouissance spéciale et la liberté de leur création par convention, et, d'autre part, elle refuse la perpétuité de ces droits.

14. Cass. 3e civ., 31 oct. 2012, n° 11-16304 : F.-X. Lucas, « L'autonomie de la volonté, sources de droits réels principaux », JCP 2012, 1400 ; L. d'Avout, « La liberté de création des droits réels aujourd'hui », D. 2013, note 53.
15. Solution dégagée déjà par l'arrêt *Caquelard* en 1834 (Req., 13 févr. 1834), appliquée dans plusieurs décisions depuis.
16. Cass. 3e civ., 23 mai 2012, n° 11-132002 : D. 2012, p. 1934, note L. d'Avout, et p. 2128, obs. B. Mallet-Bricout ; RTD civ. 2012, p. 553, obs. T. Revet ; JCP 2012, 1557, note W. Dross ; JCP 2015, 252, note T. Revet.
17. Cass. 3e civ., 28 janvier 2015, n° 14-10013 : D. 2015. p. 263 et p. 599, note B. Mallet-Bricout ; JCP N 2015, 1083, note J. Dubarry et M. Jullienne.

Elle invite à distinguer deux hypothèses : soit les parties ont convenu, dans leur convention, d'une durée qui ne peut être perpétuelle (puisque l'arrêt indique que le droit de jouissance spéciale doit être limité dans le temps par la volonté des parties), soit elles n'ont prévu aucun terme. Dans ce second cas, le droit de jouissance spéciale s'éteint dans les conditions prévues par les articles 619 et 625 du Code civil (c'est-à-dire les dispositions relatives à l'extinction de l'usufruit et au droit d'usage et d'habitation).

Dans son arrêt dit « Maison de poésie 2 », rendu le 8 septembre 2016[18] sur renvoi après cassation de son premier arrêt du 31 octobre 2012, la Cour de cassation a précisé sa position. Un propriétaire peut consentir un droit réel de jouissance spéciale de son bien distinct du droit d'usage et d'habitation. Dès lors, les dispositions des articles 619 et 625 du Code civil ne s'appliquent pas : le droit n'a pas à être limité à une durée de trente ans s'il est conféré à une personne morale. Cela ne signifie pas que la cour admette la perpétuité de ces droits réels de jouissance. Elle accepte le droit de jouissance « concédé pour la durée de la fondation, et non à perpétuité ». Le raisonnement est subtil : la fondation d'utilité publique est à vocation perpétuelle mais en concédant le droit pour le temps de son existence, les parties lui ont conférer une durée limitée, même si elle est indéfinie. Il semble donc établi que les articles 619 et 625 ne s'appliquent qu'à défaut de précision quant à la durée du droit consenti et que les parties sont libres de choisir une durée supérieure à trente ans mais non la perpétuité.

Les droits réels sont opposables à tous (également qualifiés d'absolus, on peut les invoquer à l'encontre de quiconque voudrait les transgresser), à la différence des droits personnels qui ne sont que relatifs puisqu'ils n'établissent de rapports qu'entre le créancier et le débiteur. À l'étude des droits de créance correspond l'étude du droit des obligations, à l'étude des droits réels celle du droit des biens.

B - Les classifications des choses

Les diverses classifications sont faites en fonction de la nature ou des caractéristiques des choses, mais s'appliquent aux biens. On tient ces classifications pour naturelles mais toutes ne sont pas satisfaisantes. La distinction essentielle est la classification des biens en fonction de leur objet, c'est-à-dire celle faite entre les biens meubles et les biens immeubles. Elle est expressément contenue dans le Code civil, alors que d'autres classifications en sont seulement implicitement déduites.

1) La distinction des meubles et des immeubles

Cette distinction est faite par le Code civil, qui énonce en son article 516 que « *tous les biens sont meubles ou immeubles* ». Elle concerne en effet tous les biens et non seulement les choses. Pourtant, logiquement la distinction ne devrait concerner que les choses matérielles puisqu'elle est fondée sur un critère physique, la mobilité : ce qui bouge, ou peut être bougé, est meuble, et ce qui est fixe est immeuble. Mais ce critère, lié à la nature physique du bien, ne suffit pas. Il n'a jamais été absolu pour les biens corporels, *a fortiori* il ne l'est pas pour les biens incorporels. Le Code civil a donné une extension considérable à cette classification en admettant des compléments et des

18. Cass. 3e civ., 8 sept. 2016, n° 14-26953 : RTD civ. 2016, p. 894, note W. Dross.

corrections par des critères légaux (pour les biens incorporels, la loi précise si les droits sont mobiliers ou immobiliers) ou psychologiques (pour la qualification de certains biens corporels, il est tenu compte de la volonté de leur propriétaire).

La distinction des meubles et des immeubles est née en droit romain. Elle était uniquement fondée sur le critère tiré de la nature physique des choses. L'ancien droit la reprit mais la modifia. Pour établir la classification, il fit intervenir la valeur des choses (selon l'adage « *res mobilis, res vilis* » : les choses sans valeur sont des meubles) et la périodicité des revenus qu'elles produisent. La classification étant ainsi fondée sur la différence de valeur, rien n'empêchait plus de l'étendre des choses aux droits : les droits réels sont mobiliers ou immobiliers selon qu'ils portent sur des choses mobilières ou immobilières.

Les rédacteurs du Code civil sont ensuite revenus à la distinction romaine uniquement fondée sur la nature physique des choses, le critère de fixité et de mobilité leur paraissant plus logique. Ils ont toutefois admis des exceptions et ont créé une catégorie particulière d'immeubles : les immeubles par destination, choses susceptibles de déplacement mais soumises au statut immobilier. De la même façon, ils ont continué à ranger les droits aussi bien que les choses dans la classification, alors que le critère de fixité ne peut pas s'appliquer aux droits. Mais ils reprirent l'idée que toutes les choses mobiles n'ont aucune valeur et donc ne les protégèrent pas ou peu. Le développement de l'industrie et du commerce allait donner à la fortune mobilière une importance beaucoup plus grande qu'à l'époque de la rédaction du Code. Et alors qu'une réforme d'ensemble eut été nécessaire, seules des réformes de détail sont intervenues.

La jurisprudence a considéré que tout ce qui n'est pas immeuble est meuble. Cette *summa divisio* reste donc en vigueur dans le droit contemporain mais mérite qu'une appréciation d'ensemble en soit portée.

a) Les immeubles

L'article 517 propose trois catégories d'immeubles en énonçant que « *les biens sont immeubles ou par leur nature ou par leur destination ou par l'objet auquel ils s'appliquent* ».

1. Les immeubles par nature

Sont immeubles par nature tous les biens corporels répondant au critère de fixité et d'adhérence à la terre.

Ce sont les choses qui, en raison de leur nature, ne peuvent ni se déplacer, ni être déplacées, c'est-à-dire le sol et tout ce qui adhère au sol (C. civ., art. 518).

1 – Le sol (« fonds de terre » ou « fonds ») est l'immeuble par excellence. Il correspond non seulement à la surface mais aussi au sous-sol.

2 – Les choses qui adhèrent au sol, c'est-à-dire les végétaux et édifices qui acquièrent leur qualité immobilière en raison de leur attachement au sol, sont immeubles :

- les végétaux : arbres, récoltes pendantes par les racines, fruits pendants aux arbres (art. 520) ;
- les « bâtiments » : selon le Code civil, cela comprend tout édifice : barrage, pont, digue, tuyaux servant à la conduite des eaux incorporés au sol ou aux bâtiments, etc.

Si certaines choses sont vouées à être détachées, elles n'en demeurent pas moins, en principe, immeubles tant qu'elles ne le sont pas, c'est-à-dire tant que le lien avec le sol n'est pas rompu.

2. Les immeubles par destination

Les rédacteurs du Code civil, ayant abandonné toute distinction entre meubles et immeubles fondée sur la valeur des choses, se sont attachés seulement à leur nature : à leur fixité ou à leur mobilité. Cependant, ils ont admis que les immeubles exercent une sorte d'attraction et peuvent conférer leur qualité à des choses mobiles parce que ces choses leur sont destinées. Les immeubles par destination sont ainsi des choses mobilières dont la loi fait fictivement des immeubles à raison du lien qui les unit à un immeuble par nature dont ils constituent l'accessoire.

On trouve dans l'article 524 du code deux catégories de biens immobiliers en raison de leur destination : les biens affectés au service ou à l'exploitation d'un fonds, et les biens attachés à perpétuelle demeure. Il existe dans les deux cas deux conditions d'immobilisation par destination :

- une ***unité de propriété*** : le meuble doit être la propriété du propriétaire de l'immeuble par nature auquel il est destiné (par exemple, un tracteur acheté par le propriétaire d'une exploitation agricole devient immeuble par destination). Quand les propriétaires sont différents, il n'est pas utile de soumettre ces choses au même régime juridique, puisqu'elles ne seront ni vendues, ni saisies ensemble. L'immobilisation cesse quand le propriétaire donne les choses préalablement immobilisées, même si ces choses ne sont pas matériellement détachées du fonds (dans notre exemple, le tracteur vendu au fils du propriétaire redevient meuble ; si le fils a lui-même une exploitation, le tracteur redevient immeuble par destination). C'est la volonté du propriétaire qui est déterminante : un meuble peut par la volonté du propriétaire devenir immeuble ;
- un ***rapport de destination*** : la volonté du propriétaire est nécessaire mais elle n'est pas suffisante à créer n'importe quel rapport de destination. La loi fixe les conditions de l'immobilisation par destination et elle exige que le meuble soit destiné à l'immeuble. Les meubles peuvent être affectés à un immeuble :
  - soit parce qu'ils sont nécessaires à son exploitation : ce sont les immeubles par destination économique,
  - soit parce qu'ils font corps avec l'immeuble : ce sont les immeubles par destination ornementale.

▶ *Les immeubles par destination économique*

Les biens sont considérés comme des immeubles parce qu'ils sont ***affectés au service ou à l'exploitation d'un fonds***. Ils en sont devenus l'accessoire.

L'article 524 en donnait une liste (animaux attachés à la culture, ustensiles aratoires, pigeons des colombiers, lapins des garennes, ruches à miel, pressoirs, alambics...) mise à jour par la jurisprudence. La loi n° 2015-177 du 16 février 2015 relative à la modernisation du droit a effacé les références désuètes à certaines catégories d'animaux de cet article, tels « les pigeons des colombiers », « les lapins des garennes » et « les ruches à miel ». Désormais, « *les objets que le propriétaire d'un fonds y a placés pour le service et l'exploitation de ce fonds sont des immeubles par destination* » (al. 1er) et « *les animaux que le propriétaire d'un fonds y a placés aux mêmes fins sont soumis au régime des immeubles par destination* » (al. 2). Il faut que le meuble (objet ou animal) soit indispensable à l'exploitation du fonds. Tous les types d'exploitation sont visés, même si l'article 524 visait à l'origine principalement l'exploitation agricole. Il peut s'agir d'une exploitation commerciale (par exemple : le matériel d'un hôtel), civile (par exemple : le tapis de l'escalier d'une maison de rapport) ou industrielle.

Ces meubles deviennent immeubles par une fiction juridique pour une nécessité économique : il faut considérer une unité d'exploitation, composée de biens de même nature en cas de vente ou de saisie, pour que tous les biens soient soumis à un même régime juridique. Les immeubles par destination suivent ainsi le régime juridique de l'immeuble auquel ils sont rattachés.

▶ ***Les immeubles par destination ornementale***

Ce sont des biens attachés au fonds ***à perpétuelle demeure***.

Selon les présomptions de l'article 525, il s'agit de biens meubles « scellés à chaux, à plâtre ou à ciment » ou qui ne « peuvent être détachés (du fonds) sans être fracturés et détériorés, ou sans briser ou détériorer la partie du fonds sur laquelle ils sont attachés ».

L'article 525 énumère quelques exemples d'immeubles par destination : les glaces d'un appartement, les tableaux et autres ornements (miroirs, fresques, tableaux scellés dans un mur, tapisseries spéciales...). Il précise également que les statues sont immeubles, « *lorsqu'elles sont placées dans une niche pratiquée exprès pour les recevoir, encore qu'elles puissent être enlevées sans fracture ou détérioration* ». La jurisprudence a une vision extensive de cette catégorie d'immeubles : tout bien d'ornementation peut être considéré comme un immeuble par destination dès qu'une attache suffisante existe. Les juges examinent les éléments objectifs de rattachement comme les actes matériels de scellement ou d'intégration. Ainsi, des meubles de cuisine préfabriqués ou des radiateurs électriques, dès lors qu'ils peuvent être démontés ou enlevés sans dommage, ne sont pas considérés comme des immeubles par destination.

En revanche, l'immobilisation par destination ne doit pas être confondue avec l'incorporation, c'est-à-dire l'hypothèse dans laquelle le meuble est indissociablement lié à l'immeuble et à ce titre est devenu un immeuble par nature. Contrairement au meuble incorporé au fonds, l'immeuble par destination reste un bien distinct (sur lequel notamment le vendeur conserve son privilège et qui est susceptible d'être volé). Cette distinction a été éclairée par un arrêt de l'Assemblée plénière de la Cour de cassation du 15 avril 1988, à propos des fresques ornant les murs d'une chapelle. Un procédé permettant de les détacher ayant été découvert, la cour d'appel de Montpellier les avait considérées comme des immeubles par destination, mais la Cour de cassation a cassé cet arrêt considérant qu'il s'agit bien d'immeubles par nature devenus des meubles du fait de leur arrachement des murs.

L'immobilisation par destination repose donc sur des « faits matériels d'adhérence physique et durable » à l'immeuble, mais ce n'est pas le seul critère. Il faut aussi tenir compte de la volonté d'affectation du propriétaire. C'est ce que fait la jurisprudence quand elle recherche, en plus d'un élément objectif, l'intention d'affecter définitivement le meuble à l'immeuble. L'appréciation de cette volonté relève bien sûr du pouvoir souverain des juges. Ainsi une statue simplement posée sur un socle est considérée selon les cas comme immobilisée ou non.

3. Les immeubles par l'objet auquel ils s'appliquent

Le Code civil range dans cette catégorie des biens incorporels, des droits portant sur des immeubles (autre que le droit de propriété qui, se confondant avec son objet, est classé parmi les biens corporels. S'il porte sur un immeuble, il est donc immeuble par nature ou par destination). En principe, les droits sont neutres mais prennent une nature mobilière ou immobilière selon qu'ils portent sur des meubles ou des immeubles.

À partir de l'article 526 du Code civil, il est possible de proposer une liste de ces immeubles :

- les ***droits réels*** (à l'exclusion du droit de propriété) ***portant sur des immeubles***. L'article 526 cite à titre d'exemple l'usufruit des choses immobilières et les servitudes (droits réels principaux) auxquels on peut ajouter les autres droits réels principaux (par exemple, l'emphytéose) et les droits réels accessoires établis sur un immeuble (par exemple, l'hypothèque) ;
- les ***actions en justice*** qui tendent à revendiquer un immeuble ;
- les ***droits de créance portant sur des immeubles***. L'article 526 ne les cite pas et ils se rencontrent rarement puisque les droits de créance, source d'obligations entre deux personnes, sont très majoritairement des droits mobiliers. Ainsi l'obligation du vendeur de délivrer le bien vendu n'est pas une créance immobilière. Le consentement a suffi à transférer la propriété à l'acheteur qui n'a donc plus de créance immobilière contre le vendeur. Celui-ci n'a qu'une obligation d'accomplir la livraison de la chose, qui est une créance mobilière. En cas de vente d'un immeuble, les créances sont immobilières dans deux cas :
  - si le transfert de propriété a été retardé (en présence d'une clause de réserve de propriété) : jusqu'à expiration du délai, la créance de l'acheteur contre le vendeur est immobilière,
  - lorsque l'immeuble vendu n'a pas été déterminé dans la conclusion du contrat (par exemple une parcelle de terre à prendre dans un terrain plus grand).

b) Les meubles

Les meubles sont définis par leur mobilité. De fait, les biens meubles sont généralement des biens corporels, c'est-à-dire des biens qui ont une matérialité, un corps, expliquant qu'ils peuvent être déplacés. Mais il n'en va pas toujours ainsi. Il existe en effet des biens mobiliers incorporels que l'on peut difficilement appréhender matériellement. Le Code civil en tient compte, énonçant deux catégories de meubles en son article 527, selon lequel « *les biens sont meubles par leur nature ou par détermination de la loi* ». La jurisprudence a dégagé une troisième catégorie de meubles : les meubles par anticipation.

1. Les meubles par nature

L'article 528 du Code civil s'appuie sur le critère de la mobilité pour définir les meubles par nature. Cette catégorie comprend tous « les biens qui peuvent se transporter d'un lieu à un autre ». L'article distinguait les animaux qui « se meuvent par eux-mêmes » et les choses inanimées qui peuvent changer de place « par l'effet d'une force étrangère ». La référence aux animaux et aux modalités de leur mobilité a été supprimée par la loi n° 2015-177 du 16 février 2015 relative à la modernisation du droit.

Positivement, l'article 531 du Code civil qualifie de meubles « *les bateaux, les bacs, les moulins et bains sur bateaux et toutes les usines non fixées par piliers* », l'article 532 les matériaux de construction (avant ou après la démolition de l'édifice et non lorsqu'ils sont assemblés pour former l'édifice puisqu'ils sont alors immeubles par nature). Négativement, l'article 533 exclut de la qualification de « meuble » (sans autre addition, ni désignation) certains biens comme par exemple l'argent comptant, les pierreries, les livres ou les médailles et de façon plus large « ce qui fait l'objet d'un commerce ».

Certains meubles ont une nature particulière comme les ***meubles meublants***, c'est-à-dire, selon l'article 534 du Code civil, les meubles destinés à l'usage et à l'ornement des appartements (par exemple, les tapisseries, lits, sièges, tableaux ne faisant pas partie d'une collection et autres objets de cette nature). Cette qualification est notamment importante lors du calcul des droits de succession (évaluation par forfait), pour leur aliénation (les époux ne pouvant en disposer seuls librement), ou pour déterminer ce qui fait partie de la vente ou du don d'une maison meublée (uniquement les meubles meublants ; C. civ., art. 535).

De même, les aéronefs, les navires et les automobiles sont des ***meubles immatriculés***, ce qui conduit à leur fixer des règles juridiques spéciales proches de celles des règles en matière immobilière (en matière de transfert de propriété ou de sûretés) et qui en font une catégorie médiane entre les meubles et les immeubles.

2. Les meubles par détermination de la loi

Cette catégorie, très vaste, comprend les biens qui n'ont pas de support matériel ou qui n'ont qu'un support matériel indirect car ce ne sont pas des choses, ce sont des droits. Elle recouvre en effet tous les droits et actions qui n'ont pas pour objet un immeuble :

- les ***droits réels portant sur un meuble*** (sauf le droit de propriété mobilier ou immobilier selon la nature de la chose sur laquelle il porte), comme un usufruit sur un meuble ou un gage ;
- l'article 529 déclare mobiliers toutes les obligations ayant pour objet des sommes exigibles, c'est-à-dire tous les ***droits de créance***, toutes les obligations qui donnent au créancier le droit d'exiger quelque chose du débiteur (exemple : une rente en tant que prestation annuelle qu'une personne doit à une autre) ;
- l'article 529 vise aussi expressément les « ***actions ou intérêts dans les compagnies de finance, de commerce ou d'industrie*** », c'est-à-dire les parts et titres sociaux, les actions des sociétés qui représentent le droit de l'associé à une part de l'actif social. Les biens de la personne morale appartiennent à la personne morale, les associés ne sont pas les copropriétaires mais seulement les créanciers de la société par leur part de dividendes. De façon générale, sont meubles tous les ***titres*** (actions, titres en bourse, obligations), même s'ils portent sur des immeubles. En revanche, si l'actif social est composé d'immeubles, le droit de créancier de l'associé doit être considéré comme immobilier ;
- sont aussi meubles les ***droits de propriété incorporelle,*** c'est-à-dire aussi bien les droits de propriété intellectuelle (droit d'auteur ou droit de propriété industrielle, tels les brevets ou les marques), que les droits de clientèle (des commerçants ou des professions libérales) et les offices ministériels (charges de notaire, d'huissier ou d'agent de change). Le fonds de commerce est aussi considéré comme un bien meuble incorporel ;
- enfin sont meubles ***toutes les actions en justice*** portant sur un bien meuble.

3. Les meubles par anticipation

Aucune disposition du Code ne vise cette catégorie de meubles qui est de source jurisprudentielle. Elle correspond à la catégorie des immeubles par nature qui sont considérés comme des meubles en raison de leur destination future. Il s'agit de biens ayant vocation à être détachés de leur support immobilier et à devenir des meubles. Si des contractants ont traité sur des immeubles en considération du moment où ces choses seront devenues meubles, on leur attribue, dès la formation du contrat, le caractère mobilier. On trouve par exemple cette situation lors de la vente de récoltes encore sur pieds (fruits, blés, bois...), de matériaux qui proviennent de la démolition d'un bâtiment, ou d'un cabanon à emporter.

On le voit, le détachement peut être soit naturel (récolte), soit issu de la volonté des individus (démolition).

c) L'intérêt de la distinction

Les immeubles ont toujours été considérés comme de plus grande valeur que les biens meubles et sont donc beaucoup mieux protégés : les saisies immobilières sont plus difficiles à exécuter que les saisies mobilières, l'acquisition de la propriété d'un immeuble obéit à des règles plus strictes que celle des meubles, la prescription acquisitive est décennale ou trentenaire pour les immeubles, alors qu'elle peut être instantanée pour les meubles.

Certaines des différences qui séparent le régime juridique des meubles et des immeubles sont fondées sur leur nature physique (critère retenu par les rédacteurs du Code civil), d'autres sur la valeur des choses (critère économique abandonné en principe lors de la rédaction du Code civil).

1. Les règles particulières tenant à la nature matérielle du bien

▶ ***Règles relatives à la compétence des tribunaux***

Le tribunal compétent en cas de litige sur un meuble est en principe celui du domicile du défendeur. En matière immobilière, on a donné compétence au tribunal du ressort où se situe l'immeuble (il est mieux placé pour procéder aux mesures d'instruction et connaître les usages locaux relatifs à la propriété foncière ou aux immeubles bâtis).

▶ ***Règles relatives à la loi applicable en droit international privé (en cas de litige où un élément étranger intervient, notamment dans les successions)***

Loi du lieu de situation pour les immeubles. Loi du dernier domicile du défunt pour les meubles qui n'ont pas de localisation.

▶ ***Règles concernant la publicité foncière***

Les immeubles étant fixes, il est facile d'organiser une publicité de toute modification de leur situation juridique, ce qui n'est pas le cas pour les meubles :

- toute opération concernant un immeuble doit être inscrite sur un registre foncier tenant à la conservation des hypothèques du ressort de la situation de l'immeuble. Si aucune publicité n'est faite, la vente ou l'acte est inopposable aux tiers ;
- au contraire, les meubles étant susceptibles de déplacements fréquents, la publicité des transferts de meubles est impossible, sauf ceux qui ont un port d'attache (navires, aéronefs...).

▶ ***Règles relatives aux preuves et à la possession***

La preuve de la propriété immobilière est très difficile, alors que pour les meubles leur possesseur bénéficie d'une présomption de propriété[19] .

---

19. V. *infra*, p. 138.

La possession[20] joue un rôle très efficace en matière de meubles, puisque l'article 2276 alinéa 1er permet une acquisition instantanée de la propriété par le possesseur de bonne foi. Pour les immeubles, la possession doit être prolongée pendant 10 ou 30 ans[21].

▶ *Règles relatives aux sûretés réelles*

Elles sont différentes en raison de l'absence de fixité et donc de la circulation libre des biens meubles :

- ***pour les immeubles*** : l'article 2373 vise 4 sûretés réelles : les privilèges, le gage immobilier, les hypothèques et la propriété cédée en garantie ;
- ***pour les meubles*** : l'article 2329 vise 4 sûretés réelles : les privilèges mobiliers généraux ou spéciaux, le gage de meubles corporels (avec une particularité pour le gage sur les automobiles, qui n'entraîne pas la dépossession car il fait l'objet d'une publicité), le nantissement de meubles incorporels (c'est-à-dire gage sans dépossession par exemple pour fonds de commerce) et l'affectation d'un meuble en garantie d'une obligation. Les meubles « n'ont pas de suite », ce qui signifie qu'ils ne peuvent être hypothéqués, sauf ceux qui par leur immatriculation administrative peuvent être localisés au lieu de la formalité et faire l'objet de publicité.

2. Les règles tenant à la valeur économique du bien

Historiquement, l'immeuble est la source première, sinon exclusive, de la richesse. Cela explique qu'il bénéficie de règles spécialement protectrices :

▶ *La rescision pour lésion*

Il est possible d'annuler la vente d'un immeuble quand le prix de celui-ci est « dérisoire » (l'immeuble doit avoir été vendu moins de 7/12e de son prix réel ; C. civ., art. 1674). Cette action, qui permet de garantir au propriétaire une certaine valeur de son immeuble, n'existe pas pour les meubles qui peuvent être vendus à n'importe quel prix (sauf les engrais depuis une loi de 1907).

▶ *La fiscalité*

En matière fiscale la distinction entre les meubles et les immeubles est aussi importante, compte tenu de leur valeur et de leur fonction économique différentes.

La fiscalité des immeubles est plus lourde que celle des meubles. Les droits de mutation, c'est-à-dire les droits dus au fisc en cas de transmission de propriété, sont beaucoup plus importants pour les immeubles.

▶ *La saisie*

La saisie immobilière est plus complexe (l'accumulation des formalités a été dictée aux rédacteurs du Code de procédure civile par le souci de protéger les immeubles) que la saisie mobilière.

▶ *Le pouvoir de disposition des biens*

Les pouvoirs des époux ainsi que les pouvoirs du tuteur sont différents quand il s'agit d'immeubles (pouvoirs restreints) ou de meubles (pouvoirs plus larges).

---

20. V. *infra*, p. 121 et s.
21. V. *infra*, p. 128.

2) *Les classifications complémentaires*

Le Code civil propose également des classifications tirées de la nature de la chose (distinction entre ***les choses corporelles et les choses incorporelles***) et de son appropriation. On trouve ainsi une distinction ***entre les choses appropriées et les choses non appropriées*** (*res nullius* et choses abandonnées) et une distinction entre ***les choses appropriables et les choses non appropriables*** (toutes les choses qui sont hors du commerce, comme le droit à la filiation, le corps humain, ses éléments et ses produits et les biens du domaine public).

Il est enfin possible de déduire des dispositions du Code des classifications selon l'utilisation de la chose, celui-ci distinguant entre les choses consomptibles et les choses non consomptibles, les choses fongibles et les choses non fongibles et les choses frugifères et les choses non frugifères. En revanche, dans le Code aucune classification économique des biens n'a été faite. Il n'y a ainsi pas de classification distinguant les biens de production et les biens de consommation.

a) Choses consomptibles et choses non consomptibles

Cette distinction est déduite des articles 587 et 1874 du Code civil :

- les ***choses consomptibles*** sont celles qui se consomment et qui se détruisent par le premier usage que l'on en fait selon leur destination (exemple : denrées alimentaires, combustibles, argent...) ;
- les ***choses non consomptibles*** sont des choses dont on peut user sans les détruire (par exemple un immeuble, un terrain), même si une longue utilisation les expose naturellement à une usure progressive.

La distinction entre choses consomptibles et choses non consomptibles ne tient pas compte de la catégorie intermédiaire, créée par la doctrine, des ***biens de consommation*** qui ne se détruisent pas par leur premier usage mais subissent un vieillissement qui entraîne la diminution de leur valeur (exemple : voiture, vêtements, électroménager...). Cette catégorie recouvre celle utilisée en marketing des biens de consommation durables ou biens durables (biens qui ne sont pas détruits lors de leur utilisation et qui connaissent généralement une usure sur le long terme) par opposition aux biens de consommation (biens consommés totalement ou partiellement lors de son usage par le consommateur final).

L'intérêt de la distinction tient aux caractères de ces deux catégories de biens. Dans la mesure où des choses sont consomptibles, elles ne seront pas susceptibles de certains contrats, tous ceux qui impliquent une restitution en nature de la chose sur laquelle ils portent : on ne peut louer une chose consomptible (le bail impose de restituer la chose louée), ni consentir un prêt à usage (l'usage se confond ici avec la destruction).

Quand une chose consomptible est soumise à usufruit, on parle alors de « quasi-usufruit », puisque l'usufruitier ne rendra pas la chose d'origine mais une chose identique ou une somme d'argent représentative de sa valeur (alors que par définition l'usufruitier ne doit pas consommer les choses sur lesquelles porte son droit).

b) Choses fongibles et choses non fongibles

1. Les notions

À l'occasion de la réforme du droit des contrats, du régime général et de la preuve des obligations (Ord. n° 2016-131 du 10 février 2016), le caractère fongible a été défini à l'article qui traite de la compensation entre obligations. Ainsi l'article 1347-1 alinéa 2 du Code civil précise que « *sont fongibles les obligations de somme d'argent, même en différentes devises, pourvu qu'elles soient convertibles, ou celles qui ont pour objet une quantité de choses de même genre* ». Les choses fongibles sont des choses insusceptibles d'une individualisation particulière. Ce sont celles qui appartiennent à un genre, le genre étant une espèce déterminée (exemple : genre blé, genre argent liquide...). À l'intérieur de cette catégorie les choses sont interchangeables, elles peuvent être remplacées indifféremment par d'autres choses semblables. La catégorie des choses fongibles est très étendue : outre celles qui sont désignées de manière purement générique (blé, lait...), il y a presque tous les produits de la civilisation industrielle (vêtements, voitures, livres, produits pharmaceutiques...).

Par opposition, les ***choses non fongibles*** ou « ***corps certains*** » sont envisagées non dans leur genre mais dans leur identité. Ce sont des biens susceptibles d'être individualisés. Ils ont une individualité marquée (exemple : tel bijou de maître, telle maison...) et on ne peut les remplacer exactement. Les corps certains ont en effet une individualité qui interdit toute confusion et donc tout échange.

Dans une certaine mesure, cette distinction recoupe une opposition entre les biens abondants et les biens rares, ce qui lui donne un caractère relatif. La raréfaction peut transformer une chose de genre en corps certain. Par exemple, une voiture, chose fongible lorsqu'elle sort de la chaîne de production, dans cinquante ans pourra devenir une voiture de collection, c'est-à-dire une chose non fongible.

La volonté des contractants peut aussi changer la nature fongible ou non des choses : à partir du moment où une chose fongible est individualisée, elle devient non fongible.

En général, une chose consomptible est également fongible (monnaie, aliments, électricité...) et une chose non consomptible est aussi non fongible. Malgré tout, ces recoupements ne sont pas automatiques. Certaines choses fongibles sont non consomptibles (voiture de série, livres...) et certaines choses non fongibles sont consomptibles (bouteille contenant du vin devenu unique).

2. L'intérêt de la distinction

Il découle de ce que la chose fongible n'est pas en elle-même identifiable, ce qui emporte des règles spéciales en cas de restitution ou de vente.

En cas de restitution : Le débiteur d'un corps certain doit le restituer en nature alors que le débiteur d'une chose fongible peut se libérer en remettant au créancier une chose équivalente en nature et en quantité. Cette interchangeabilité des choses fongibles a pour conséquence que « la chose de genre ne périt pas » : le débiteur peut toujours en trouver une identique qui s'y substitue.

En cas de vente : pour les choses non fongibles, le transfert de propriété s'opère dès la conclusion du contrat (C. civ., art. 1196). Par dérogation, il faut que les choses fongibles soient « pesées, comptées ou mesurées », c'est-à-dire individualisées, pour que le transfert s'opère. Cette individualisation intervient le plus souvent lors de la délivrance de la chose.

L'enjeu est important car il s'agit de déterminer la partie sur laquelle pèsent les risques de perte de la chose : tant que les biens ne sont pas individualisés, les risques ne pèsent pas sur l'acheteur mais sur le vendeur (en cas par exemple de destruction des biens objets du contrat).

c) Choses frugifères et choses non frugifères

1. Les notions

Certains biens constituent un capital (une maison, un titre de bourse...), d'autres sont des revenus, c'est-à-dire des sommes périodiques provenant du travail ou du capital (récoltes, loyers...). Les biens qui produisent des revenus sont dits « frugifères » par opposition aux biens « non frugifères » (meubles meublants, bijoux...).

Tout ce qui émane d'un capital n'est pas nécessairement un fruit : on oppose les fruits aux produits :

- les ***fruits*** naissent périodiquement de la chose sans en altérer la substance. On peut les classer en trois catégories :
  - les fruits *naturels* : ce sont les fruits que la chose produit naturellement (exemple : les pommes d'un pommier sauvage),
  - les fruits *industriels* : ce sont les fruits produits par la chose mais avec le travail, l'industrie de l'homme (exemple : les pommes d'une exploitation agricole),
  - les fruits *civils* (ou fruits en argent) : ce sont les sommes d'argent produites périodiquement par la chose (exemple : le loyer d'un appartement) ;
- les ***produits*** correspondent à ce que produit une chose sans périodicité et leur prélèvement s'opère au détriment de la substance. Il peut s'agir de produits naturels ou industriels (mines, carrières, forêts...) comme de produits civils ou en argent (lots des obligations pour lesquels on procède chaque année à un tirage au sort[22]).

Il existe certains aménagements à cette distinction entre les fruits et les produits : la loi assimile en effet certains produits à des fruits à l'égard de l'usufruitier qui y a alors droit (alors qu'en principe il n'a droit qu'aux fruits, puisqu'il doit conserver la substance de la chose). Ce sont les arbres de haute futaie (dans les forêts mises en coupe réglée), les produits des mines ou carrières en exploitation avant le début de l'usufruit et les sommes d'argent (arrérages) provenant d'une rente ou d'une pension.

2. L'intérêt de la distinction

- ***En cas d'usufruit***, l'usufruitier a en principe le droit de percevoir uniquement les fruits, les produits appartenant au nu-propriétaire car ils représentent une partie du capital (exception faite des produits que la loi lui attribue).
- ***En matière de possession***, le possesseur de bonne foi qui doit restituer la chose possédée à son propriétaire qui l'a revendiquée avec succès, conserve les fruits et non les produits[23].

---

22. C. com., art. L. 228-45.
23. V. *infra*, p. 137.

Ces choses ainsi classées constituent l'objet du droit des biens. Les droits exercés sur elles les élèvent au rang de biens. L'archétype de ces droits reste le droit de propriété. Si la propriété est par essence individuelle, elle peut être partagée quand elle est exercée par plusieurs personnes. L'étude de la propriété (Partie 1) précède logiquement celle la propriété partagée (Partie 2).

BIBLIOGRAPHIE

Berlioz (P.), *Essai sur la notion de bien*, 2007, LGDJ.

Delage (P.-J.), « L'animal, la chose juridique et la chose pure », D. 2014, p. 1097.

Libchaber (R.), « Feu la théorie du patrimoine », BJS avril 2010, n° 4, p. 316 ; « La souffrance et les droits. À propos d'un statut de l'animal », D. 2014, p. 380.

Loiseau (G.), « Pour un droit des choses », D. 2006, p. 3015.

Malinvaud (P.), « L'animal va-t-il s'égarer dans le Code civil ? », D. 2015, p. 87.

Marguénaud (J.-P.), « Une révolution théorique : l'extraction masquée des animaux de la catégorie des biens », JCP G 2015, 305.

Mekki (M.), « Le patrimoine aujourd'hui », JCP 2011, 2252.

Reboul-Maupin (N.), « Nos amis, les animaux... sont désormais doués de sensibilité : un tournant et des tourments ! », D. 2015, p. 573.

Revet (Th.) « L'incorporel en droit des biens », *RLDC* 11/2009, n° 65.

Seube (J.-B.), « Une définition de l'animal dans le code civil », Dr. & patr. mensuel 2015, p. 66.

PARTIE 1

La propriété individuelle

Le droit de propriété est un ensemble de prérogatives qui peuvent être réparties entre plusieurs individus. Pourtant si l'exercice du droit peut être partagé, celui-ci est conçu comme un droit individuel exercé par le propriétaire et lui seul.

Individuel, le droit de propriété est aussi absolu. Le titulaire du droit de propriété peut exercer toutes les prérogatives qui en sont inhérentes. Pourtant, les atteintes nombreuses qui peuvent être portées à son droit obligent souvent le propriétaire à devoir le défendre en justice. Il devra alors établir selon quelles modalités il a acquis son bien. Pour reprendre la célèbre formule de Jhering : la preuve est la rançon du droit de propriété. Le droit de propriété (Titre 1) ne peut alors s'analyser indépendamment de ses modes d'acquisition et de protection (Titre 2).

TITRE 1

Le droit de propriété

Dans les sociétés primitives, la propriété n'existait que pour les choses mobilières, essentiellement les objets à usage personnel. Le sol appartenait à tous les membres de la tribu, de la famille, ou plus exactement n'appartenait à aucun. Mais si à l'origine la propriété a été collective, la propriété individuelle reste, depuis des siècles, la base de l'organisation économique des peuples civilisés, malgré ses évolutions à travers les époques (Chapitre 1). Pilier du droit des biens, le droit de propriété doit être déterminé. Or il peut être délimité aussi bien par des limites internes relatives à l'objet du droit que par des limites externes (c'est-à-dire les limites qui peuvent être apportées au droit lui-même). Concernant son appréhension positive (ce qu'est le droit de propriété), il doit être abordé aussi bien abstraitement par l'analyse de ses attributs et caractères, c'est-à-dire l'analyse de la notion juridique de propriété (Chapitre 2), que concrètement à travers l'examen de son étendue matérielle (Chapitre 3).

CHAPITRE 1

L'évolution historique de la propriété

1. LA PROPRIÉTÉ ROMAINE

C'est à l'époque romaine, sous le règne du roi Numa, qu'eut lieu un partage des terres. Ce fut tout d'abord un simple partage temporaire de jouissance : chaque individu recevait une parcelle déterminée qu'il devait cultiver et dont il devait recueillir les fruits, mais une fois que la récolte était faite, la terre rentrait dans la propriété collective. Peu à peu, l'habitude s'instaura de laisser la terre toujours aux mêmes individus, d'année en année. On arrive ainsi à la propriété individuelle et à la propriété perpétuelle, dont le *pater familias* est le seul titulaire. Toute restriction heurtait la nature même du droit de propriété, le fonds qui la subit étant semblable à un esclave (de « *servus* », d'où le terme de servitude pour traduire la charge que peut supporter un fonds au profit d'un autre). Dans les compilations de Justinien la propriété apparaît. Elle est définie comme « *plena in re potestas* », c'est-à-dire une plénitude de pouvoirs sur la chose avec les trois éléments qui la constituent :

- le *jus utendi* (droit d'usage de la chose) ;
- le *jus fruendi* (droit de percevoir les fruits de la chose) ;
- le *jus abutendi* (droit de disposer de la chose).

La propriété réunit toutes les utilités du bien et elle est absolue.

Il faut cependant noter que le droit romain a lui-même connu des restrictions à cet absolutisme : à l'époque classique, il admettait qu'il pouvait y avoir abus du droit de propriété.

2. LA PROPRIÉTÉ FÉODALE

Au Moyen Âge, un régime très différent était réservé en général, par les coutumes, à la propriété mobilière et à la propriété immobilière.

- les meubles corporels étaient essentiellement des objets destinés à la consommation, périssant ou se détériorant le plus souvent par l'usage qu'on en faisait. Aussi on les considérait comme ayant peu de valeur *(« res mobilis, res vilis »)*. Le droit de propriété à leur égard était individuel et absolu : chacun était maître des meubles qui lui appartenaient ;
- le système de la propriété immobilière était différent et plus complexe.

La propriété immobilière (foncière) a perdu son unité avec l'établissement d'une division entre le domaine éminent et le domaine utile. Les droits du propriétaire n'étaient pas absolus : les seigneurs étaient propriétaires des terres dont ils confiaient la jouissance à des tenanciers qui en avaient la propriété de fait, sous le nom de domaine utile. La propriété n'était plus, comme en droit romain, l'objet d'un droit exclusif puisqu'elle était démembrée en plusieurs droits : les droits du suzerain qui conservait sur la terre le domaine éminent et ceux des concessionnaires qui l'exploitaient. Ceux-ci devaient payer d'importantes redevances à leur suzerain et ne pouvaient aliéner la terre sans l'autorisation du suzerain ou tout au moins sans lui payer un droit de mutation. Progressivement, le domaine éminent est devenu un simple attribut de souveraineté et de seigneurie, alors que le domaine utile est devenu la véritable propriété, et les droits féodaux finirent par être considérés comme des atteintes intolérables à la propriété. Cependant, le principe d'un domaine éminent du pouvoir royal est aussi apparu, car suivant la formule, « le Roi est seigneur en son royaume ». Cette idée d'une propriété supérieure au profit du pouvoir royal est à l'origine de la thèse justifiant un pouvoir d'intervention de l'État dans la réglementation de la propriété individuelle. De même, une grande partie des terres était soumise à un régime de propriété collective, tels les biens communaux qui existaient dans de nombreuses régions ou les biens appartenant à des groupements comme des établissements ecclésiastiques.

3. LA PROPRIÉTÉ RÉVOLUTIONNAIRE

Dans la nuit du 4 août 1789, les nobles abandonnèrent leurs privilèges en renonçant, en matière de propriété, au domaine éminent. La dualité de la propriété disparut. L'unité de la propriété a été ainsi reconstituée, le droit de propriété redevenant un droit individuel et absolu, un seul titulaire étant autorisé à en exercer toutes les prérogatives. En abolissant le domaine éminent, la Révolution a consolidé le droit de propriété sur la tête des exploitants. Elle a donné à la propriété foncière les mêmes caractères absolu, individuel et perpétuel qui avaient été reconnus de tout temps à la propriété mobilière.

La Révolution a sacralisé la propriété. L'article 2 de la Déclaration des droits de l'homme et du citoyen affirme que « *le but de toute association politique est la conservation des droits naturels et imprescriptibles de l'homme. Ces droits sont la liberté, la propriété, la sûreté et la résistance à l'oppression...* ». Liberté et propriété sont ainsi mises sur le même plan.

L'article 17 de cette même Déclaration érige le droit de propriété en un droit inviolable et sacré, « *dont nul ne peut être privé si ce n'est lorsque la nécessité publique, légalement constatée, l'exige évidemment et sous la condition d'une juste et préalable indemnité* ».

Le Code civil sera le reflet de ce droit de propriété révolutionnaire.

4. LA PROPRIÉTÉ DANS LE CODE CIVIL DE 1804

Le droit de propriété est dans le Code civil le plus important des droits réels. Tous les droits patrimoniaux (droits réels, droits personnels), leurs modes d'acquisition et d'extinction (successions, contrats...) sont étudiés et réglementés en fonction du droit de propriété. Les rédacteurs du Code en ont presque fait le centre puisque, hormis le livre I consacré aux personnes, les deux autres livres font référence à la propriété. Ainsi, le livre II du Code est intitulé « des biens et des différentes modifications de la propriété » et le livre III, « des différentes manières dont on acquiert la propriété ». Même si en réalité l'ensemble de leurs dispositions ne traite pas spécifiquement du droit de propriété, l'utilisation de la notion dans ces titres reste révélatrice de la volonté d'ériger ce droit en un axe central du droit privé. Les dispositions qui sont réellement consacrées au droit de propriété proprement dit sont les articles 544 à 577 ainsi que quelques textes épars dans les dispositions relatives aux contrats ou celles qui visent l'un des modes d'acquisition de la propriété, la prescription acquisitive. Parmi ces différentes dispositions, un seul texte exprime ou fonde une théorie générale du droit de propriété. Il s'agit de l'article 544 qui définit la propriété comme « *le droit de jouir et disposer des choses de la manière la plus absolue, pourvu qu'on n'en fasse pas un usage prohibé par les lois ou par les règlements* ». Cette définition a été établie à partir de l'article 17 de la Déclaration des droits de l'homme et du citoyen et traduit la conception révolutionnaire du droit de propriété en soulignant son absolutisme. Le Code civil a fait de la propriété un droit réel absolu, individuel et perpétuel.

5. LE DROIT DE PROPRIÉTÉ DEPUIS 1804

Deux phénomènes principaux ont bouleversé la conception du droit de propriété du Code civil, sans remettre en cause sa valeur de droit fondamental reconnue par la Constitution et garanti par le Conseil constitutionnel.

A - Les transformations du droit de propriété

Une première transformation s'est opérée sous les effets conjugués de l'évolution de la société et de l'économie. Elle est marquée par l'accroissement, quantitatif et qualitatif, de la propriété mobilière avec, en parallèle, un recul de la propriété immobilière. Au XIXe siècle sont apparus les biens incorporels, dont la valeur n'a cessé d'augmenter. L'adage « *res mobilis, res vilis* », n'est plus conforme à la réalité. Avec le développement des techniques, des progrès scientifiques, des arts et lettres, la ***propriété intellectuelle*** (c'est-à-dire aussi bien la propriété littéraire et artistique que la propriété industrielle qui protège les brevets d'invention, les marques ou les dessins et modèles) a connu un essor particulier, conférant des droits à forte valeur économique à leur titulaire. Toutefois, ce que l'on appelle les « propriétés incorporelles » (catégorie hétérogène regroupant la propriété intellectuelle, les droits de clientèle, y compris celle attachée au fonds de commerce et aux offices ministériels) échappe au droit des biens. Malgré leur nom, elles ne confèrent pas à leur titulaire les mêmes prérogatives que le droit de propriété de l'article 544 du Code civil, mais un monopole d'exploitation. Il s'agit d'une forme spéciale d'appropriation qui obéit à des règles spécifiques (par exemple le Code de la propriété intellectuelle).

La seconde transformation de la propriété est due au contexte dans lequel elle s'exerce. La propriété s'exerce nécessairement au sein de rapports sociaux, ce qui se traduit par un certain nombre de ***limites*** tenant, pour certaines d'entre elles, à la reconnaissance d'autres droits individuels, tel que le « droit » à l'habitat, pour d'autres, au souci de protéger la propriété d'autrui, et pour d'autres enfin au désir de préserver l'intérêt de la collectivité (expropriation d'utilité publique, servitude d'utilité publique, lois d'urbanisme, protection de l'environnement...). La propriété est un droit mais elle est aussi, selon certains auteurs, une fonction attribuée pour accomplir un devoir envers la collectivité. Le propriétaire ne peut user de son droit de propriété que sous réserve de ne pas nuire aux intérêts ou aux besoins de la société. La propriété est un droit accordé dans l'intérêt de tous, qui a une ***fonction sociale***.

Ce phénomène de ***socialisation du droit de propriété*** se manifeste de deux façons :

- ***par les nombreuses restrictions apportées à son absolutisme***. Le propriétaire se voit limité ou concurrencé dans l'exercice de ses prérogatives reconnues par l'article 544 par le droit des tiers et l'intérêt de tous ;
- ***par le développement de la propriété collective***. Initialement conçue comme individuelle, la propriété s'est adaptée aux besoins de la société qui exigent que plusieurs personnes puissent exercer ce droit sur un même bien (indivision, copropriété), voire toute la collectivité (développement de la propriété publique avec les techniques d'expropriation ou de nationalisation).

B - La valeur fondamentale du droit de propriété

Quelle que soit sa conception et les évolutions qu'elle peut subir, le Conseil constitutionnel a rappelé dans sa décision du 16 janvier 1982, à propos des nationalisations de 1981, que la propriété est un « droit naturel et imprescriptible de l'homme » ainsi que le lien entre ce droit et la liberté individuelle et les autres droits et libertés fondamentales de l'homme. Il déclare que les principes « *énoncés par la Déclaration des droits de l'homme ont pleine valeur constitutionnelle tant en ce qui concerne le* ***caractère fondamental du droit de propriété****, dont la conservation constitue l'un des buts de la société politique et qui est mis au même rang que la liberté, la sûreté et la résistance à l'oppression, qu'en ce qui concerne les garanties données aux titulaires de ce droit et les prérogatives de la puissance publique* ».

Une conciliation entre le droit de propriété et les autres droits de l'homme s'impose alors. Ainsi, tout en affirmant le caractère fondamental du droit de propriété, le Conseil constitutionnel admet que la loi puisse, dans un but d'intérêt général, y apporter des restrictions, à condition qu'elles « *n'aient pas un caractère de gravité tel qu'elles fassent disparaître la substance même de la propriété* ». Les limitations du droit de propriété doivent être justifiées par l'intérêt général et proportionnées au but recherché.

Le Conseil constitutionnel a confirmé le caractère constitutionnel du droit de propriété dans une décision n° 98-403 du 29 juillet 1998, lors de sa saisine à propos de la loi d'orientation relative à la lutte contre les exclusions. Il a déduit des articles 2 et 17 de la

Déclaration des droits de l'homme le droit pour toute personne de disposer d'un logement décent, lui conférant valeur constitutionnelle. Il réaffirme également que des limitations peuvent être apportées à ce droit mais à condition qu'elles « *n'aient pas un caractère de gravité tel que le sens et la portée de ce droit en soient dénaturés* ». En l'espèce, il considère qu'une loi ne peut, sous peine de porter atteinte au caractère constitutionnel du droit de propriété, contraindre un créancier à devenir propriétaire du logement principal de son débiteur. Il faut dès lors comprendre que nul ne peut être contraint, non seulement de céder sa propriété (si ce n'est pour une cause d'utilité publique et sous la condition d'une juste et préalable indemnité), mais encore de devenir propriétaire.

La protection du droit de propriété par le Conseil constitutionnel est aujourd'hui raffermie par le mécanisme de la question prioritaire de constitutionnalité (QPC) qui permet à tout justiciable de contester, devant la plupart des juridictions, la conformité de la loi aux droits et libertés que la Constitution garantit, et en particulier aux articles 2 et 17 de la Déclaration des droits de l'homme relatifs au droit de propriété. Plusieurs QPC intéressant le droit des biens ont été soulevées indiquant un maintien des principes en la matière. Ces décisions permettent de contrôler que les atteintes à la propriété sont justifiées par un motif d'intérêt public ou ne dénaturent pas le sens et la portée du droit de propriété. Elles précisent, ce faisant, quelles sont les limites acceptables à l'exercice de ce droit.

La même valeur de droit fondamental est reconnue au droit de propriété au niveau international. Ainsi, l'article 1er du 1er protocole additionnel à la ***Convention européenne de sauvegarde des droits de l'homme et des libertés fondamentales*** proclame, dans des termes identiques au droit français, que « *toute personne physique ou morale a droit au respect de ses biens. Nul ne peut être privé de sa propriété que pour cause d'utilité publique et dans les conditions prévues par la loi et les principes généraux du droit international* ». La Cour européenne des droits de l'homme (CEDH) et la Cour de justice de l'Union européenne consacrent cette vision du droit de propriété, « *principe fondamental qui peut, au nom de l'intérêt général, être limité, à la condition de ne pas être méconnu* ». Notamment la CEDH limite les atteintes au droit de propriété en sanctionnant la France pour refus de concours de la force publique à l'expulsion[1]. Pour la Cour, l'État ne doit pas seulement s'abstenir de toute ingérence, il a aussi des obligations positives de protection. Un État doit faire tout ce qui est en son pouvoir pour sauvegarder les intérêts patrimoniaux des propriétaires.

La ***Charte des droits fondamentaux de l'Union européenne*** reprend, en la consacrant, la conception du droit de propriété français. Son article 17 affirme en effet que « toute personne a le droit de jouir de la propriété des biens qu'elle a acquis légalement, de les utiliser, d'en disposer et de les léguer. Nul ne peut être privé de sa propriété, si ce n'est pour cause d'utilité publique (...). L'usage des biens peut être réglementé par la loi dans la mesure nécessaire à l'intérêt général ».

---

1. CEDH, 31 mars 2005, n° 62740/00, Matheus c/France : JCP 2005.I.159, note F. Sudre – CEDH, 3 juill. 2007, Fernandez c/France – CEDH, 2 déc. 2010, Sud-Est Réalisations c/France : JCP A 2010, act. 948.

BIBLIOGRAPHIE

CHAZAL (J.-P.), « La propriété : dogme ou instrument juridique ? », RTD civ. 2014, p. 763.

DROSS (W.), « Que l'article 544 du Code civil nous dit-il de la propriété ? », RTD civ. 2015, p. 27.

HALPERIN (J.-L.), *Histoire du droit des biens*, 2008, Économica.

LEVY (J.-P.) et CASTALDO (A.), *Histoire du droit civil*, 2ᵉ éd., 2010, Précis Dalloz.

LIBCHABER (R.), *La recodification du droit des biens*, *in* Le Code civil 1804-2004, Livre du Bicentenaire, 2004, Dalloz et Litec, p. 373.

PATAULT (A.-M.), *Introduction historique au droit des biens*, 1992, PUF, coll. Droit fondamental.

TERRE (F.), « L'évolution du droit de propriété depuis le Code civil », in *Destins du droit de propriété*, Droits 1985, p. 32.

CHAPITRE 2

La notion de propriété

Le concept de propriété exprime l'idée d'un pouvoir juridique complet qu'une personne exerce directement sur une chose. Le droit de propriété est la plus importante des prérogatives dont est titulaire la personne physique sur les choses.

La plénitude du droit de propriété s'exprime non seulement à travers ses attributs (section 1), mais aussi par ses caractères (section 2).

Section 1
Les attributs du droit de propriété

La propriété individuelle est un droit réel par excellence, qui confère à son titulaire tout un faisceau de pouvoirs.

Ses attributs sont au nombre de trois. L'article 544 du Code civil ne vise que « *le droit de jouir et de disposer de la chose* », mais une troisième prérogative s'ajoute au droit de propriété depuis le droit romain, le droit d'user de la chose.

1. LE DROIT D'USER DE LA CHOSE (L'USUS)

Le droit d'user est le droit pour le propriétaire d'utiliser matériellement la chose : le droit de faire sur la chose des actes matériels d'usage, le droit de se servir de la chose en l'affectant à un but qu'il est libre de déterminer (par exemple, habiter une maison, cultiver un domaine, utiliser une voiture...), le ***droit de l'utiliser ou de ne pas l'utiliser***. Le propriétaire peut user de la chose lui-même ou par l'intermédiaire d'un tiers. Le droit d'user confère également le droit de transformer le bien.

2. LE DROIT DE JOUIR DE LA CHOSE (LE FRUCTUS)

Le propriétaire a le droit de jouir de la chose, c'est-à-dire de percevoir les fruits qu'elle est susceptible de produire. L'article 546 énonce en effet que « *la propriété d'une chose, soit mobilière, soit immobilière, donne droit sur tout ce qu'elle produit* ». Ce droit porte sur tous les fruits, naturels, industriels comme civils, le propriétaire ayant droit à tous. En revanche, le droit de jouissance du propriétaire s'exercera matériellement ou juridiquement selon leur nature.

Le propriétaire a aussi le droit aux produits de la chose. La distinction entre fruits et produits n'a d'utilité que dans les rapports avec les tiers. Par exemple, l'usufruitier, comme le possesseur, n'a droit qu'aux fruits. De même, si le propriétaire concède son droit de jouissance à un tiers, il pourra conserver, sauf convention contraire, les produits.

Ce droit de jouir de la chose donne tout son sens à la distinction entre une chose frugifère et une chose non frugifère.

Cette prérogative de jouissance comprend le droit pour le propriétaire d'exploiter son bien sous la forme d'image, notamment de photographie. La Cour de cassation a ainsi admis, dans un premier temps, que le propriétaire avait le droit d'interdire, sur le fondement de l'article 544, l'utilisation par des tiers de l'image de son bien qui porte atteinte à son droit de jouissance. L'Assemblée plénière a ensuite, dans un arrêt du 7 mai 2004, nié l'existence pour le propriétaire d'un droit exclusif sur l'image de ses biens. Le propriétaire n'a plus le monopole qui lui permettait de contrôler toute utilisation de l'image de son bien. Il peut seulement s'opposer à l'utilisation de cette image par un tiers « lorsqu'elle lui cause un trouble anormal »[1]. Non seulement le droit d'exploiter l'image d'un bien n'est pas exclusivement réservé au propriétaire de celui-ci, mais il n'est plus rattaché à l'article 544. Le trouble anormal visé par la Cour de cassation évoque le trouble anormal de voisinage, qui est une cause spéciale de dommages-intérêts[2] . En revanche, il ne fait l'objet que d'une difficile admission par les juges. Ceux-ci exigent une atteinte à la tranquillité, à l'intimité ou à la sécurité des personnes occupant le bien objet de l'image, voire une concurrence déloyale. En revanche, la seule exploitation commerciale de l'image du bien (par exemple sous forme de carte postale) ne suffit pas à caractériser le trouble anormal.

3. LE DROIT DE DISPOSER DE LA CHOSE (L'ABUSUS)

Le droit de disposer de la chose permet au propriétaire de réaliser tous les actes matériels ou juridiques lui permettant de se priver totalement ou partiellement de son bien.

Juridiquement, il peut réaliser tous les actes juridiques de disposition à titre gratuit (donation ou testament) ou onéreux (cession, échange).

Matériellement, il peut détruire ou abandonner son bien. Cette faculté est spécifique au droit de propriété puisque les titulaires des autres droits réels, comme l'usufruit ou la servitude, ne peuvent utiliser ou jouir de la chose d'autrui qu'« à la charge d'en conserver la substance ».

Inversement, le propriétaire est libre de conserver sa chose, c'est-à-dire de ne pas en disposer. Il peut donc s'opposer à ce que son bien soit détruit ou vendu.

---

1. Cass. ass. plén., 7 mai 2004 : JCP 2004. II10085, note C. Caron ; D. 2004, p. 1545, note J.-M. Bruguière ; Defrénois 2004, p. 1554, note S. Piedelièvre et Tenenbaum.
2. V. *infra*, p. 59.

Prérogative essentielle du droit de propriété, l'*abusus* peut être la seule détenue par le propriétaire (alors nu-propriétaire qui a transféré ses autres prérogatives, droit d'user et de jouir de la chose à un tiers, l'usufruitier). *A contrario*, il ne peut y avoir de propriété s'il n'y a pas d'abusus (par exemple, l'usus seul correspond au droit de servitude, l'*usus* et le *fructus* à l'usufruit). Le Conseil constitutionnel, en rappelant que « *le droit de disposer de son patrimoine est un attribut essentiel du droit de propriété* », assure une « *protection constitutionnelle du droit de disposer* ». La Cour de cassation confirme en précisant que « *le transfert de propriété, non demandé par le propriétaire, ne peut intervenir qu'à la suite d'une procédure régulière d'expropriation* ».

Remarques

1) Pour les choses consomptibles, l'*usus* et l'*abusus* se confondent. Utiliser une chose qui périt par son premier usage conduit à la faire disparaître, ce qui est bien une manifestation de l'*abusus*.

2) Les restrictions au droit de disposer sont nombreuses.

– *le législateur peut contraindre le propriétaire à vendre* son bien contre son gré. Cette situation se rencontre en cas de réquisition, de confiscation, d'expropriation pour cause d'utilité publique ou de nationalisation de certains secteurs économiques ;

– des *nécessités d'intérêt public* peuvent fonder des restrictions plus ou moins fortes au droit reconnu au propriétaire de détruire la chose qui lui appartient. Par exemple, les monuments naturels et sites classés ne peuvent être ni détruits, ni modifiés librement. Inversement, pour des raisons de sécurité ou de salubrité, le propriétaire peut être obligé de détruire son bien (démolition des bâtiments menaçant ruine ou suppression des animaux dangereux, par exemple) ;

– dans certains cas, le propriétaire d'un bien n'est *pas libre d'aliéner à qui il le souhaite* (par exemple les Musées nationaux ont un droit de préemption qui les autorise à se substituer à l'acquéreur d'une œuvre d'art vendue dans une vente publique ; le locataire dispose également d'un droit de préférence en cas de vente de l'appartement qu'il loue) ;

– il existe des *hypothèses de propriété inaliénable*, c'est-à-dire de propriété à laquelle manque justement le droit de disposer et qui se réduit donc aux droits d'usage et de jouissance, sans se confondre pour autant avec un usufruit.

La propriété peut être inaliénable *par l'effet d'un jugement*, *par l'effet de la loi* (institution d'une réserve héréditaire qui limite la volonté du disposant qui ne peut déshériter ses enfants ; impossibilité de disposer librement du logement familial ou des meubles meublants (C. civ., art. 215) ; possibilité de déclarer des créances incessibles (C. civ., art. 1321, al. 4) ou *par l'effet de convention* (en matière de donation ou testament, le donataire ou testateur peut empêcher le donataire ou le légataire d'aliéner les biens). Une telle clause d'inaliénabilité n'est valable que sous certaines conditions. Il doit s'agir d'une clause temporaire et justifiée par un intérêt sérieux et légitime. La jurisprudence considère également que les souvenirs de famille sont inaliénables.

3) Ces différents actes juridiques ne sont pas accomplis sur la chose elle-même, mais sur le droit du propriétaire.

Section 2

Les caractères du droit de propriété

Le droit de propriété présente traditionnellement trois caractères : c'est un droit absolu, exclusif et perpétuel.

1• LE CARACTÈRE ABSOLU DU DROIT DE PROPRIÉTÉ

A - L'absolutisme du droit de propriété

La propriété est un droit réel par excellence, qui confère à son titulaire tout un faisceau de droits. Le droit de propriété est présenté comme la forme la plus complète du droit subjectif.

Selon l'article 544 du Code civil, « *la propriété est le droit de jouir et disposer des choses de la manière la plus absolue* ». Au-delà de la redondance soulevée par la doctrine (dans la formule « la plus absolue »), cette définition, établie à partir de l'article 17 de la Déclaration des droits de l'homme et du citoyen, affirme la plénitude des prérogatives accordées au propriétaire.

Toutefois un droit absolu n'est pas un droit illimité : l'article introduit aussitôt une limite à l'absolutisme du droit de propriété en précisant qu'il ne peut s'exercer que sous réserve « *qu'on n'en fasse pas un usage prohibé par les lois ou par les règlements* ». Or les lois modernes, la jurisprudence ou la doctrine ont multiplié les restrictions au droit de propriété.

B - Les restrictions à l'absolutisme du droit de propriété

En vertu de l'article 544 du Code civil, il ne faut pas faire un usage du droit de propriété contraire aux lois et aux règlements.

Pour le Conseil constitutionnel, l'évolution qu'a connue le droit de propriété s'est également caractérisée par des limitations à son exercice exigées au nom de l'intérêt général. Le législateur peut porter atteinte au droit de propriété sous réserve de ne pas le dénaturer. Or il a adopté un grand nombre de dispositions limitant l'intérêt du propriétaire. Par exemple, le propriétaire ne pourra pas construire librement sur son fonds ou au contraire sera obligé de l'entretenir ; il ne pourra pas y cultiver tout type de plantes (comme du cannabis !) ; il sera obligé de procéder au bornage ou à la clôture de son fonds...

Ces restrictions légales, ou réglementaires, peuvent être apportées aux différents attributs du droit de propriété, dans un but d'intérêt général ou privé (voire dans l'intérêt du propriétaire lui-même). Ainsi, le propriétaire mineur ne peut disposer librement de ses biens :

– les ***restrictions établies dans l'intérêt général*** sont, par exemple, les servitudes d'utilité publique, les procédures de remembrement rural, d'expropriation pour cause d'utilité publique ou de nationalisation, qui conduisent à priver une personne de sa propriété, en échange d'une autre en cas de remembrement ou d'une « juste et préalable indemnité » en cas d'expropriation ;

- les ***restrictions établies dans l'intérêt des tiers*** correspondent aux servitudes privées par lesquelles la loi accorde à un fonds, et à travers lui à son propriétaire, le droit de tirer profit d'un autre fonds, appartenant à un tiers. Ainsi par exemple en est-il du droit de passage qui permet au propriétaire d'un fonds enclavé de passer sur le fonds voisin pour accéder aux voies publiques. Le propriétaire du fonds servant, celui qui subit la servitude, ne pouvant empêcher ce passage, n'a plus un droit absolu.

Le statut des baux limite aussi le droit du propriétaire qui donne son bien à bail, accordant au locataire certaines prérogatives concurrentes. La réglementation relative à la fixation et à la révision des loyers constitue également une restriction au fructus du bailleur.

Certaines restrictions peuvent aussi résulter d'un accord entre le propriétaire et les tiers. C'est le cas des servitudes conventionnelles établies au profit d'un fonds voisin.

À côté de ces restrictions légales et conventionnelles, la jurisprudence a utilisé et développé deux théories qui limitent l'exercice du droit de propriété dans l'intérêt des tiers et spécifiquement des voisins : la théorie de l'abus de droit et celle des troubles du voisinage.

1) La théorie de l'abus du droit de propriété

L'abus de droit est une limite à l'exercice du droit de propriété. La doctrine a mis en évidence une double limite au droit de propriété. La première est une limite externe : un propriétaire peut construire sur son terrain, mais il ne peut pas empiéter sur le terrain du voisin. La seconde est une limite interne qui vise la mesure à respecter dans l'exercice des droits. Ainsi, édifier sur son terrain une construction dans le seul et unique but de gêner son voisin dépasse la limite interne du droit de propriété sans atteindre la limite externe de ce droit. Pour résumer, la théorie de l'abus de droit est un moyen de fixer la limite des droits. Elle sanctionne l'usage abusif du droit de propriété et nécessite alors la démonstration d'une faute. Or la difficulté réside dans la reconnaissance d'un abus, constitutif de la faute, dans l'exercice du droit de propriété, réputé absolu. L'identification du critère de l'abus est pourtant le préalable à toute sanction.

a) Le critère de l'abus de droit

Plusieurs critères de l'abus de droit ont été proposés :

- l'***intention de nuire*** : si par principe les individus peuvent jouir de leurs droits librement, l'intention de nuire transforme leur exercice en abus. L'exercice abusif du droit n'est plus couvert par l'immunité que procure le droit à l'exercice des droits ;
- la ***faute dans l'exercice d'un droit*** : est abusif tout exercice anormal du droit de propriété que ne réaliserait pas un homme raisonnable et prudent ;

– le ***détournement du droit de sa fonction sociale***[3] : comme tous les droits, le droit de propriété a une fonction sociale à remplir ; tout usage contraire à cette fonction est abusif. L'exercice du droit de propriété est présumé licite jusqu'à la preuve contraire. Le droit de propriété devient susceptible d'abus dès lors que son exercice peut donner lieu à un comportement illicite. Par conséquent, moins que le droit de propriété, c'est son exercice qui peut être abusif. Il ne peut pas être détourné de sa finalité. L. Josserand précisait que tout droit est limité dans son contenu et en outre que son exercice ne peut pas viser n'importe quel but. Un droit-pouvoir tel que le droit de propriété n'est pas dépourvu d'une finalité sociale. Il participe aussi d'un droit-fonction dans la mesure où il peut aussi être exercé dans l'intérêt d'autrui. Dès lors, il peut faire l'objet d'un abus en étant détourné de sa finalité.

Dans la plupart des décisions, anciennes[4] ou non, l'intention de nuire est démontrée, mais souvent les magistrats ajoutent que « l'exercice du droit a pour limite la satisfaction d'un intérêt légitime et sérieux » (ce qui ressemble au critère du « motif légitime » de la théorie de la finalité sociale, sans que celle-ci soit explicitement retenue). L'intention de nuire est déduite de l'absence d'utilité de l'acte pour son auteur et de l'existence d'un dommage causé au voisin. Mais l'absence d'une telle intention de nuire n'interdit pas de constater un abus de droit. C'est le cas par exemple en présence d'une activité polluante exercée avec l'autorisation de l'administration et en respectant toutes les précautions requises.

b) La sanction de l'abus de droit

La sanction de l'abus de droit s'explique par la conception qui est retenue du droit de propriété. Dès lors que l'action dépasse les limites internes posées, le droit disparaît et il n'offre plus sa protection au comportement du propriétaire déraisonnable. L'abus peut être constitutif d'une faute. La sanction de l'abus de droit dépend donc des mécanismes de responsabilité civile afin d'en assurer la réparation :

– ***la référence à la responsabilité civile*** ne doit pas dissimuler le particularisme de l'abus de droit. La référence à l'article 1240 du Code civil ne doit pas induire en erreur. L'abus de droit n'est pas nécessairement une faute dans l'exercice de son droit. En effet, il ne faut pas tomber dans une contradiction critiquée par les grands auteurs : l'exercice conforme d'un droit subjectif ne peut pas être en même temps contraire à ce droit. L'abus de droit est seulement l'expression d'une limite à l'exercice du droit de propriété. Par conséquent, pour pouvoir appliquer l'article 1240 du Code civil, il faut préalablement faire tomber la présomption de licéité qui accompagne l'exercice de ce droit. En démontrant l'abus, on fait apparaître la faute. Classiquement, ce renvoi à la responsabilité civile invite à rechercher l'abus, le dommage subi par le voisin et le lien de causalité unissant les deux ;

---

3. V. Josserand, *De l'esprit des droits et de leur relativité*, 2e éd., 1939 ; A. Pirovano, « La fonction sociale des droits : réflexion sur le destin des théories de Josserand », D. 1972, chron. 67.
4. Req., 3 août 1915 : D. 1917, p. 79 (aff. *Clément Bayard*, érection de piques pour gêner l'évolution des ballons dirigeables de son voisin) ; Colmar, 2 mai 1855 : DP 1956.2.9 (construction d'une fausse cheminée pour obscurcir la maison des voisins) ; Sedan, 17 déc.1901 : S. 1904.2.217, note Appert (aff. *Savart*, construction d'une cloison peinte en noir pour que les voisins aient l'impression de vivre à côté d'une prison).

- *la réparation* peut se faire de deux façons : en nature ou par une réparation en argent. La réparation en nature est particulièrement intéressante en matière d'abus de droit de propriété : le propriétaire indélicat qui a érigé des constructions en outrepassant les limites de son droit est condamné à les démolir et à remettre les choses en l'état. En revanche, le choix des dommages-intérêts s'impose quand la remise en état n'est pas envisageable.

Il apparaît qu'en pratique, les arrêts relatifs aux abus du droit de propriété sont peu fréquents, les victimes préférant agir sur le terrain des troubles anormaux de voisinage.

2) La théorie des troubles anormaux de voisinage

Si le propriétaire a le droit de réaliser tous les actes matériels et juridiques inhérents à son droit, c'est sous réserve qu'ils ne constituent pas un trouble anormal pour le voisinage.

Exercé au sein de la société, le droit de propriété peut causer un préjudice aux voisins (bruits, fumées, odeurs...). Inévitable et inhérent à la vie en communauté, ce préjudice ne donne pas lieu à indemnisation. Chacun doit supporter les inconvénients normaux du voisinage. En revanche, le dommage anormal, parce qu'excessif, doit être réparé. En plus des limites légales, la jurisprudence restreint aussi les prérogatives attachées à la propriété immobilière en soumettant les troubles de voisinage à des règles particulières de responsabilité civile. Elle s'est développée en raison de la progression non seulement des nuisances (pollution, bruit...), mais aussi des droits reconnus aux particuliers (droit à la tranquillité, à l'esthétique, à l'ensoleillement...).

La responsabilité pour trouble anormal de voisinage est depuis longtemps admise. Initialement, le trouble de voisinage a été une application de la théorie de l'abus de droit. Il s'en est aujourd'hui détaché. La théorie des troubles anormaux du voisinage constitue un rameau autonome de la responsabilité. L'article 1244 du projet de loi de réforme de la responsabilité présenté le 13 mars 2017 circonscrit les responsables éventuels en excluant l'occupant sans titre pour ne viser que le propriétaire, le locataire, le bénéficiaire d'un titre, le maître de l'ouvrage ou celui qui exerce ses pouvoirs. Ces derniers engagent leur responsabilité de plein droit. Cette réforme devrait clarifier, la mise en œuvre de cette responsabilité qui obéit à quelques spécificités.

a) Les fondements de la responsabilité pour trouble anormal de voisinage

Le fondement de la réparation a évolué pour consacrer une responsabilité sans faute. La responsabilité de droit commun impose la preuve d'une faute de la part du responsable. Or l'évolution des moyens techniques et économiques, la proximité accrue dans le cadre des relations de voisinage favorisent l'apparition de troubles excessifs alors même qu'aucune faute ne peut être reprochée au fauteur de trouble.

La particularité de cette responsabilité tenant au voisinage est qu'elle n'est pas fondée sur la faute mais sur le dommage anormal.

1. Une responsabilité sans faute

La responsabilité peut être engagée même si aucune faute n'a été commise, même si le propriétaire ne fait qu'exercer ses prérogatives légales. Par exemple, l'industriel qui obtient l'autorisation administrative d'exploiter une usine polluante et bruyante ne commet aucune faute, mais il peut être contraint d'indemniser les voisins du préjudice anormal. Deux arrêts de principe ont admis que si « *le propriétaire voisin de celui qui construit légitimement sur son terrain est néanmoins tenu de subir les inconvénients normaux du voisinage, en revanche, il est en droit d'exiger une réparation dès lors que les inconvénients excèdent cette limite* »[5]. La distinction avec l'abus est nette : l'abus suppose une faute, non le trouble de voisinage. La Cour de cassation y a vu un principe général selon lequel « *nul ne doit causer un trouble anormal de voisinage* ». Une responsabilité est envisageable en l'absence de faute caractérisée. Après avoir justifié cette responsabilité en se fondant sur l'ancien 1382 du Code civil, les tribunaux fondent leurs décisions sur le principe général du droit selon lequel « *nul ne doit causer à autrui un trouble anormal de voisinage* »[6].

2. Un dommage anormal

L'anormalité du dommage est la condition indispensable à la mise en œuvre de l'action en troubles de voisinage.

Le trouble anormal est celui qui est soit important, soit répétitif. Il dépasse un certain seuil de gravité et de tolérance. Le caractère anormal est soumis à l'appréciation souveraine des juges du fond qui tiennent compte des circonstances de temps (jour ou nuit ; dimanche ou semaine) et de lieu (selon l'environnement : zone industrielle ou quartier résidentiel, zone urbaine ou rurale, circulation ou non...)[7]. La difficulté réside bien sûr dans cette appréciation, tout pouvant devenir trouble de voisinage (fumées, bruits, odeurs, chant d'un coq, cloches, fête foraine...), qui ne fait l'objet que d'un contrôle restreint de la Cour de cassation qui se contente de vérifier la caractérisation du caractère anormal du dommage.

La victime est prise aussi en considération à titre personnel. Le caractère excessif du trouble est évalué en tenant compte de sa situation. Ainsi, l'appréciation du trouble est-elle plus rigoureuse par exemple en présence de patients d'une clinique obligés de supporter les nuisances de l'usine voisine. Certaines décisions prennent en considération les troubles psychologiques ou la détérioration de l'état de santé de la victime. La santé n'est pas le seul élément pris en considération. D'autres exemples peuvent être retenus. L'étude de dossiers dans un bureau situé sous la pièce dans laquelle le voisin joue du piston 30 à 45 minutes par jour aggrave le caractère anormal du trouble. Le bruit d'un port de commerce et de plaisance serait jugé excessif pour les résidents d'un quartier résidentiel en droit d'attendre un repos et un calme exceptionnel, il ne l'est pas pour des personnes habitant et travaillant sur le port en participant à son activité.

b) La mise en œuvre de la responsabilité

L'action engagée dans le cadre des troubles anormaux de voisinage présente un double aspect. Le premier est ***personnel*** et repose sur les relations de voisinage, le second est ***réel*** et repose sur la proximité des fonds. Ce double caractère se retrouve à travers le double fondement des articles 544 et 1240 du Code civil visé jusqu'en 1998 par la Cour de cassation[8].

---

5. Cass. 3e civ., 4 févr. 1971 : Bull. civ. III, n° 78 et 80 ; JCP 1971. II.16781, note Lindon ; récemment Cass. 3e civ., 19 janvier 2017, n° 15-28591.
6. Cass. 2e civ., 19 novembre 1986, n° 84-16379.
7. Appréciation *in concreto* ; Cass. 3e civ., 14 février 2012, n° 10-25464.
8. Cass. 3e civ., 30 juin 1998, n° 96-13039 : Bull. civ. III, n° 144.

L'aspect personnel est indéniable. Les troubles de voisinage ne dépendent pas seulement du droit de propriété, ils visent également à assurer une certaine tranquillité dans les relations de voisinage. Plusieurs éléments viennent corroborer cette analyse personnaliste.

Les ***titulaires de l'action*** d'abord. Peuvent agir non seulement les propriétaires, mais aussi les locataires ou occupants à l'encontre du voisin locataire, occupant ou propriétaire. L'élargissement de la notion de voisinage confirme le caractère personnel de la théorie des troubles anormaux du voisinage. La contiguïté des fonds n'est plus une condition nécessaire ; elle est remplacée par la notion de proximité.

La situation personnelle de la victime est également prise en compte, on l'a vu, dans l'appréciation du caractère anormal du préjudice.

La protection des biens est l'autre caractéristique de la théorie des troubles anormaux de voisinage. Il s'agit d'une confrontation de droits absolus exercés par les propriétaires des fonds voisins, d'une délimitation des droits de chacun des propriétaires pour éviter les troubles excessifs. Le ***caractère réel*** explique que le propriétaire soit mis en cause pour des troubles qu'il n'a pas commis. Réciproquement, le propriétaire qui n'occupe plus le fonds peut demander réparation du trouble provoqué par la nuisance sonore d'un centre de tir installé sur le fonds voisin[9].

La Cour de cassation accepte que la réparation du trouble soit demandée au propriétaire au lieu et place de son locataire seul véritable fautif au plan personnel. Elle a accepté également l'action engagée contre le maître de l'ouvrage pour les nuisances occasionnées par les constructeurs en charge des travaux. La jurisprudence a un temps retenu une conception extensive de cette notion de constructeur, visant l'entrepreneur, le sous-traitant, le gestionnaire de projet, ou l'architecte. Les victimes des nuisances pouvaient agir directement contre les constructeurs sur le fondement de la théorie des troubles anormaux du voisinage. Si la victime agissait quand même contre le maître de l'ouvrage (le propriétaire voisin qui a commandé les travaux), celui-ci avait un recours contre le constructeur. La jurisprudence le reconnaissait auteur du trouble dont il devait répondre en tant que « voisin occasionnel »[10] parce qu'il occupait le sol lors des travaux. Si l'article 1244 du Code civil devait être adopté en l'état de sa rédaction actuelle dans le projet de réforme du droit de la responsabilité, cela réduirait le champ d'application de la jurisprudence car la responsabilité de l'occupant sans titre ne pourrait plus être engagée. Lorsque plusieurs constructeurs étaient impliqués dans le dommage, la question s'est posée du régime applicable à l'action récursoire d'un constructeur tenu à la responsabilité objective pour trouble anormal de voisinage à l'encontre d'un ou plusieurs co-auteurs du trouble, et notamment à l'encontre de celui avec lequel il est lié contractuellement, son sous-traitant.

La Cour de cassation a admis le recours uniquement pour la fraction de la dette dont il ne doit pas assumer la charge définitive et à condition qu'il prouve la faute contractuelle du sous-traitant[11]. Le débiteur de l'obligation de réparer n'était donc pas celui qui était à l'origine du préjudice mais le propriétaire. Une telle constatation éloigne la théorie des troubles du voisinage de la responsabilité civile pour la rapprocher de l'analyse réelle. La

9. Cass. 3e civ., 3 mars 2016, n° 14-14534.
10. Cass. 3e civ., 21 juill. 1999 – Cass. 3e civ., 22 juin 2005 *(arrêt hôtel George V)* : JCP 2005, actu p. 1269 ; D. 2006.40 note J.-P. Karilla.
11. Cass. 3e civ., 26 avr. 2006, n° 05-10100 : D. 2006, p. 2505, note J.-P. Karilla.

Cour de cassation a cependant abandonné cette approche. Dans un arrêt du 9 février 2011, elle a rappelé la nécessité d'un lien de causalité direct entre les troubles anormaux occasionnés par la construction d'un immeuble et la participation de chaque entreprise qui intervient sur le chantier, rejetant ainsi la notion de voisin occasionnel « auteur » du trouble[12]. Elle considère que les nuisances provenant d'un chantier de construction, telles les nuisances sonores ou les poussières, sont inhérentes aux travaux. Ne pouvant être évitées, elles ne peuvent être imputées aux constructeurs mais au seul maître de l'ouvrage ayant pris la décision de faire réaliser les travaux sources de troubles. La simple participation à un chantier ne suffit pas à engager la responsabilité de plein droit des entrepreneurs, architectes ou autres bureaux d'études, de direction ou de surveillance des travaux. La cour refuse de les considérer comme des voisins, même occasionnels, et n'envisage leur responsabilité que pour les troubles « en relation de cause directe avec la réalisation des missions » qui leur sont confiées. La condamnation de l'auteur du trouble à la réparation peut se trouver contrariée par l'existence de faits justificatifs.

1. Les faits justificatifs

Comme il a déjà été expliqué, la responsabilité pour troubles du voisinage a pour originalité première de permettre de poursuivre en l'absence de toute faute. À la différence de l'abus de droit, l'intention de nuire n'est pas une condition de mise en œuvre de la responsabilité du fauteur de trouble. Les voisins peuvent avoir simplement agi dans l'exercice de leur droit de propriété. Ainsi, l'obtention d'un permis de construire en règle pour la construction d'une cheminée, d'un garage ou d'un nouveau bâtiment n'exempte pas le maître d'œuvre de la responsabilité pour trouble du voisinage. De même, l'autorisation administrative accompagnant une exploitation industrielle, agricole ou l'exercice d'un commerce n'empêche pas la constatation par les juridictions d'un dommage anormal pour le voisinage. L'obtention de toutes ces autorisations et permis n'est pas une garantie de l'absence de nuisances anormales pour le voisinage. La présence d'une servitude n'est pas davantage une cause d'exonération de responsabilité selon certaines décisions de la Cour de cassation, les juges du fond devant rechercher si les troubles subis du fait de l'exercice de la servitude excèdent les inconvénients normaux de voisinage.

Certains faits sont, eux, justificatifs et permettent d'écarter la mise en œuvre de la théorie des troubles anormaux du voisinage. L'***antériorité du trouble*** ou la ***pré-occupation*** constitue une exception opposable à la victime. Cette dernière aurait en quelque sorte accepté le risque en s'installant près d'une usine, d'une exploitation agricole ou commerciale polluante ou bruyante. Au-delà du risque, d'aucuns estiment qu'acquérir un bien en connaissance de cause constitue en quelque sorte une faute de la victime exonératoire de responsabilité. En la matière, l'article L. 112-16 du Code de la construction et de l'habitation pose la règle de la pré-occupation. Il dispose que « *les dommages causés aux occupants d'un bâtiment par des nuisances dues à des activités agricoles, industrielles, artisanales, commerciales ou aéronautiques, n'entraînent pas droit à réparation lorsque le permis de construire afférent au bâtiment exposé à ces nuisances a été demandé ou l'acte authentique constatant l'aliénation ou la prise de bail établi postérieurement à l'existence des activités les occasionnant dès lors que ces activités*

12. B. Mallet-Bricout et N. Reboul-Maupin, « Panorama Droit des biens », juin 2010-juin 2011, D. 2011, V-n° 1.

s'exercent en conformité avec les dispositions législatives ou réglementaires en vigueur et qu'elles se sont poursuivies dans les mêmes conditions ». La réparation du trouble de voisinage n'est pas envisageable quand les activités provoquant les nuisances étaient exercées avant l'installation sur le fonds, en conformité avec les dispositions législatives en vigueur et sans changement entraînant une augmentation des troubles.

À l'occasion d'une affaire où des propriétaires se plaignaient de troubles anormaux du voisinage causés par les clients d'un relais routier dont le parking est contigu à leur habitation, la Cour de cassation a saisi le Conseil constitutionnel d'une question prioritaire de constitutionnalité[13]. Elle lui a demandé de dire si les dispositions de l'article L. 112-16 du Code de la construction et de l'habitation sont conformes à la Constitution et plus particulièrement les articles 1 à 4 de la Charte de l'environnement. La Charte de l'environnement a en effet acquis valeur constitutionnelle par son insertion dans le Préambule de la Constitution en 2004. Ses premiers articles consacrent « *le droit à vivre dans un environnement équilibré et respectueux de la santé* », une obligation de vigilance à l'égard des atteintes à l'environnement qui pourraient résulter de son activité et une obligation de réparer les dommages causés à l'environnement. Selon les requérants, la disposition en cause, en instaurant l'immunité légale de la pré-occupation, exonère l'auteur des nuisances de toute obligation de réparer le dommage causé par ces nuisances aux personnes installées après que l'activité dont il s'agit a commencé à être exercée. Elle les empêche d'engager, sur le fondement du trouble anormal de voisinage, la responsabilité de l'auteur des nuisances et méconnaît, de ce fait, le principe de responsabilité ainsi que la Charte de l'environnement. Le Conseil constitutionnel, dans sa décision n° 2011-116 QPC du 8 avril 2011, a conclu que l'article L. 112-16 du Code de la construction et de l'habitation est conforme à la Constitution, dans la mesure où il ne fait pas obstacle à une action en responsabilité fondée sur la faute.

Le texte continue donc à s'appliquer dans les conditions fixées par la jurisprudence. Les trois conditions posées par le texte, l'antériorité de l'activité génératrice de nuisance, l'activité exercée dans le respect de la législation, et l'absence de modification dans les conditions d'exploitation, sont interprétées restrictivement par la jurisprudence. La règle ne s'applique qu'aux activités prévues par le texte, c'est-à-dire les activités agricoles, industrielles, artisanales ou commerciales, à l'exclusion de l'exploitation d'un aérodrome militaire par exemple. Celui qui s'installe dans un tel environnement ne peut pas se plaindre des dommages qu'il subit, sauf en cas d'aggravation ultérieure de ceux-ci. Une des questions les plus controversées en jurisprudence réside dans l'appréciation de l'extension ou de la modification de l'activité. La moindre modification peut faire perdre au fauteur de trouble le bénéfice de l'exception de l'article L. 112-16 du Code de la construction et de l'habitation.

Les autres faits justificatifs ne sont pas spécifiques aux troubles de voisinage. Il s'agit de la prise en considération de la faute de la victime. Le comportement de la victime, comme en droit commun, peut exonérer totalement ou partiellement l'auteur des troubles de sa responsabilité. Ainsi, le propriétaire des berges d'une rivière qui n'engage pas les travaux nécessaires ne peut pas fonder son action sur la théorie des troubles du voisinage après avoir subi des dommages lors de l'édification d'une construction voisine. Il semble que la force majeure soit également une cause d'exonération de la responsabilité de l'auteur du

13. Cass. 3e civ., QPC, 27 janv. 2011, n° 10-40056.

trouble anormal, cependant la jurisprudence n'accepte que rarement la qualification de force majeure. Une décision du 10 décembre 2014 confirme le caractère exceptionnel de l'exonération de responsabilité pour force majeure. Le voisin d'un fonds où étaient situés des pins menaçants avait multiplié les démarches pour obtenir leur coupe sans succès. Après une tempête la chute des pins avait causé des dommages sur son fonds, la Cour de cassation rejette le pourvoi du propriétaire du fonds voisin qui prétendait échapper à sa responsabilité pour cause de force majeure : la tempête ayant entraîné la chute des arbres ne vérifie pas les critères de la force majeure[14].

2. La réparation du préjudice

Les juges vont accorder des dommages-intérêts afin de réparer le dommage causé, obliger à réaliser des travaux tendant à diminuer les nuisances ou, plus rarement, ordonner la suppression de la cause du dommage. La démolition peut ainsi être ordonnée sur le fondement de l'article 1240 du Code civil. Mais la séparation des pouvoirs empêche le juge de l'ordre judiciaire d'interdire une activité, même préjudiciable pour les voisins, que l'administration a autorisée. Tout au plus peut-il ordonner certains travaux pour faire cesser le préjudice résultant du trouble anormal[15] et des dommages-intérêts si le préjudice persiste.

Le juge judiciaire a été conduit à faire une application extensive de la théorie des troubles anormaux du voisinage à propos des antennes-relais de téléphonie mobile. La cour d'appel de Versailles, dans un arrêt très médiatisé du 4 février 2009, a ordonné leur démantèlement en se fondant sur la simple crainte d'un risque sanitaire incertain, constitutive apparemment d'un trouble anormal de voisinage[16]. Toutefois, l'arrêt ne se fondait qu'en apparence sur la théorie des troubles de voisinage, appliquant en réalité le ***principe de précaution***[17]. Cette décision a été fortement critiquée, les commentateurs voyant dans cette prise en considération du principe de précaution à la fois un risque d'insécurité juridique et une nouvelle limite au droit de propriété.

Ainsi, les dernières décisions du Conseil d'État, du Tribunal des conflits et de la Cour de cassation ont restreint la portée de ce principe de précaution en droit des biens (tout en réduisant les espoirs des riverains d'antennes relais de téléphonie mobile d'obtenir leur démantèlement ou leur arrêt) :

– si certains tribunaux administratifs et cours administratives se sont montrés sensibles à l'argument tiré du principe de précaution, le Conseil d'État a refusé d'appliquer le principe pour faire droit aux demandes de démantèlement[18] ;

---

14. Cass. 3e civ., 10 déc. 2014, n° 12-26361.
15. Fermeture provisoire d'un circuit de karting en attendant sa mise en conformité : Cass. 2e civ., 9 octobre 1996 : Bull. civ. II, n° 231 ; installation d'un dispositif de forage afin de faire cesser les inondations subies par le voisin : Cass. 2e civ., 12 nov. 1997 : JCP 1997. IV.2563 ; rebouchage d'une ouverture pour supprimer le trouble causé par la vue des voisins, Cass. 3e civ., 18 janv. 2011, n° 09-72282.
16. CA Versailles, 4 févr. 2009, n° 08/08775 : D. 2009, Point de vue par M. Boutonnet ; AJDA 2009, p. 712, obs. S. Bourillon.
17. J.-Ph. Feldman, « Le trouble voisinage du principe de précaution (sur l'arrêt de la cour de Versailles du 4 février 2009, « Bouygues Télécom c/Lagouge ») : D. 2009, chron. 1396.
18. CE, ass., 26 octobre 2011, Commune de Saint-Denis, n° 326492 ; Commune de Pennes-Mirabeau, n° 329904 et SFR, nos 341767-341768.

– le tribunal des conflits dans une série de décisions rendues le 14 mai 2012[19] a décidé que le juge judiciaire ne peut en principe pas se prononcer sur une demande tendant à obtenir « *l'interruption de l'émission, l'interdiction de l'implantation, l'enlèvement ou le déplacement d'une station radioélectrique régulièrement autorisée (...) au motif que son fonctionnement serait susceptible de compromettre la santé des personnes vivant dans le voisinage ou de provoquer des brouillages* » : cela reviendrait indirectement à contrôler la légalité de l'autorisation délivrée à l'opérateur par l'autorité administrative, ce qui relève de la compétence du seul juge administratif. Le juge judiciaire ne dispose plus désormais que d'une compétence résiduelle : il ne peut connaître que des actions tendant à l'indemnisation des dommages causés par l'implantation ou le fonctionnement d'une station radioélectrique. Tant que le matériel est régulièrement autorisé et implanté, il ne peut plus le faire déplacer, enlever ou cesser d'émettre ;
– la Cour de cassation s'est pliée à cette limitation de sa compétence dans trois arrêts du 17 octobre 2012[20] : le juge judiciaire peut seulement octroyer une réparation pécuniaire du trouble éventuel causé aux voisins. Or les décisions récentes introduisent le doute quant à la possibilité d'indemniser le dommage sur le fondement de la théorie des troubles anormaux du voisinage ou le principe de précaution. Le premier exige une caractérisation du trouble qui est incertaine en présence de risques sanitaires éventuels et la cour refuse de faire du principe de précaution une source autonome de responsabilité, exigeant la recherche d'une faute.

Les nombreuses restrictions que connaît le droit de propriété ont conduit la plupart des auteurs à dénoncer l'anachronisme (ou à tout le moins la redondance) de la formule de l'article 544 du Code civil qui permet au propriétaire de jouir et de disposer des choses de la manière « la plus absolue ».

Le droit de propriété n'est pas un droit inviolable et sacré. Cependant, la liberté du propriétaire reste la règle et les limites du droit de propriété les exceptions. Le caractère absolu du droit de propriété trouve son prolongement dans le caractère exclusif de celui-ci.

2. LE CARACTÈRE EXCLUSIF DU DROIT DE PROPRIÉTÉ

A - L'exclusivité du droit de propriété

Le caractère exclusif du droit de propriété prolonge son caractère absolu qui écarte le partage : le propriétaire exerce seul un droit complet sur son bien. Une chose appropriée n'appartient qu'à une seule personne, qui exerce sur elle tous les attributs du droit de propriété.

19. T. confl., 14 mai 2012, n° 3844, 3846, 3848, 3850, 3852, 3854, Sté Orange France : JCP 2012.819, concl. J.-D. Sarcelet et note M. Bacache ; D. 2012, p. 1930, note G.J. Martin et J.-C. Msellati. V. depuis, T. confl. 15 oct. 2012, n° 3875.
20. Cass. 1re civ., 17 oct. 2012, 3 arrêts n° 10-26854, 11-19259 et 11-14553 : D. 2012, p. 2523 ; RDI 2012, p. 612, obs. A. Van Lang.

Tant que le propriétaire n'en décide pas autrement, il a l'exclusivité des pouvoirs que confère la propriété. Selon le doyen Cornu, « *l'exclusivité signifie que les tiers n'ont en principe aucune part à l'utilité d'une chose qui appartient en propre à autrui. Ils ne peuvent ni en user, ni en jouir, ni en disposer. Ils ne peuvent en retirer aucune utilité personnelle* »[21]. Seul maître de son bien, le propriétaire peut s'opposer à ce que les tiers exercent sur lui des prérogatives (exemple : pénétration sur son terrain). Il peut s'opposer à toute utilisation de son bien.

B - Les limites à l'exclusivité du droit de propriété

Le caractère exclusif du droit de propriété découle de la conception individuelle de celle-ci. Dans le Code civil, seule une place minime est faite à la propriété collective sous le nom d'indivision. Or le développement de la propriété collective (indivision, mitoyenneté et surtout copropriété) a multiplié les restrictions au caractère exclusif du droit de propriété.

Le propriétaire peut être amené à supporter certains empiétements sur son droit. Il existe des hypothèses dans lesquelles le propriétaire ne peut s'opposer à ce que des tiers pénètrent chez lui. Ainsi, le propriétaire riverain de la mer est-il dans l'obligation de respecter un droit de passage de trois mètres. De même, il est impossible de s'opposer au passage de chasseurs sur certains terrains.

Lorsque plusieurs personnes sont investies sur une même chose de droits réels de nature différente (usufruitier ; nu-propriétaire), le démembrement de la propriété supprime le caractère exclusif du droit de propriété. Puisque certains attributs du droit de propriété appartiennent à un tiers, le propriétaire n'est plus le titulaire exclusif d'un droit de propriété complet.

3. LE CARACTÈRE PERPÉTUEL DU DROIT DE PROPRIÉTÉ

Contrairement aux autres droits réels qui sont temporaires ou viagers, le droit de propriété est un droit perpétuel. Ce caractère revêt deux significations :

- « ***le droit de propriété est imprescriptible*** » (C. civ., art. 2227) : la propriété ne se perd pas par le non-usage : il n'y a pas de prescription extinctive trentenaire du droit de propriété. Si le propriétaire a le droit de ne pas user de son bien, il serait contradictoire d'admettre que ce droit se perde par le non-usage.
  Le meilleur exemple reste celui de l'affaire dite de l'étang Napoléon[22], étang situé au bord de la mer, séparé par une bande de terre de la mer et propriété d'une famille depuis 1824. Lors d'une tempête, l'étang s'était confondu dans la mer. Au cours du temps, l'étang s'était reconstitué (70 ans plus tard). Les héritiers avaient revendiqué leur propriété privative sur le plan d'eau. Cependant, l'État considéra que l'étang était devenu public. L'Assemblée plénière a confirmé le droit de

---

21. Cornu G., *Droit civil, Introduction, les personnes, les biens,* 13e éd., 2007, Montchrestien, n° 1035.
22. Cass. ass. plén., 23 juin 1972 : JCP 1973. II.17331, concl. Lindon.

propriété des héritiers sur l'étang, puisque la propriété ne se perd pas par le non-usage.

La propriété ne se perdant pas par le non-usage, la jurisprudence en avait conclu que l'action en revendication n'était pas susceptible de prescription extinctive[23]. L'article 2227 du Code civil, tel qu'issu de la loi n° 2008-561 du 17 juin 2008 portant réforme de la prescription civile, indique que « *les actions réelles immobilières se prescrivent par trente ans* » mais « sous réserve » du caractère imprescriptible du droit de propriété. L'article 2224 précise que « *les actions personnelles ou mobilières se prescrivent par cinq ans* ». La question se pose de la conciliation de ces dispositions avec le principe de l'imprescriptibilité de l'action en revendication. La combinaison de ces articles est ambiguë[24] et peut aboutir à deux approches. On peut en conclure que l'action en revendication est, par exception, imprescriptible, conformément à la jurisprudence antérieure. Mais on peut aussi considérer que cette action est désormais enfermée dans une limite temporelle. Il y aurait d'un côté l'imprescriptibilité du droit de propriété et de l'autre la prescription des actions réelles par trente ou cinq selon la nature immobilière ou mobilière de la propriété. Il est vrai qu'en matière immobilière l'enjeu est limité : après trente ans, les éventuels « revendiquants » soit ont des difficultés à apporter la preuve de leur droit de propriété, soit se voient opposer une prescription acquisitive. En matière mobilière, si l'action est enfermée dans un délai de cinq ans, le risque est plus grand d'un conflit avec le caractère imprescriptible du droit de propriété. C'est pourquoi, la majorité de la doctrine considère que le principe de l'imprescriptibilité de l'action en revendication, qui n'est que la conséquence procédurale du caractère perpétuel du droit de propriété, doit être maintenu. Le projet de réforme du droit des biens envisage en ce sens très clairement le caractère imprescriptible non seulement du droit de propriété mais aussi de l'action en revendication. Dans deux décisions en 2014, la Cour de cassation s'est enfin prononcée en faveur de l'imprescriptibilité de l'action en revendication. Elle considère que « la propriété ne se perdant pas par le non-usage, l'action en revendication n'est pas susceptible de prescription extinctive »[25].

L'action en revendication doit pouvoir être exercée aussi longtemps qu'un tiers ne justifie pas être devenu propriétaire par la possession. En effet, il est certain que la propriété peut disparaître si dans le même temps quelqu'un d'autre exerce toutes les prérogatives du propriétaire, puisque la possession d'un bien peut en faire acquérir la propriété[26] . La perpétuité du droit de propriété est donc remise en cause par l'usucapion, c'est-à-dire la prescription acquisitive d'un tiers. La propriété ne se perd pas par le non-usage (seul) mais peut se perdre par un usage concurrent. C'est le processus acquisitif qui prive le propriétaire de son droit sur la chose et non le non-usage de celle-ci ;

- le caractère perpétuel signifie aussi que ***le droit de propriété n'est pas limité dans le temps***. Il dure jusqu'à ce que la chose qui en est l'objet soit détruite,

---

23. Req., 12 juill. 1905 : DP 1907, p. 141, rapp. Potier ; S. 1907, p. 273, note Wahl – Cass. 1re civ., 7 oct. 1964 : JCP 1964.II. 13944, obs. Bulté ; RTD civ. 1965, p. 149, obs. Bredin.
24. Sur les difficultés d'interprétation : B. Mallet-Bricout, « Possession et prescription acquisitive : du changement ! », in panorama Droit des biens D. 2008, p. 2460.
25. Cass. 3e civ., juillet 2014, n° 12-21485 (à propos d'une demande en démolition de poteaux électriques empiétant sur une propriété érigés en 1963) et Cass. 3e civ., 9 septembre 2014, n° 13-18133.
26. V. *infra*, p. 130.

abandonnée ou jusqu'au jour où son propriétaire décide de la vendre. La propriété ne s'éteint pas, en revanche, à la mort de son titulaire. Héréditaire, elle est en effet transmissible aux héritiers.

Comme pour les autres caractères, il existe des tempéraments, même s'ils sont moins nombreux. Le caractère perpétuel disparaît ainsi avec la libre aliénation du bien ou lorsque l'État contraint le titulaire du droit à vendre son bien (expropriation, nationalisation, saisie). La jurisprudence admet également la revendication d'œuvres d'art disparues pendant la Seconde Guerre mondiale et réapparues ensuite (sous réserve pour les réclamants de faire la preuve de leur propriété).

BIBLIOGRAPHIE

LEPAGE (A.), « Le voisinage », *Defrénois* 1999, art. 36943, p. 268.

MARTIN (D.R.), « La propriété, de haut en bas », D. 2007, p. 1977.

NEYRET (L.), « Les troubles anormaux de voisinage », Étude 355, *Lamy Droit de la responsabilité*, 2009, n° 355-90.

ZATTARA (A.-F.), *La dimension constitutionnelle et européenne du droit de propriété*, 2001, LGDJ, Bibl. Dr. privé, t. 351.

ZÉNATI-CASTAING (F.), « La propriété, mécanisme fondamental du droit », RTD civ. 2006, p. 445.

CHAPITRE 3

L'étendue du droit de propriété

Les caractères et attributs du droit de propriété définissent indirectement l'étendue du droit de propriété. La conception absolutiste de la propriété explique qu'elle concerne non seulement le principal, mais aussi l'accessoire. Le principal associé à l'accessoire circonscrit les deux aspects de l'étendue du droit de propriété : l'aspect spatial, qui caractérise l'étendue physique du droit de propriété (section 1) et l'aspect dynamique, qui est caractérisé par l'accession (section 2).

Section 1
L'étendue matérielle de la propriété

La propriété ne se résume pas à une surface, elle se concrétise aussi par la propriété du sol, à ce titre, elle est délimitée en superficie par le bornage. Ce dernier permet d'organiser les relations avec le voisinage, mais reste sans conséquence sur le titre de propriété. La propriété s'insère dans l'espace, elle s'étend à la propriété du dessus et du dessous. En la matière, l'article 552 du Code civil introduit des présomptions de propriété, ce qui le différencie profondément du bornage. Elles sont utiles dans la mesure où les constructions se font en hauteur et en sous-sol. La dimension spatiale de la propriété est ainsi indirectement prise en compte par le Code civil. Cependant, de plus en plus, des droits spéciaux viennent consacrer la notion de propriété dans l'espace pour mieux l'encadrer et imposer leurs propres règles, c'est le cas du droit de l'urbanisme, par exemple. La délimitation matérielle de la propriété est donc réalisée en superficie par le bornage et la clôture, et dans l'espace par la propriété du dessus et du dessous.

1• LE BORNAGE ET LA CLÔTURE

Instruments de délimitation en superficie de la propriété, le bornage et la clôture se distinguent, en dépit de leurs nombreux points communs. Les deux marquent les limites du droit de propriété. À ce titre, les deux sont le fruit de l'exercice du droit de propriété. Enfin, les deux se comprennent dans le cadre des relations avec le voisinage, puisque chacun, avec leurs caractères propres, réglemente les relations entre voisins.

Toutefois, il y a une différence de degré, de domaine et de nature entre les deux notions. Une différence de nature d'abord. Le bornage a pour fonction de délimiter deux fonds. Comme les clôtures, il pose les limites du voisinage et ne vaut pas titre de propriété. Cependant, parfois, derrière la neutralité de l'action en bornage se dissimule une contestation de la propriété. Le droit de clôture, pour reprendre l'expression du doyen Carbonnier, est un moyen de « mise en défense de l'immeuble ». En conséquence, le bornage est contradictoire, la clôture est unilatérale. Ce droit vise à prévenir les incursions des étrangers. Protection du droit de propriété, il n'est pas un instrument caché de sa contestation. Une différence de domaine ensuite, le bornage concerne le milieu rural ou forestier, la clôture le milieu urbain. Une différence de degré enfin, le bornage pose les limites de la propriété, il consiste à implanter des signes apparents aux angles de la propriété. Clarifier la délimitation de la superficie de la propriété par le bornage permet donc de préciser les droits du propriétaire et l'autorise à utiliser sa faculté de clore.

A - Le bornage

L'article 646 du Code civil le définit en ces termes : « *Tout propriétaire peut obliger son voisin au bornage de leurs propriétés contiguës. Le bornage se fait à frais communs.* » Ainsi, le bornage revient à poser les signes matériels, les bornes, de séparation des propriétés. Dès lors que la limite divisoire n'est pas matérialisée par des bornes la troisième chambre de la Cour de cassation, le 19 janvier 2011, confirme qu'un propriétaire peut obliger son voisin au bornage en présence de la résistance de ce dernier (n° 09-71207). Le Code civil laisse ouverte la possibilité d'un accord entre voisins pour borner leur propriété par convention. Le verbe « peut obliger » montre qu'en cas de désaccord, une des parties peut contraindre son voisin par une action en bornage. Tant dans le bornage amiable que dans le bornage judiciaire, cette délimitation matérielle de la propriété comporte une ambivalence fondamentale : derrière la constatation des limites de la propriété se dissimule souvent une action en revendication de propriété. Cette ambiguïté explique que la Cour de cassation soit obligée de rappeler régulièrement que le bornage n'implique pas, à lui seul, leur accord sur la propriété des parcelles litigieuses[1]. Le respect du droit suppose que l'action en bornage précède l'action en revendication afin que les deux soient distinctes[2].

Qu'il soit ou non judiciaire, le bornage a les mêmes effets.

Le bornage amiable repose sur l'accord des parties. Il est contractuel et ne saurait être réalisé unilatéralement. Il présente une nature propre et il est un acte autonome. Pourtant dans certaines hypothèses, le bornage amiable peut être compris dans d'autres opérations et devenir un acte accessoire à un autre. Ainsi, par exemple, en ce qui concerne les lotissements, le lotisseur a l'obligation d'établir nettement et définitivement les limites des lots contigus vendus.

L'objet du bornage étant de constater les limites matérielles de la propriété, il ne s'agit que d'un acte d'administration, qui peut être passé par les incapables seuls ; chacun des

1. Cass. 3e civ., 10 juin 2015, n° 14-14311 – Cass. 3e civ., 10 juill. 2013, n° 12-19416 et 12-19610.
2. Cass. 3e civ., 31 janv. 2012, n° 11-14491.

époux mariés en communauté peut réaliser, seul, le bornage d'un terrain commun, puisqu'il dispose du pouvoir d'administrer seul les biens communs. Cette solution ne vaut que dans la mesure où l'acte de bornage ne dissimule pas de questions relatives à la propriété. En principe, l'accord sur l'implantation des bornes n'implique pas d'accord entre voisins sur des parcelles dont la propriété est litigieuse. Le bornage entrant dans les actes d'administration, l'article 815-3 du Code civil précise qu'il peut être décidé à la majorité des 2/3e des droits indivis. Si le bornage est qualifié d'acte de disposition, il est alors soumis à la règle de la majorité (art. 815-13). Si le bornage amiable est consenti par une personne cumulant la qualité d'usufruitier et de propriétaire, la Cour de cassation[3], pour souligner la validité du procès-verbal d'abornement, fait prévaloir la qualité de propriétaire. Dès lors le bornage amiable interdit une demande ultérieure de bornage judiciaire.

L'absence de formalisme est une caractéristique du bornage amiable. La jurisprudence accepte qu'un plan dressé par un géomètre et signé par les parties concernées constitue un véritable procès-verbal d'abornement délimitant définitivement les terrains. Les dispositions de l'article 1325 du Code civil ne sont pas applicables au procès-verbal de bornage amiable, ce dernier ne supporte donc pas le formalisme de la preuve des actes synallagmatiques. L'exécution de la convention en constitue une preuve suffisante. La seule exigence est celle de la signature du procès-verbal par les parties concernées. La publicité foncière est une faculté offerte aux voisins.

Cependant, cette grande souplesse ne se vérifie que lorsque le bornage amiable constate la délimitation des propriétés sans qu'il y ait d'incidence sur la propriété elle-même (litige ou transfert de propriété). Les solutions changent en présence du règlement de questions relatives à la propriété de l'immeuble borné. Dans une telle hypothèse, l'acte n'est plus d'administration : les incapables doivent être assistés, les époux mariés sous un régime de communauté doivent intervenir d'un commun accord. Le formalisme est également profondément modifié : la publicité foncière devient obligatoire. Cependant, dans une telle hypothèse, le bornage n'est plus un acte autonome possédant sa nature propre, il est l'accessoire d'une action relative à la propriété.

Le bornage dissimulant souvent des conflits relatifs à la propriété, ces derniers rendent confuse sa nature juridique, qu'il soit amiable ou judiciaire. Il est parfois difficile de le distinguer d'une action en revendication de propriété. Ainsi, en ce qui concerne le bornage judiciaire, la définition de sa nature juridique fait-elle l'objet d'une attention particulière.

Le bornage judiciaire est prévu par l'article 646 du Code civil, puisqu'il est précisé que tout propriétaire peut obliger son voisin au bornage. L'action en bornage peut donc devenir une obligation et faire l'objet d'une demande en justice. Elle peut être engagée par le propriétaire du terrain. L'usufruitier, titulaire d'un droit réel sur le terrain, peut également engager une action en bornage. Le titulaire d'un droit d'usage, le titulaire d'un bail à long terme (bail emphytéotique ou bail à construction) peuvent faire de même.

Cette action est soumise à la vérification de conditions objectives précises qui caractérisent les propriétés. Il doit s'agir de deux propriétés distinctes, privées et contiguës. La

---

3. Cass. 3e civ., 31 oct. 2012, n° 11-24602.

propriété doit être privée, ce qui conduit à exclure le bornage en présence de fonds publics. En revanche, la gestion du domaine privé de l'État est soumise au droit privé. L'action en bornage est donc envisageable pour le domaine privé de l'État, des départements, des communes et des établissements publics. En dehors de ces hypothèses, ce sont les règles relatives au bornage public qui s'appliquent. La procédure n'est pas unique, mais varie en fonction des différentes catégories de biens domaniaux. La notion de contiguïté des terrains doit être précisée. Cette condition est sévèrement vérifiée, elle implique que les terrains se touchent sans être séparés par un intervalle. En présence de bâtiments lorsque ces derniers se touchent le bornage est exclu dès lors qu'il aboutit à une revendication de propriété, voir une demande en démolition en cas d'empiétement. Si aucun problème de propriété ne se pose, les bâtiments marquent la ligne « divisoire » et rendent inutile le bornage. Par conséquent, la contiguïté des fonds manque dès lors que les fonds sont séparés par un cours d'eau, des chemins publics ou chemins ruraux qui sont soumis à une procédure spécifique. En revanche, les chemins d'exploitation privés n'empêchent pas la contiguïté. En dépit de l'absence de contiguïté, les voisins peuvent être appelés lorsque le bornage les met en cause. Pour que le bornage ait un sens, il faut que les propriétaires des fonds voisins soient juridiquement distincts. Cette condition est régulièrement rappelée par la jurisprudence. Ainsi l'action en bornage est irrecevable si les demandeurs sont tous les deux copropriétaires de l'immeuble dont le jardin fait partie et dont ils partagent l'usage[4]. Par suite, le bornage n'est pas recevable au sein d'une copropriété[5]. En principe, en dépit du silence de l'article 646 du Code civil, le bornage ne devrait concerner que des immeubles non bâtis. L'affirmation mérite toutefois d'être nuancée. En réalité, le bornage est rendu inutile par la présence des murs qui délimitent la propriété. Il n'est donc pas envisageable dès lors que les bâtiments se touchent. Les perspectives changent quand les fonds ne sont que partiellement bâtis et qu'il convient de borner jardins ou terrains jouxtant des immeubles ; le bornage retrouve son intérêt et l'action peut être engagée. La dernière condition est celle de l'absence de bornage antérieur, qu'il soit amiable, caractérisé par la force obligatoire de l'article 1103 du Code civil, ou judiciaire, fort de l'autorité de la chose jugée. Dans une telle hypothèse, la délimitation de la propriété est définitivement établie ; l'action en bornage est irrecevable car elle est sans objet. Cette solution a été confirmée par la Cour de cassation à plusieurs reprises.

Le bornage judiciaire est du ressort du tribunal d'instance, à charge d'appel, dans la mesure où il est une action de nature pétitoire dont l'objet est de déterminer les limites de la propriété de chacun. Précisons que seul le juge de l'exécution est compétent pour les litiges concernant l'implantation des bornes alors qu'un jugement définitif a délimité les fonds Le tribunal d'instance n'est plus compétent dès lors que l'action en bornage provoque une action en revendication de propriété. Cependant, la nature de l'action en bornage est parfois difficile à qualifier, car il convient de la distinguer de l'action en revendication de propriété alors que la confusion est fréquente en pratique. La Cour de cassation en présence d'une action en bornage qui révèle une grande disparité entre le titre et la réalité a considéré que le juge peut rejeter l'action en bornage et la requalifier en action en revendication. L'action en revendication implique la présence d'une

4. Cass. 3e civ., 27 avril 2010, n° 98-17693.
5. Cass. 3e civ., 19 nov. 2015, n° 14-25403.

contestation en matière de propriété, pas l'action en bornage. Cette dernière est une action réciproque car chaque voisin accepte de poser les limites de sa propriété. L'action en revendication est unilatérale, le demandeur doit apporter la preuve de la propriété du fonds qu'il réclame en tenant compte du rôle important que joue la possession en la matière. L'action en bornage est une faculté. Le bornage se fait à frais communs (C. civ., art. 646). Cependant, ce principe vaut dans la mesure où les parties concernées par le bornage sont d'accord. Autant de différences qui imposent une grande prudence dans la qualification de ces actions pourtant apparemment proches. Leurs différences se révèlent dans leurs effets : seule l'action en revendication a des conséquences sur la propriété[6]. La jurisprudence confirme cette distinction. L'action en bornage ne poursuivant pas le même but que l'action en revendication, l'autorité de chose jugée attachée à une décision de bornage devenue définitive laisse entière la possibilité pour les tribunaux de se prononcer sur un litige concernant la propriété de la parcelle bornée[7].
Les effets du bornage sont communs au bornage judiciaire et amiable. La délimitation des lieux est fixée définitivement et l'emplacement des bornes doit être respecté, y compris par les tribunaux. En revanche, l'opération de bornage est sans conséquence sur le titre de propriété, car elle n'est pas une preuve de propriété. La troisième chambre civile de la Cour de cassation a encore rappelé que le procès-verbal de bornage ne constitue pas un acte translatif de propriété et qu'il ne peut donc pas fonder le rejet d'une action en revendication. Cette question est réglée par un autre contentieux. En conséquence, le bornage n'est pas soumis à la publicité foncière. Pourtant, certaines décisions illustrent un rapprochement des actions ; le droit de propriété fait l'objet d'un litige et pourtant l'action en bornage est sollicitée. Certains, pour le regretter, évoquent un imbroglio juridique ; tel est le cas dans une affaire de revendication de propriété où pourtant l'action en bornage est sollicitée[8]. Distinct du contentieux relatif à la propriété, il l'est aussi des servitudes, en dépit de son emplacement dans le Code civil sous le titre IV relatif aux servitudes. Si le bornage est inhérent à la propriété, il ne fait naître aucun assujettissement d'un fonds à l'égard d'un autre. Pourtant, d'aucuns y voient une servitude dérivant de la situation des lieux. Une certitude : le bornage assure la délimitation matérielle de la propriété. Un pas supplémentaire est franchi quand, en application de l'article 647 du Code civil, le propriétaire exerce son droit de clore sa propriété.

B - La clôture

Le droit de clore son terrain est inhérent au droit de propriété. La clôture est l'expression de l'individualisme du propriétaire. Elle garantit par un mécanisme préventif des droits aussi fondamentaux que le domicile, la vie privée. Elle anticipe d'éventuels conflits avec les voisins et participe de la sécurité des fonds en entravant les passages intempestifs ou installations sauvages. Le droit de clore est en principe une faculté, mais il est parfois

6. Sur l'action en revendication, v. *infra*, p. 135.
7. Cass. 3e civ., 18 octobre 2006, n° 05-13852 : JCP G 2007.I.117, n° 2 obs. H. Périnet-Marquet – Cass. 3e civ., 10 novembre 2009, n° 08-19756.
8. Cass. 3e civ., 6 janvier 2010, n° 08-22068 : D. 2010, « Droit des biens juill. 2009-juill. 2010 », p. 2183.

obligatoire ; bien qu'étroitement associé à l'exercice de la propriété, il connaît des limites et aménagements.

1) La clôture forcée ou facultative

L'article 647 du Code civil est clair, le droit de clore son héritage est en principe facultatif. Par définition, un tel droit n'est donc pas d'ordre public et le propriétaire peut y renoncer comme aménager ce droit. La renonciation ne peut être qu'expresse : elle doit être rédigée en des termes non équivoques. En toute logique, la Cour de cassation reconnaît la validité d'une clause contractuelle figurant dans un acte de cession de terrains engageant les cessionnaires à ne pas clore pour préserver la vue sur mer[9]. Le Code ne précise pas la définition de la clôture, ni les modes de clôture. Ce silence permet de considérer qu'il y a clôture chaque fois qu'un obstacle se dresse au passage, grilles, murs, barrières, palissades, haies... Une définition a pu être trouvée en droit de l'urbanisme[10], la clôture sert à obstruer le passage et enclore l'espace (murs, portes de clôture, clôtures à claire-voie, palissades, clôtures métalliques, électriques, grilles, herses, barbelés, etc.).

De faculté, la clôture devient obligation dans différentes hypothèses. La première est définie par l'article 663 du Code civil. Il limite cette contrainte aux villes et faubourgs. Les objectifs visés par l'article 663 sont la prévention des conflits de voisinage, la protection des personnes et des biens, et la sécurité de la ville (il convient d'éviter les rôdeurs et malfaiteurs sur les terrains vagues !). Cette prévention, louable, ne protège cependant que des intérêts privés, ce qui explique le refus de voir dans ce texte une disposition d'ordre public. Dans le silence des textes, les tribunaux sont seuls juges pour déterminer si les immeubles sont situés en villes ou dans des faubourgs[11]. Les fonds doivent être contigus, la condition s'impose bien que le Code civil ne la précise pas. Le texte vise les maisons, cours et jardins. En réalité, l'obligation de clore concerne tous les terrains construits, l'obligation tombe lorsque le fonds contigu est en friche. L'absence de caractère d'ordre public laisse une large liberté dans les modalités de mise en œuvre de la clôture. Un accord entre voisins est envisageable, ce n'est qu'en présence d'une opposition que la demande judiciaire est nécessaire. En principe, la clôture est un mur qui est mitoyen. L'article 663 du Code civil ne précise pas la répartition des frais en vue de l'édification de la clôture, le principe, sans être une obligation, est celui du partage des dépenses tant pour la construction que pour l'entretien. La clôture peut s'imposer dans d'autres hypothèses que celle de l'article 663 du Code civil. Ainsi, le voisinage d'infrastructures dangereuses peut rendre nécessaire la clôture, il en va ainsi en bordure de voies ferrées, d'autoroutes. Pour être parfois obligatoire, la clôture n'en connaît pas moins des limites.

2) Les limites au droit de clore

Les premières, les plus évidentes, tiennent à l'existence de droits concurrents, comme les servitudes. La clôture ne doit pas être une entrave à une servitude grevant le fonds. La première servitude concernée est le droit de passage, dont celui de l'article 682 du Code

---

9. Cass. 3e civ., 6 janv. 2010, n° 06-11351.
10. Circulaire n° 78-112 du 21 août 1978 prise en application de l'article L. 441-2 du Code de l'urbanisme.
11. Sur les critères auxquels recourent les juges, v. G. Mémeteau, J.-Cl. Civil, art. 663, n° 9.

civil, expressément visé par l'article 647. Il s'agit du droit de passage d'un fonds enclavé qui n'a pas accès à la voie publique, la création d'un passage dépend de l'utilisation normale du fonds. Quelle que soit la servitude, il convient alors de concilier les droits concurrents, la clôture doit réserver la possibilité d'un passage. Le juste équilibre est apprécié par les juges du fond : un passage suffisant pour les véhicules peut être considéré comme nécessaire, la fourniture des clefs aux fins d'ouvrir le portail n'est pas suffisante en cas de fermeture du portail de nuit alors que parfois, la fourniture des clefs est considérée comme suffisante, une chaîne cadenassée imposant le déplacement d'une personne est une gêne trop importante, etc. Un aménagement indéniable du droit de clore est imposé. Il l'est également en présence de servitudes relatives à l'écoulement des eaux : clore reste possible, mais sous réserve de préserver l'écoulement des eaux. Un problème particulier s'est posé en présence de clôture au-dessus des eaux entravant la circulation collective sur le cours d'eau. La doctrine semble favorable au droit de clore, à condition qu'il ne s'agisse pas d'un cours d'eau domanial.

Une autre limite propre au droit de propriété encadre le droit de clore : ce dernier ne peut pas être l'instrument d'un empiétement sur le fonds voisin. La dernière limite tient dans l'abus de droit. Il n'est pas présumé et doit être prouvé. Il repose sur l'absence d'utilité de clore et sur la volonté de nuire au fonds voisin. L'appréciation relève des troubles anormaux de voisinage[12] lorsque la clôture prive le voisin de lumière, lui impose un environnement inesthétique, etc.

Sans limiter le droit de clore, des réglementations administratives l'encadrent, rompant avec le silence du Code civil sur ce point. Ainsi, le droit de l'urbanisme impose une déclaration préalable avant de clore sa propriété, afin de recevoir une autorisation de clôture (C. urb., art. L. 441-1) de la mairie. Dans un délai d'un ou deux mois, elle peut s'opposer au projet ou imposer des prescriptions particulières sur la nature, la hauteur, l'aspect extérieur de la clôture.

Le bornage comme la clôture sont des droits inhérents à la propriété, cependant, s'ils en sont l'expression, ils ne définissent pas l'étendue juridique de la propriété, mais en délimitent la surface physique. Ils relèvent des relations de voisinage et anticipent le contentieux par une délimitation matérielle qui reste sans incidence sur le titre de propriété. Il n'en va pas de même pour la propriété du dessus et du dessous. Il s'agit alors de la définition juridique de la portée dans l'espace du titre de propriété. Ce principe de l'étendue du droit de propriété dans l'air et les tréfonds est l'expression de la philosophie absolutiste du droit de propriété.

2. LA PROPRIÉTÉ DU DESSUS ET DU DESSOUS

Le principe est posé par l'article 552 alinéa 1 du Code civil : « *La propriété emporte la propriété du dessus et du dessous* ». L'étendue du droit de propriété du dessus et du dessous est considérée comme l'accessoire du droit de propriété.

12. V. *supra*, p. 59.

A - La propriété du dessus

L'article 552 alinéa 1er du Code civil laisse penser que le propriétaire du sol l'est aussi de l'espace situé au-dessus de son bien immobilier. Le texte pose une présomption. Cette dernière implique que les propriétaires d'une maison dont la cheminée est rehaussée restent propriétaires de la cheminée, même si les frais des travaux ont été payés par une SCI voisine soucieuse d'éviter les nuisances dues à la fumée[13]. Il convient d'être plus précis. L'air se situant au-dessus du sol ne peut pas être approprié, c'est une chose qui n'appartient à personne. L'espace aérien reste indéfini, pourtant, il ne s'étend pas à l'infini, la propriété vers le haut connaît des limites. En réalité, la propriété visée par le texte n'est autre que l'expression des prérogatives que le propriétaire exerce sur le dessus de son fonds. Ce droit, en dépit des apparences textuelles, connaît des limites.

1) Les prérogatives du propriétaire

Elles s'exercent à la fois de façon positive et négative.

De façon positive, l'alinéa 2 de l'article 552 du Code civil précise que le propriétaire peut faire des plantations et constructions sur son fonds. Ce droit s'accompagne d'une présomption de propriété à son profit : toutes les constructions et plantations sur son fonds lui appartiennent, sauf preuve contraire (C. civ., art. 553). Cette approche reste celle du droit romain selon laquelle la propriété d'un fonds de terre emporte la propriété du dessus, et celle du dessous à l'infini. Le droit ne considère plus la propriété de manière linéaire : l'idée que la propriété est une parcelle plane exprimée par un plan est dépassée.

La valeur de la surface, pour ne pas être niée, s'enrichit de plus en plus de la valeur de l'espace : la propriété du dessus devient essentielle, donnant toute sa valeur à la propriété. Ainsi, au-delà des constructions et plantations, le propriétaire peut décider de dissocier la propriété du sol et celle de l'espace du dessus, exploitant ainsi sa valeur. Le développement, sur le fondement de la dématérialisation du droit de superficie[14], d'un droit sur les volumes en est la preuve[15]. Ce droit est un droit à construire, il reste incorporel tant que la construction n'est pas achevée. La reconnaissance d'une propriété en volumes remet indirectement en cause le caractère accessoire de l'appropriation de l'espace situé au-dessus du fonds[16]. Cette appréhension de la propriété en volumes donne une dimension différente à la notion de propriété du dessus. La dissociation de la propriété du sol et du dessus est illustrée par le fait que l'administration expropriant le propriétaire peut se contenter de l'expropriation de la partie de l'espace aérien dont elle a besoin. Cette hypothèse montre, premièrement, que le propriétaire se voit

---

13. Cass. 3e civ., 22 nov. 2011, no 10-19361.
14. V. *infra*, p. 235.
15. R. Savatier, « La propriété des volumes dans l'espace et la technique juridique des grands ensembles immobiliers », D. 1979, chron. 103 ; Goubeaux G., *Abstraction et réalisme dans la détermination de l'objet de la propriété immobilière*, Et. A. Weill, 1983, Dalloz-Litec, p. 279 ; en droit administratif, Gaudemet Y., *Les constructions en volume sur le domaine public*, journ. R. Savatier, 1990, PUF, p. 135.
16. Simler Ph., *Copropriété et propriété en volumes : antinomie ou symbiose ?* Et. P. Catala, 2001, Litec, p. 679, spéc. p. 687. La proposition de repenser le droit de copropriété à travers la notion de propriété en volumes se voit opposer des limites : Fournier, « Division en volumes et copropriété : un lot de copropriété ne peut pas être divisé en volumes », JCP N 1999.422.

reconnaître la propriété de l'espace du dessus et, deuxièmement, que ce droit de survol peut donner à une expropriation donnant lieu à indemnisation. Cette dernière chiffre la valeur de l'espace du dessus. En principe, la propriété en volume qui est un mode particulier de répartition de la propriété ne constitue pas un ensemble immobilier soumis au statut de la copropriété même si la division en volume s'accompagne de l'organisation d'un groupement de propriétaires

Comprises de manière négative, les prérogatives du propriétaire sont des droits d'opposition et d'interdiction. En effet, pour ne plus être considérée comme s'étendant à l'infini, la propriété du dessus confère néanmoins le pouvoir de s'opposer à toute intrusion d'autrui. L'article 552 permet au propriétaire de s'opposer à tout usage par les tiers de l'espace du dessus de son fonds. Un empiétement, même minime, lui permet de demander au constructeur la démolition, alors même qu'il ne subit aucun préjudice[17]. En ce sens, l'exercice négatif des prérogatives du propriétaire du fonds s'apparente au droit imprescriptible et absolu de la propriété. Le même principe l'autorise à exiger l'élagage des branches des arbres, arbustes et arbrisseaux dépassant au-dessus de son sol (C. civ., art. 673, al. 1), à interdire le passage d'un câble au-dessus du fonds. Cependant, il peut également consentir volontairement à l'utilisation par des tiers de sa propriété du dessus. Dès lors ce sont, déjà, les limites à la propriété du dessus qui sont évoquées.

2) *Les limites aux prérogatives du propriétaire*

Elles sont volontaires ou involontaires. Les premières participent de l'exercice de ses prérogatives par le propriétaire. Il peut céder la propriété du dessus en concédant un droit de superficie, il peut en laisser la jouissance. La reconnaissance d'une propriété en volumes participe de cette logique. En tirant profit de sa propriété du dessus, le propriétaire accepte, en contrepartie, de limiter ses droits.

Ce sont les limites involontaires que l'article 552 alinéa 2 vise. Or ces limites tendent à se multiplier. Le Code les décrit comme des exceptions et cite les servitudes ou services fonciers[18]. Ces dernières concernent d'abord les relations avec le voisinage. Le premier des droits ou devoirs est celui de clore la propriété. Il s'accompagne d'autres obligations énumérées par le Code civil. Les articles 675 à 677 définissent la réglementation des jours et des vues sur la propriété voisine. Le respect de l'intimité entre voisins peut constituer une entrave à l'exercice des prérogatives du propriétaire sur la propriété du dessus, notamment une limite au permis de construire. Les articles 671 à 673 interdisent la plantation d'arbres, arbustes, arbrisseaux au-delà de la distance de deux mètres de la limite de la propriété afin que ces derniers ne constituent pas une gêne pour le voisinage. Les constructions peuvent, elles, être élevées à la limite des propriétés à l'exception de certaines constitutives de nuisances et décrites par l'article 674 du Code civil. Cette disposition dépasse les nécessités du bon voisinage pour concerner également l'intérêt général. Ce dernier est le fait justificatif d'atteintes toujours plus nombreuses à la propriété du dessus.

Les obligations légales sont nombreuses. Certaines concernent les installations nécessaires aux émissions et réception des ondes radioélectriques, d'autres l'aménagement des lignes électriques, canalisations de gaz, la construction de remonte-pentes,

17. V. *infra*, p. 90.
18. V. *infra*, p. 199 et s.

téléphériques, etc. Le survol par les aéronefs et la nécessité d'assurer la sécurité de ces derniers, surtout à proximité des aéroports, justifient l'existence de mesures limitatives des prérogatives des propriétaires du fonds, notamment l'interdiction de construire au-delà d'une certaine hauteur et l'obligation d'équiper les constructions d'un balisage spécifique. Le droit de l'urbanisme limite de manière particulièrement efficace l'exercice des prérogatives du propriétaire sur sa propriété du dessus. Les limitations passent, notamment, par les prescriptions relatives aux permis de construire, qui encadrent strictement le droit de construire. Autant de servitudes administratives dont certaines limitent les prérogatives du propriétaire sur le sous-sol, or la propriété du sol emporte pourtant par principe (C. civ., art. 552, al. 1) la propriété du dessous.

B - La propriété du dessous

Le Code civil semble placer sur le même plan la propriété du dessus et celle du dessous. Pourtant, la propriété du dessous est différente à un double titre. Le premier est que la propriété du sous-sol n'est pas indéfinie. Dans un premier temps, elle a été conçue comme la projection de lignes convergentes vers le centre de la terre. Cette conception est désormais abandonnée, la propriété des tréfonds est l'expression des prérogatives que le propriétaire du sol est en droit d'exercer sur le sous-sol. Le second est que la propriété du sous-sol ne heurte pas la notion de *res nullius*. L'appropriation du sous-sol s'en trouve facilitée, le Code civil énonce d'ailleurs que le propriétaire peut faire des fouilles, en tirer profit sous réserve des lois et règlements relatifs aux mines et textes de police. La présomption de propriété posée par l'article 552 alinéa 1 du Code civil n'est pas irréfragable, la preuve contraire est possible, mais la jurisprudence l'encadre, elle ne peut résulter que d'un titre ou d'une présomption acquisitive[19]. Cette propriété présumée confère des droits au propriétaire du sol tout en leur imposant des limites.

1) Les prérogatives exercées sur les tréfonds

Présumé être propriétaire des tréfonds, le propriétaire du sol y exerce toutes ses prérogatives. Il peut s'opposer à toute immixtion d'autrui sans avoir à prouver qu'il subit un quelconque préjudice. En présence d'un dommage, la réparation peut être réclamée. Il dispose d'un droit imprescriptible l'autorisant à couper toutes les racines et ronces qui s'avancent sur son fonds dans la limite de la ligne séparative du fonds voisin (C. civ., art. 673). Ce droit de couper les plantations d'autrui envahissant son tréfonds ne le prive pas du droit d'exiger du voisin qu'il réalise lui-même cette coupe. L'imprescriptibilité de ce droit implique que l'absence de coupe ne saurait être constitutive d'une servitude en l'absence de convention expresse. Il ne peut s'agir que d'une tolérance.

Par le jeu de la présomption de l'article 552 du Code civil, la propriété s'étend aux eaux souterraines, qu'elles s'écoulent ou qu'elles prennent leur source dans le sous-sol[20], aux grottes, aux sites fossilifères, aux gisements, aux carrières, mines, etc. Le propriétaire du sol peut réaliser toutes les fouilles et constructions qu'il souhaite, les immeubles par

---

19. Cass. 3e civ., 10 juin 2015, n° 14-15174.
20. À condition que le propriétaire du sol n'agisse pas de mauvaise foi, il peut capter les eaux souterraines quelles que soient les conséquences pour les propriétaires des fonds inférieurs : Cass. 3e civ., 26 nov. 1974 : Bull. civ. III, n° 441.

incorporation se trouvant dans son sous-sol lui appartiennent, ils ne peuvent être qualifiés de trésors au sens de l'article 716 du Code civil[21].

De telles prérogatives permettent également au propriétaire de détacher par voie conventionnelle ou par effet de la prescription acquise la propriété des tréfonds de celle du sol, transmettant ainsi la propriété du sous-sol à un tiers. Au même titre qu'une stratification de la propriété vers le haut peut s'opérer par la division de la propriété en volumes, le détachement de la propriété du dessous par fractions susceptibles d'appropriation particulière est envisageable Ainsi, le propriétaire du sol, en cédant la propriété du sous-sol ou en en cédant l'exploitation, peut rentabiliser la valeur du tréfonds si ce dernier, par exemple, est susceptible de faire l'objet de constructions souterraines. La Cour de cassation a précisé les conditions du renversement de la présomption de l'article 552. Elle ne peut être « combattue que par la preuve contraire résultant d'un titre ou d'une prescription acquisitive » ; un faisceau d'indices et des présomptions concordantes ne sont pas suffisants.

Cependant, le plus souvent, l'exploitation du sous-sol n'est pas le fait de la seule volonté du propriétaire. Ce dernier est sujet à des expropriations dites d'utilité publique. Cette limite est énoncée par l'article 552 alinéa 2 du Code civil, or les servitudes qui s'exercent sur le sous-sol sont particulièrement nombreuses.

2) Les limites des prérogatives exercées sur les tréfonds

Les plus classiques concernent l'exploitation des mines, l'article L. 131-1 du Code minier (nouv.) précise que les mines ne peuvent être exploitées qu'en vertu d'une concession ou par l'État. Ce droit forme un ensemble original, qui ne prévoit qu'une faible redevance au profit du propriétaire du sol (C. minier, art. L. 132-15). Ces dispositions sont justifiées par l'idée que le propriétaire du sol ne dispose ni des moyens, ni des compétences pour exploiter utilement les gisements miniers. Le statut des carrières est moins dérogatoire du droit commun. Elles sont laissées à la disposition du propriétaire du sol, ce dernier peut les exploiter ou en céder l'exploitation à un tiers. L'État n'intervient, sous forme d'expropriation, que dans la mesure où le propriétaire de la surface n'exploite pas la carrière, flouant ainsi l'intérêt général.

Les fouilles archéologiques sont strictement encadrées par les articles L. 531-1 et suivants du Code du patrimoine. Le propriétaire ne peut entreprendre de telles fouilles sans une autorisation préalable de l'État (C. patr., art. L. 531-1). À défaut d'accord amiable avec le propriétaire et dans l'intérêt public, l'État peut procéder d'office à l'exécution des fouilles pouvant intéresser la préhistoire, l'histoire, l'art ou l'archéologie sur les terrains ne lui appartenant pas (C. patr., art. L. 531-9). L'article L. 541-1 du Code du patrimoine (résultant de l'article 70 de la loi n° 2016-925 du 7 juillet 2016) précise que les dispositions de l'article 552 du Code civil ne sont pas applicables aux vestiges archéologiques immobiliers : le propriétaire du sol n'en devient pas propriétaire par voie d'accession. Les biens archéologiques immobiliers appartiennent à l'État. Il est versé une indemnité au propriétaire du fonds où est situé le bien pour compenser le dommage qui peut lui être occasionné pour accéder aux vestiges. L'article L. 541-4 du Code du patrimoine pose un principe similaire pour les biens mobiliers qui sont présumés appartenir à l'État dès leur mise à jour. Cette présomption n'est

21. V. *infra*, p. 108.

pas irréfragable. Or toute dépossession implique (en vertu de l'article 545 du Code civil et de l'article 1er du premier protocole additionnel de la Convention européenne de sauvegarde des droits de l'homme) une juste compensation de la perte de propriété, laquelle n'est plus assurée depuis la loi n° 2001-44 du 17 janvier 2001, l'indemnité prévue ne réparant que le dommage lié à l'accès au vestige. C'est pourquoi le législateur devra intervenir pour mettre en place une indemnisation compensant la privation de propriété des vestiges. La loi de 2016 est une avancée de plus par rapport à la loi de 2001, elle renforce le contrôle scientifique et technique de l'État et étend la propriété publique.

Une des limites les plus marquantes imposées aux prérogatives du propriétaire concerne les eaux. L'eau est une richesse de plus en plus précieuse, corrélativement, l'évolution du droit tend à une remise en cause toujours plus importante de la propriété privée sur l'eau. Le Code civil place le statut des eaux sous le régime des servitudes (art. 640 à 647), tout en prenant en considération l'intérêt des propriétaires. L'évolution vers la reconnaissance d'un statut d'intérêt général des eaux est caractérisée par la loi du 3 janvier 1992 sur l'eau qui précise qu'elle fait partie du patrimoine commun de la nation : « Sa protection, sa mise en valeur et le développement de la ressource utilisable, dans le respect des équilibres naturels, sont d'intérêt général. » (C. envir., art. L. 210-1). Cette loi a été rénovée par la loi *LEMA* du 30 décembre 2006, tandis que l'autorisation environnementale unique, procédure qui vise à regrouper plusieurs procédures de déclarations et qui concerne les installations, ouvrages et travaux, activités de la loi sur l'eau (*IOTA*), est entrée en vigueur le 1er mars 2017.

Juridiquement, les eaux ne forment pas une catégorie uniforme, il convient de distinguer entre les eaux pluviales, les eaux de source, étangs, lacs, les cours d'eau et l'eau salée. Dès lors que l'eau est salée, elle appartient au domaine public maritime et est qualifiée de chose commune. Les eaux de pluie sont des *res nullius*, elles appartiennent au propriétaire du fonds sur lequel elles tombent, il peut librement en disposer (art. 641, al. 1). Ce dernier ne peut pas aggraver la situation des fonds inférieurs par l'usage qu'il fait des eaux ou par l'orientation qu'il donne à leur écoulement, sinon une indemnité serait due aux propriétaires des fonds inférieurs (art. 641, al. 2). Les eaux de source sont, en application de l'article 642 alinéa premier du Code civil, la propriété du propriétaire du fonds sur lequel elles jaillissent. Ce même article limite les prérogatives du propriétaire, en précisant qu'il exploite la source dans la mesure de ses besoins, qu'il doit laisser s'approvisionner les habitants des communes, villages, hameaux voisins et respecter les droits acquis par les propriétaires des fonds inférieurs depuis plus de trente ans. Aux limites du Code civil s'ajoutent celles de la loi de 1992. Elle fixe des normes de qualité et impose des mesures pour préserver cette qualité. En outre, l'autorité administrative peut imposer des mesures pour tenir compte des situations de sécheresse, des inondations, des accidents polluants, des risques de pénurie. Les eaux stagnantes, les marais, les étangs et les lacs sont réputés être l'accessoire du fonds sur lequel ils se trouvent, à condition d'être alimentés par des eaux de pluie ou une source. À ce titre, ils sont présumés appartenir au propriétaire du fonds, sous réserve du préjudice éventuellement causé aux voisins. En revanche, s'ils sont alimentés par un cours d'eau, ils dépendent du même statut que ce dernier. Les cours d'eau étaient divisés en deux catégories : les voies navigables et les voies non navigables. Depuis les lois de 1964, de 1992 et de 2006, la distinction pertinente est celle des cours d'eaux domaniaux, non domaniaux[22]. Les premiers appartiennent au domaine public fluvial, en font partie les voies d'eau navigables et les rivières ou lacs désignés par décret. Les cours d'eau non domaniaux dépendent des articles 644 à 645 du Code civil et sont susceptibles d'ouvrir des droits aux particuliers.

Les limites de la propriété s'inscrivent dans l'espace. Cependant, le droit d'accession permet de devenir propriétaire, en les dépassant.

Section 2
Le droit d'accession

Ce droit est le prolongement, en ce qui concerne les accessoires de la propriété, des présomptions de l'article 552 du Code civil. L'accession est un mode d'acquisition de propriété reposant sur l'extension d'une propriété préexistante. C'est une application de la règle : *l'accessoire suit le principal*. L'article 546 précise que « *la propriété d'une chose, soit mobilière, soit immobilière, donne droit sur tout ce qu'elle produit, et sur ce qui s'y unit accessoirement, soit naturellement, soit artificiellement. Ce droit s'appelle le droit d'accession* ». Il impose une remarque et suggère plusieurs distinctions. La remarque d'abord : le droit d'accession s'inscrit dans le temps. Le temps des saisons qui voient apparaître les fruits dans le cadre de l'accession naturelle ; celui de l'exploitation pour ce qui est des produits ; celui de l'édification des constructions pour ce qui est de l'incorporation artificielle assurant une accession immédiate à la propriété. Les distinctions suggérées par le texte ensuite : la première concerne la différence existant entre les choses mobilières et immobilières. Elle est un leurre dans la mesure où l'accession mobilière reste lettre morte en dépit des articles 565 à 567 du Code civil. Le propriétaire qui pourrait exciper de ces dispositions est le plus souvent possesseur de bonne foi et c'est l'article 2276 du Code civil, c'est-à-dire les règles relatives à la possession, qui s'appliquent effectivement[23]. La seconde distinction oppose l'accession par production et l'accession par incorporation. Cette classification correspond à la double fonction de l'accession. Elle constitue un titre de propriété, une présomption de propriété dans le cadre de l'accession par production. En effet, les produits et les fruits sont déjà potentiellement contenus dans la chose, leur propriété ne constitue donc pas, au sens plein du terme, l'acquisition de biens nouveaux. En revanche, dans le cadre de l'accession par incorporation, un bien nouveau s'incorpore, s'ajoute, à un autre bien, il y a une véritable acquisition d'une propriété nouvelle. L'accession par incorporation constitue alors un mode d'acquisition de la propriété. L'avant-projet de réforme du droit des biens propose une définition simple de l'accession : « Tout ce qu'il s'unit ou s'incorpore à une chose corporelle appartient au propriétaire de cette chose » (art. 563).

L'accession mobilière reste marginale, ce qui n'est pas le cas de l'accession immobilière. Elle permet l'acquisition de la propriété en l'absence de toute intervention humaine, il

---

22. Certains cours d'eau sont qualifiés de « mixtes », ils sont classés dans cette catégorie après enquête d'utilité publique et un décret du Conseil d'État.
23. V. *infra*, p. 122.

s'agit de l'accession naturelle, mais également en présence d'une activité humaine, il s'agit alors d'une accession artificielle.

1• L'ACCESSION NATURELLE

Elle participe à la fois d'une présomption de propriété avec l'accession par production et d'une véritable acquisition de propriété à travers l'accession par incorporation.

A - L'accession par production

Elle exprime le droit du propriétaire aux fruits et aux produits. Le principe est posé par l'article 547 du Code civil. Il s'applique à toutes les productions, sans distinction entre les fruits, naturels, industriels ou civils, et les revenus au bénéfice du propriétaire. C'est le titre de propriété qui justifie cette présomption simple. Si les fruits industriels sont le résultat d'un tiers exploitant, ce dernier a droit au remboursement de ses frais. En présence d'un usufruit, cette règle est écartée car les fruits reviennent à l'usufruitier. Par conséquent, les constructions édifiées par un usufruitier ne reviennent au nu-propriétaire qu'à l'extinction de l'usufruit. L'accession ne s'opère pas immédiatement, le nu-propriétaire n'en profite que de manière différée dans le temps. La règle de l'accession est également écartée pour le fermier dans le cadre des baux ruraux et pour les parents qui assument l'autorité parentale, ils disposent d'un droit de jouissance légale. En dehors de ces exceptions légales, la présomption peut être combattue par la preuve contraire : production d'un titre, opposition d'une prescription. L'acquisition, par le possesseur de bonne foi, des fruits et revenus, est quant à elle posée par l'article 549 du Code civil[24].

L'article 547 du Code civil permet d'expliquer d'autres dispositions du Code qui reposent aussi sur la règle : *l'accessoire suit le principal*. L'article 1108 prévoit que la chose léguée est délivrée avec tous ses accessoires. L'article 1615 précise que le vendeur doit délivrer la chose vendue avec tous ses accessoires. Enfin, l'article 2204 autorise le créancier saisissant à poursuivre sur les immeubles et leurs accessoires.

B - L'accession par incorporation

Elle est prévue par l'article 551 du Code civil en ces termes : « *Tout ce qui s'unit et s'incorpore à la chose appartient au propriétaire* » ; elle permet l'acquisition de la propriété de biens immobiliers ou mobiliers.

L'acquisition d'immeubles repose sur les articles 556 à 563 du Code civil, qui tirent les conséquences de l'action de l'eau. L'article 556 du Code civil vise les alluvions en les définissant comme des « atterrissements et accroissements qui se forment successivement et imperceptiblement aux fonds riverains d'un cours d'eau ». La réalité est plus

24. V. *infra*, p. 137.

triviale, les alluvions sont les dépôts de vases, graviers, etc. L'article 557 du Code civil définit pour sa part les relais formés « *par l'eau courante qui se retire insensiblement de l'une de ses rives en se portant sur l'autre* ». Ces définitions données, le Code, dans les deux cas, pose le principe de l'appropriation des alluvions et des relais par les propriétaires des fonds qui longent les rives des cours d'eau.

Une lecture attentive des articles 556 et 557 du Code civil permet de préciser les conditions nécessaires à la réalisation des alluvions et des relais. La première condition vise leur formation. L'apport d'alluvions ou le retrait des eaux doivent se réaliser imperceptiblement et subrepticement. L'acquisition de propriété ne se vérifie pas s'ils apparaissent brusquement à la suite de travaux. Les alluvions doivent apparaître au-dessus du niveau, dit normal, des eaux, c'est-à-dire en tenant compte de la variation du débit, du mouvement des marées. La seconde condition est relative à la situation matérielle des relais, des alluvions. Les articles 556 et 557 précisent dans les deux cas qu'ils doivent se rattacher aux rives. Cette notion suppose la présence d'un cours d'eau, ce qui exclut corrélativement leur formation sur les rives de la mer et celles des étangs salés. L'article 558 du Code civil ne s'applique pas aux articles le précédant, relatifs aux lacs et aux étangs. Une fois ces deux conditions vérifiées, l'acquisition de propriété est complète, car alluvions et relais font partie intégrante du fonds qu'ils étendent. Les droits du propriétaire ne connaissent d'autres limites que celles imposées par l'intérêt général en présence d'un cours d'eau navigable[25].

L'article 559 du Code civil évoque l'hypothèse de l'avulsion, dont il fournit une définition précise : « [...] *un cours d'eau domanial ou non [...] enlève une partie considérable et reconnaissable d'un champ riverain et la porte sur un champ inférieur ou la rive opposée* [...] ». Deux conditions sont donc posées par le Code pour que s'applique cette disposition : la partie enlevée doit être, premièrement, considérable et, deuxièmement, reconnaissable. Les effets de l'article 559 tentent de ménager les droits respectifs des riverains. Le propriétaire des terres détachées dispose d'une option. Il peut choisir d'abandonner les terrains détachés. Il peut décider de les réclamer, l'article 559 lui impose alors d'agir dans un délai d'un an, sauf si le riverain bénéficiaire de l'avulsion n'en a pas pris possession.

Les articles 560 et 561 du Code civil établissent la propriété des îles et îlots nouvellement formés. La solution est le reflet du régime des eaux. Formés dans les cours d'eau navigables, ils appartiennent à l'État (art. 560). En ce qui concerne les cours d'eau non domaniaux, leur propriété est répartie en fonction d'une ligne tracée au milieu de la rivière[26]. Les îles et îlots formés d'un côté de cette ligne appartiennent au propriétaire de la rive concernée. Formés au milieu de la rivière, ils appartiennent aux deux riverains (art. 561). L'article 562 vise une hypothèse particulière : celle de la création d'une île après formation d'un bras d'eau qui coupe la propriété d'un riverain. L'île reste la propriété de l'ancien propriétaire, quelle que soit la qualification du cours d'eau.

---

25. C. civ., art. 556, al. 2.
26. Sur la propriété du lit des cours d'eau non domaniaux, l'article L. 215-2 du Code de l'environnement précise qu'il appartient aux propriétaires des deux rives. Ce même article énonce qu'en présence de deux propriétaires différents, une ligne est tracée au milieu du cours d'eau pour délimiter les droits de chacun sur la moitié du lit.

L'abandon de son lit par un cours d'eau est envisagé par l'article 563 du Code civil. En présence de cours d'eau navigable, l'article 563 prévoit l'acquisition de l'ancien lit dans les conditions prévues pour les aliénations du domaine de l'État. Les riverains bénéficient d'un droit de préférence. Le prix est fixé par des experts nommés par le président du tribunal de grande instance dans le ressort duquel se trouve le lit abandonné. Quel que soit l'acheteur, le prix est distribué proportionnellement aux propriétaires des fonds couverts par le nouveau lit à titre d'indemnité. Le sort des cours d'eau non domaniaux dépendait du Code rural, dont les dispositions ont été remplacées par l'article L. 215-4 du Code de l'environnement. En cas de modification naturelle du lit, une solution dénoncée comme inéquitable a été maintenue. Les riverains du nouveau lit doivent supporter le passage de la rivière sans indemnité. Les anciens riverains retrouvent l'usage et la disposition du terrain découvert par le retrait des eaux. La répartition des droits entre les riverains est réalisée sur le même principe de la séparation du lit par une ligne médiane. Les nouveaux et les anciens riverains, en accord ou pas, peuvent entreprendre les travaux nécessaires au rétablissement du cours de la rivière.

L'acquisition par incorporation peut également concerner des meubles. Par un inventaire à la Prévert, qui n'est pas limitatif, l'article 564 du Code civil énumère les animaux, pigeons, lapins, poissons, demi-sauvages qui s'installent sur le fonds et de fait sont acquis par son propriétaire. Cependant, l'article ne vise pas tous les animaux. S'ils sont sauvages mais enfermés dans un enclos (gibier), ils entrent dans le champ d'application du texte. L'acquisition de leur propriété est immédiate par accession tant que ces animaux n'ont pas été attirés par fraude ou artifice.

Cependant, certaines espèces dépendent de dispositions particulières du Code rural. C'est le cas des volailles et autres animaux de basse-cour, des essaims d'abeilles. Les animaux de basse-cour ne cessent pas d'appartenir à leur maître, même s'ils se trouvent sur le fonds d'un autre. Le propriétaire peut les réclamer pendant le mois qui suit la déclaration de leur fuite à la mairie (C. rur., art. L. 211-4). Les essaims d'abeilles peuvent être réclamés par leur propriétaire tant qu'il n'a pas cessé de les suivre.

Les animaux ne sont pas les seuls meubles à s'incorporer à un immeuble. Certains meubles inanimés peuvent en faire autant. Il est possible de citer : les pierres tombées du ciel, les aérolithes, les trésors découverts dans la propriété par un tiers, reviennent pour partie au propriétaire du terrain.

Cependant, l'accession artificielle à un immeuble reste celle qui pose les questions les plus intéressantes.

2. L'ACCESSION ARTIFICIELLE

L'accession est artificielle lorsqu'elle est la conséquence du travail, de l'intervention humaine. Plusieurs hypothèses sont envisageables. La première est visée par l'article 554 du Code civil. Elle est la plus simple à résoudre, car elle génère des conflits d'intérêts qui peuvent être réglés par le versement d'une indemnité. Il s'agit de construction, de plantation par le propriétaire sur son propre terrain, mais à l'aide de matériaux qui ne sont pas les siens. L'article 554 du Code civil reconnaît implicitement la propriété des ouvrages par le propriétaire du sol, mais en contrepartie, il doit « payer la valeur estimée à la date du paiement » des matériaux. Le propriétaire des matériaux, quant à lui, ne peut pas les enlever, que le constructeur soit de bonne ou de mauvaise foi. L'indifférence de la mauvaise foi du propriétaire oppose ce droit d'accession à la possession. Cette dernière est acquisitive de propriété sous la condition de la bonne foi. Une telle exigence ne se retrouve pas dans l'article 554 du Code civil, car l'accession dépend de l'incorporation des matériaux au fonds. Cependant, en présence d'un préjudice particulier, les travaux envisagés étaient urgents et retardés, en présence d'une faute du propriétaire constructeur, le propriétaire des matériaux a droit, en plus de l'indemnité, à des dommages-intérêts. Il doit alors prouver le préjudice et la faute[27].

Deux autres hypothèses soulèvent des questions plus difficiles. La première est celle des constructions ou plantations sur le terrain d'autrui, la seconde est celle de l'empiétement sur le terrain d'autrui.

A - Les constructions et les plantations sur le terrain d'autrui

Les constructions et les plantations réalisées par un tiers avec ses matériaux sur le terrain d'autrui constituent l'hypothèse de l'article 555 du Code civil. Les constructions et les plantations appartiennent au propriétaire du sol ; c'est là un droit d'accession au sens plein. L'accession joue de plein droit, sans qu'une action de la part du propriétaire du sol soit nécessaire. L'article pose des difficultés variables en présence ou pas d'un contrat liant le propriétaire du sol et le constructeur. En principe, l'article 555 du Code civil ne concerne que les cas dans lesquels les parties ne sont pas liées par un contrat. Toutefois, l'existence de relations contractuelles entre les parties n'est pas toujours la garantie du traitement contractuel du sort des constructions réalisées sur le terrain d'autrui.

1) Les constructions sur le terrain d'autrui en l'absence de contrat

Dès lors qu'il s'agit de constructions nouvelles et non d'améliorations de constructions existantes, l'article 555 du Code civil s'applique, posant comme principe la reconnaissance, par accession, de la propriété des constructions au propriétaire du sol, conformément au principe juridique romain : *superficies solo cedit* (le sol l'emporte sur ce qui est à la surface).

Les conditions d'application de l'article 555 du Code civil restent inchangées en présence de la bonne foi ou de la mauvaise foi du constructeur, ce qui n'est pas le cas de ses effets.

a) Les conditions d'application de l'article 555 du Code civil

La première condition s'attache à la nature des constructions. L'article 555 suppose qu'elles soient neuves. Les améliorations apportées à des constructions existantes dépendent du régime des impenses. La notion de plantation, quant à elle, ne suscite pas de difficultés.

27. Indépendamment des actions civiles, l'action pénale est possible en cas de vol ou d'abus de confiance de la part du propriétaire du sol. R. Saint-Alary, *Rép. civ.*, v° Accession, n° 150.

La seconde condition est relative aux parties en cause. La construction doit être le fait d'un tiers, l'article 555 est très précis sur ce point. L'hypothèse est donc celle d'une nouvelle construction réalisée par un possesseur sans droit sur le fonds qui se trouve par la suite évincé par le véritable propriétaire. Apparemment surprenante, l'hypothèse n'est pas un cas d'école, le possesseur peut être un acquéreur dont le titre est annulé ou résolu après l'édification de l'édifice, celle d'un bénéficiaire d'une promesse de vente qui ne lève pas l'option. La référence à la notion de tiers semble exclure toutes les constructions réalisées par des parties associées par un lien de droit. Ceci explique que l'article 555 ne s'applique pas à l'usufruitier, l'article 599 alinéa 2 du Code civil est supposé régler cette question. L'usufruitier ne peut pas réclamer à la cessation de l'usufruit une indemnité pour les améliorations qu'il a apportées, même si la valeur de la chose s'en trouve augmentée. Cette solution, sévère, concerne également les constructions et les plantations réalisées par l'usufruitier. Ce dernier ne peut pas les enlever et il ne touche pas d'indemnités. Le bénéficiaire d'une attribution préférentielle réunit la double qualité de constructeur et de propriétaire, par conséquent, il ne peut pas se prévaloir de l'article 555 du Code civil. L'article 555 ne s'applique pas davantage dans les relations entre époux mariés sous un régime de communauté ; dans ce cas, le compte des récompenses permet de rétablir l'équilibre entre les masses de biens en cas de construction d'un édifice commun sur un terrain propre. La Cour de cassation précise encore que les règles de l'accession ne s'appliquent pas aux récompenses. En revanche, lorsque les époux sont mariés sous le régime de la séparation de biens, l'article 555 alinéa 1 du Code civil est applicable, mais pas ces deux derniers alinéas car le droit des régimes matrimoniaux reprend son empire pour régler les créances entre les époux. La jurisprudence a eu l'occasion de préciser que l'accession peut jouer entre concubins puisque ces derniers sont étrangers l'un à l'autre[28]. L'application de l'article 555 du Code civil est encore exclue dans le cadre de l'indivision qui dispose d'un texte particulier, l'article 815-13 du Code civil modifié par la loi du 12 mai 2009. Dans le cas des régimes matrimoniaux de communauté comme dans celui de l'indivision, l'indemnisation repose sur le mécanisme des impenses et pas sur celui de l'accession. Ce qui vaut pour l'indivision vaut pour la copropriété.

Les effets de l'article 555 du Code civil varient, quant à eux, en fonction de la bonne foi ou de la mauvaise foi du constructeur.

b) Les effets de l'article 555 du Code civil

L'accession conduit à reconnaître l'acquisition des ouvrages construits ou plantés par le propriétaire du sol. Cette acquisition de propriété est facultative en cas de mauvaise foi du constructeur, elle est obligatoire en cas de bonne foi de ce dernier. L'article 550 du Code civil définit la notion de bonne foi en faisant référence à la bonne foi du possesseur. Ce dernier est réputé être de bonne foi en présence d'un juste titre, titre translatif dont il ignorait les vices ou plus largement lorsqu'il se croyait propriétaire du fonds au moment de l'édification des constructions. La Cour de cassation apprécie la bonne foi à partir de ces éléments (C. civ., art. 550).

En présence d'un constructeur de mauvaise foi, le propriétaire du fonds bénéficie d'une option : exiger la démolition des constructions ou en acquérir la propriété. Il peut

---

28. Cass. 3e civ., 29 avril 2009, n° 08-11431: JCP 2009, 337.

exiger la démolition des constructions aux frais du constructeur et sans aucune indemnité (art. 555, al. 2). Le constructeur de mauvaise foi peut, en outre, être condamné à verser des dommages-intérêts en cas de préjudice subi par le propriétaire du fonds. Il peut décider de conserver les constructions. Il doit alors une indemnité au constructeur. Son évaluation est précisée par l'alinéa 3 de l'article 555, elle est la même si le constructeur est de bonne foi.

En présence d'un constructeur de bonne foi, le propriétaire du fonds ne peut pas lui demander la suppression des constructions et doit lui verser l'indemnité (art. 555, al. 4). L'alinéa 3 de l'article 555 suggère différentes méthodes d'évaluation de l'indemnité due. La Cour de cassation précise qu'elle est évaluée au jour où le juge statue. La jurisprudence précise que la propriétaire choisit librement l'une ou l'autre, le juge est lié par ce choix. Il est interdit au juge de se substituer au propriétaire qui n'a pas opté. L'indemnisation, fondée sur le principe des dettes de valeur, peut représenter : la somme correspondant à celle du fonds augmentée de valeur par les constructions, la somme correspondant au coût des matériaux et le prix de la main-d'œuvre estimés à la date du remboursement, compte tenu de l'état des constructions, plantations et ouvrages[29]. Libre de son choix, le propriétaire opte pour la moindre des deux sommes entre le coût des matériaux et de la main-d'œuvre au jour du paiement et la plus-value acquise par le fonds. La Cour de cassation a précisé en revanche que l'article 555 alinéa 4 ne s'applique pas aux moins-values. Autrement dit, le tiers constructeur n'est tenu d'aucun remboursement si la construction a dévalué le bien[30].

Le constructeur ne bénéficie d'aucun privilège pour lui garantir le paiement de sa créance. Cependant, le propriétaire doit payer comptant et, surtout, il dispose d'un droit de rétention sur les constructions, plantations, ouvrages jusqu'à complet paiement, même s'il est de mauvaise foi.

En cas de conservation des constructions, le propriétaire du fonds devient également celui des ouvrages ou édifices construits sur son terrain. ***La date d'accession à la propriété*** doit être précisée : la question s'est posée de savoir si l'acquisition était de plein droit ou différée. Les enjeux sont importants, car le transfert de propriété détermine le propriétaire en cas de sinistre détruisant partiellement ou totalement les constructions, en cas de saisie, etc. La logique du mécanisme de l'accession plaide pour une acquisition de plein droit, c'est-à-dire au fur et à mesure de la construction. La jurisprudence a confirmé cette analyse dans une affaire où s'affrontaient le receveur des finances et l'épouse du débiteur, mariée en séparation de biens. Le terrain appartenait au mari, mais la maison était construite aux frais et sous les instructions de l'épouse, elle estimait qu'une action de la part de son mari ou de son créancier, le receveur des impôts, était nécessaire pour que s'opère le transfert de propriété de la maison construite par accession. La Cour de cassation casse la décision des juges du fond, favorable à la thèse de l'épouse, en précisant que l'accession joue de plein droit ; elle n'est subordonnée ni à l'action du propriétaire du sol, ni à celle du créancier poursuivant, sauf convention contraire. Dans l'hypothèse de l'application de l'article 555 entre des époux mariés en séparation de biens, la Cour de cassation pose le principe général de

---

29. Sur l'évaluation de l'indemnité : Cass. 3e civ., 27 oct. 2016, n° 15-21495.
30. Cass. 3e civ., 12 oct. 2011, n° 10-18175 : D. 2012, p. 2128, à propos d'une « moins-value d'encombrement » du fait du coût afférent à la démolition d'une construction de médiocre qualité.

l'acquisition immédiate de la propriété au bénéfice du propriétaire du terrain. La même solution est posée en ce qui concerne les plantations. D'aucuns en concluent qu'en l'absence de dispositions contractuelles spécifiques, le bailleur acquiert immédiatement les constructions réalisées par le preneur. Les dispositions contractuelles peuvent aménager les obligations nées de l'accession, ceci soulève une autre question : celle du domaine d'application de l'article 555, notamment son application en cas de relations contractuelles entre le propriétaire et le constructeur.

2) Les constructions sur le terrain d'autrui en présence d'un contrat

La question de l'application de l'article 555 du Code civil en présence de relations contractuelles a été longuement débattue, en particulier en présence d'un contrat de bail, bien que d'autres hypothèses existent. Considéré comme choquant et désuet par certains, le droit d'accession a mauvaise presse. Il reviendrait à perpétrer une vision individualiste et impérialiste de la propriété en offrant la propriété de toutes les constructions sur son terrain au propriétaire du fonds. Spoliation des droits du constructeur, l'accession devrait être strictement limitée au domaine que lui confère le Code civil. Cependant, une vision moins partisane de l'application du texte permet de mettre en évidence l'intérêt pour le constructeur de bonne foi d'être indemnisé sur le fondement d'une dette de valeur, indemnisation qui lui est refusée le plus souvent si l'on écarte l'application de l'article 555 du Code civil en présence d'un contrat. Les enjeux posés, on comprend mieux les débats doctrinaux et les hésitations jurisprudentielles. Suggérée par la doctrine et reposant sur la notion de tiers citée par l'article 555 du Code civil, une distinction semble s'établir entre le silence du contrat ou la présence de clauses contractuelles réglant le sort des constructions, plantations et autres ouvrages réalisés par le cocontractant du propriétaire du fonds.

a) Le silence du contrat

Par silence du contrat, il faut comprendre que ce dernier n'aborde pas le sort des constructions, des plantations, des ouvrages réalisés par le preneur. La première question est celle de l'application de l'article 555 du Code civil en dépit du contrat. L'article fait référence à la notion de tiers, le preneur est-il encore un tiers ? La jurisprudence a opté pour une interprétation large de l'article 555 et l'applique en présence d'un contrat de bail, d'un contrat entre concubins[31]. Elle refuse de concevoir le preneur-constructeur comme de mauvaise foi par principe. Certes, il sait qu'il ne construit pas sur son terrain, en principe le contrat de bail interdit toute construction pour empêcher toute modification de la destination de l'immeuble et obliger à rendre le bien dans l'état où il a été reçu (art. 1730). Pour être de bonne foi, le tiers constructeur doit posséder un titre de propriété dont il ignore les vices, cette définition impose de voir dans le bailleur un constructeur de mauvaise foi. Cependant, s'il reçoit l'autorisation du propriétaire, il a pu être considéré de bonne foi d'après la jurisprudence[32]. Le preneur reste intéressé par le jeu de l'accession. Il n'est pas propriétaire des constructions, leur propriété revient au bailleur, cependant, si ce dernier décide de les conserver, il a droit à une indemnité. En l'absence de disposition contractuelle, la jurisprudence considère que les relations preneur-bailleur

---

31. Cass. 3e civ., 16 mars 2017, n° 15-12384, FS-P+B – Cass. 1re civ., 15 juin 2017, n° 16-14039.
32. Autorisation donnée à l'occasion d'une transaction, Cass. 3e civ., 17 déc. 2013, n° 12-15916.

se dénouent à l'expiration du bail. Le preneur reste propriétaire pendant la durée de la location. Pour ce qui est des concubins, ils restent des tiers dans leurs rapports patrimoniaux, sauf convention particulière en vue de la construction.

b) La présence de clauses contractuelles expresses

De telles clauses sont envisageables car l'article 555 du Code civil n'est pas d'ordre public[33]. Supplétif, il peut être écarté par la volonté expresse des parties. Le contrat peut prévoir la réalisation de constructions, mieux, il peut les rendre obligatoires. Il suffit de rappeler le développement des contrats relatifs au droit de superficie, de division en volumes, ou encore du bail à construction. Ces baux par dispositions de la loi reportent la date de l'accession de la propriété des constructions au propriétaire du terrain à la date de cessation du bail. Les aménagements conventionnels sont variés. D'aucuns retardent le jeu de l'accession à l'expiration du contrat, reconnaissant un droit de propriété temporaire au bénéfice du preneur sur les constructions. Le preneur est alors détenteur d'un droit de superficie temporaire selon certains. La qualification des droits du preneur soulève de multiples difficultés. La Cour de cassation, en présence d'un contrat, a enjoint les juges du fond à rechercher si le propriétaire n'avait pas renoncé à son droit d'accession par dispositions contractuelles. D'autres fixent non seulement la date de l'accession mais encore les modalités d'indemnisation du preneur, dispositions qui ne lui sont pas toujours favorables. Le caractère supplétif de l'article 555 du Code civil laisse la place à tous les arrangements contractuels et leurs effets : le preneur reçoit une indemnité en cas d'expropriation, la prime d'assurance en cas de sinistre, il peut expulser un occupant sans titre, il peut vendre et hypothéquer les constructions, ses créanciers peuvent pratiquer une saisie immobilière. Cependant, ce droit reste limité par son caractère temporaire : le preneur ne saurait détruire les constructions lorsque se rapprochent l'échéance du contrat et la mise en œuvre de l'accession au profit du bailleur.

La présence d'un contrat peut affecter ***la date d'accession à la propriété*** en raison de clauses particulières. La référence à la dérogation possible à l'accession de plein droit, immédiate, par contrat est essentielle pour plusieurs raisons. La première tient au fait que la jurisprudence, approuvée par une partie de la doctrine, a longtemps ménagé la situation du preneur à bail. Tant que le bail durait, le transfert de propriété était comme suspendu : le preneur pouvait détruire les constructions en cours de bail, en cas de sinistre, il percevait les indemnités d'assurance. Il convient d'être plus circonspect en présence d'un contrat de bail et de constructions réalisées par le preneur, la Cour de cassation n'a pas désavoué sa jurisprudence antérieure, au contraire. En présence d'une clause d'accession en fin de bail, la Cour de cassation fait jouer la clause protectrice du preneur, alors que le contrat avait été renouvelé, c'est-à-dire qu'un nouveau contrat avait été conclu et que la clause avait joué lors du renouvellement. En dépit de ces éléments, la Cour de cassation a considéré que le preneur, de bonne foi, avait droit au versement d'une indemnité. Pourtant, l'accession immédiate à la propriété en faveur du bailleur en cas de silence contractuel marquerait un retour à l'orthodoxie. Déjà,

33. Cass. 1re civ., 11 janvier 1965 : D. 1965, somm. 73 – Cass. 3e civ., 6 nov. 1970 : Bull. civ. III, n° 592 ; D. 1971, p. 394 – Cass. 3e civ., 19 février 1975 : Bull. civ. III, n° 71, p. 54 ; D. 1975, IR, p. 118 ; JCP G 1975. IV.118.

Planiol avait souligné que « le droit d'accession n'est pas susceptible d'opérer à terme, c'est un phénomène qui produit ses effets immédiatement [...] le propriétaire du sol peut sans doute renoncer à ce bénéfice, mais, lorsqu'il y renonce, il perd l'occasion unique qu'il avait d'en jouir ». Quelle que soit la solution adoptée, le jeu de l'accession ne semble pourtant pas discuté.

Si le jeu de l'accession est largement mis en œuvre en dépit d'un rapport contractuel, son domaine d'application trouve ses limites en présence d'amélioration ou de réparation des constructions existantes ou d'un empiétement Les travaux d'amélioration et de réparation dépendent d'un autre régime juridique, celui des impenses. En revanche, aucune hésitation ne vient troubler le principe en ce qui concerne l'empiétement sur le terrain d'autrui, cette hypothèse, selon la jurisprudence, relève de l'article 545 du Code civil.

B - L'empiétement

Le refus d'appliquer les dispositions relatives à l'accession en présence d'un empiétement sur le terrain d'autrui pose la question de l'opportunité de la jurisprudence en la matière. La question de l'empiétement pourrait se résumer en une formule provocatrice : la quête d'une impossible équité. L'empiétement consiste en la construction ou la plantation de végétaux au-delà des limites de la propriété du constructeur sur la propriété d'autrui. L'empiétement peut également être le résultat d'une extraction dans le sous-sol d'autrui provoquant un vide que l'exploitant de la carrière voisine doit remblayer[34]. À la différence de l'hypothèse de l'accession, les constructions ne sont pas entièrement réalisées sur le terrain d'autrui, elles ne font qu'y empiéter, parfois dans des proportions minimes. Les difficultés ne doivent pas être cachées : la partie de construction ne peut pas appartenir, par accession, au propriétaire du terrain sur lequel elle empiète. Cette partie de construction ne peut pas appartenir au constructeur, car cette solution conduirait à une sorte d'expropriation d'utilité privée.

La jurisprudence a dû pallier le silence du Code civil et trouver une réponse satisfaisante. Elle est sévère et ancienne, et a suscité un débat toujours actuel sur le fondement juridique et sur la prise en considération de l'équité en matière d'empiétement sur le terrain d'autrui. La jurisprudence a choisi le camp de l'absolutisme et de la sévérité. Pourtant, des solutions plus équitables existent et sont proposées par la doctrine.

1) La sévérité de la jurisprudence

Elle est fixée de longue date et ne se départit pas de sa sévérité, en dépit de la résistance des juges du fond. Elle autorise le propriétaire du fonds empiété d'exiger la démolition au nom de l'article 545 du Code civil, qui précise que « *nul ne peut être contraint de céder sa propriété, si ce n'est pour cause d'utilité publique et moyennant une juste et préalable indemnité* ».

La portée de la solution jurisprudentielle en renforce la sévérité. Le domaine de l'empiétement semble compris de manière large par la Cour de cassation, même dans des hypothèses où les faits auraient pu conduire à considérer qu'il y avait plutôt construction

34. Cass. 3e civ., 11 février 2015, nº 13-26023.

sur le terrain d'autrui. En présence d'un empiétement, la démolition menace le constructeur, même en cas d'un dépassement minime[35], qu'il soit de bonne foi ou de mauvaise foi. Le droit de propriété est bien absolu et est considéré comme n'étant pas susceptible d'abus. Par conséquent, il ne se perd pas par le non-usage et l'action en revendication ne peut pas faire l'objet d'une prescription extinctive. Cette sévérité prive les juges du fond de toute liberté dans l'appréciation de la situation afin d'éviter les excès d'une solution rigide particulièrement respectueuse du droit de propriété. Le propriétaire du fonds victime de l'empiétement peut toujours obtenir la démolition aux frais du constructeur de la construction s'il le demande. Il est le seul à pouvoir atténuer la sévérité de cette jurisprudence constante en se contentant de réclamer des dommages-intérêts. Cependant, dans une telle hypothèse, la Cour de cassation, au lieu de voir dans l'indemnité la contrepartie de la cession de propriété, constate l'existence d'une faute caractérisée par l'empiétement ; faute qui donne droit à une indemnisation en application des articles 1382, 544 et 545 du Code civil. Ainsi, la sanction de l'empiétement est celle d'une atteinte au droit de propriété, plus précisément à l'interdiction de construire sur le terrain d'autrui et pas celle d'une expropriation privée. Seule la victime, à l'exclusion du juge, peut « *opter pour une réparation par équivalent* »[36].

La sanction permet donc d'ouvrir le débat sur le fondement juridique du régime de l'empiétement dans le silence du Code civil. L'hésitation jurisprudentielle est balayée par une position constante de la Cour de cassation en faveur de l'article 545 du Code civil, cependant, une analyse plus approfondie de la base juridique révèle que la solution est moins évidente que ne le laisse croire la constance de la Cour de cassation.

La première hésitation a révélé la difficulté du choix entre les règles de l'accession (C. civ., art. 555) et la défense absolutiste du droit de propriété (C. civ., art. 545). La Cour de cassation refuse l'application des règles de l'accession[37]. Avec raison sans doute car l'application des règles de l'accession conduit à des solutions incohérentes : le propriétaire du fonds sur lequel empiète la construction se trouverait propriétaire de la partie de la construction qui empiète sur son terrain alors que le constructeur resterait propriétaire de la partie construite sur son fonds. Le principe fondateur de l'accession qui veut que l'accessoire suive le principal ne peut pas justifier qu'un même accessoire suive séparément chaque principal. L'accession de la partie empiétant est inconcevable tant en pratique qu'en théorie. En revanche, l'empiétement prive le propriétaire qui en est victime de l'utilisation de son fonds. Une question se pose alors, cette atteinte incontestable à son droit de propriété implique-t-elle une véritable expropriation d'utilité privée ? Certains considèrent que : premièrement, l'empiétement n'entraîne pas la dépossession de sa propriété par le constructeur, par conséquent, ce n'est donc pas lui qu'il convient d'indemniser mais le propriétaire du fonds qui subit l'empiétement ; deuxièmement, ce dernier ne perd pas nécessairement sa propriété, mais subit,

35. Cass. 3e civ., 1er déc. 1971 : Bull. civ. III, n° 594, concernant un empiétement de 4 cm – Cass. 3e civ., 4 déc. 2001 : AJDA 2002, p. 160. V. surtout : Cass. 3e civ., 20 mars 2002, n° 00-16015 : Bull. civ. III, n° 71 ; D. 2002, p. 2075, note Ch. Caron ; D. 2002, somm. 2507, obs. Mallet-Bricout ; JCP G 2002.10189, note Bonnet ; JCP G 2002. I.176, n° 6, obs. Périnet-Marquet ; JCP N 2002.1648, note Planque ; RTD civ. 2002, p. 333, obs. Th. Revet. Dans cette affaire, l'empiétement sanctionné était de 0,5 cm.
36. F. Zénati, RTD civ. 1993, p. 851, obs. sous Cass. 3e civ., 10 nov. 1992, préc.
37. Cass. 3e civ., 19 février 2014, n° 13-12107 en ce qui concerne l'obstacle à l'acquisition de la mitoyenneté.

incontestablement, une violation de son pouvoir exclusif de propriétaire. Une telle analyse privilégie la sanction de l'indemnisation pour faute choisie par le propriétaire.

Cependant, ce n'est pas le fondement arrêté par la Cour de cassation qui qualifie l'empiétement d'expropriation pour cause d'intérêt privé en référence à l'article 545 du Code civil. Par conséquent, elle considère que l'empiétement prive le propriétaire du terrain de sa propriété[38]. Cette approche constitue un curieux renversement de l'analyse menée dans le cadre de l'accession, qui conduit, au contraire, à transmettre la propriété de la construction au propriétaire du sol. Il n'y a donc pas d'expropriation, mais pour éviter une application malencontreuse des règles de l'accession, une coexistence de deux droits de propriété : celui du propriétaire du sol et celui du propriétaire des constructions. Cette constatation pose clairement le problème de l'empiétement. Il convient de régler un conflit de propriété. Dès lors, le fondement choisi par la Cour de cassation est surprenant. Une analyse maximaliste de la propriété ne permet pas de choisir un droit de propriété au détriment d'un autre. Il renforce seulement le conflit entre des droits de même nature. En réalité, l'empiétement entrave le droit d'user du terrain et en partie d'en disposer. Il porte donc essentiellement atteinte à l'*usus* et partiellement à l'*abusus*, sans conduire à une expropriation de fait. Une référence à l'article 544 du Code civil aurait donc été plus judicieuse. L'article 1143 du Code civil, en présence d'un contrat, apporte une solution plus satisfaisante : ce n'est pas une expropriation qui est sanctionnée mais l'interdiction de construire sur le fonds voisin. La sanction à la violation d'une obligation de ne pas faire est la destruction, mais il est offert au créancier la possibilité de préférer le versement de dommages-intérêts. Le choix intransigeant de la Cour de cassation en faveur de l'article 545 du Code civil laisse dans l'ombre des éléments non négligeables de l'analyse juridique. Le caractère systématique de la sanction appliquée, qui soumet le constructeur au chantage du propriétaire du terrain qui peut négocier au prix fort sa décision de ne pas exiger la démolition, souligne l'inadéquation de la solution jurisprudentielle. L'affrontement entre « la rigueur du droit et l'équité » se poursuit[39], incarné, d'une part, par la jurisprudence et, d'autre part, par une partie de la doctrine.

La Cour de cassation a rejeté toutes les tentatives d'assouplissement de sa jurisprudence en écartant la bonne foi du constructeur, le silence pendant toute la durée des travaux du propriétaire du terrain sur lequel ils empiètent, la disproportion entre les frais de démolition et le préjudice né de l'empiétement. La troisième chambre civile par trois arrêts, confirme la rigueur de son approche en écartant tout contrôle de proportionnalité en matière d'empiétement[40]. Pourtant les propositions existent pour tenter de réintroduire une part d'équité en matière d'empiétement.

---

38. Cette conclusion ne s'impose pas à tous comme une évidence, v. Zénati F. et Revet T., *Les biens*, 2ᵉ éd., 1997, PUF, n° 167 ; C. Caron, note sous Cass. 3ᵉ civ., 20 mars 2002 : D. 2002, spéc. p. 2076.
39. Demolombe C., *Cours de Code Napoléon*, t. IX, *Traité de la distinction des biens*, Paris, 2ᵉ éd., 1861, n° 691 *ter*, cité par C. Caron, note préc.
40. Cass. 3ᵉ civ., 10 nov. 2016, n° 15-19561, n° 15-25113 et n° 15-21949, FS-P+B.

2) La recherche de solutions équitables

Les propositions sont nombreuses, certaines sont d'ores et déjà écartées par la jurisprudence de la Cour de cassation. Une décision du 13 juin 2012 mérite d'être signalée[41]. Elle précise que l'article 673 du Code civil permettant au propriétaire de contraindre son voisin à élaguer les branches d'arbres dépassant n'est pas d'ordre public et que les documents, en l'espèce le cahier des charges d'un lotissement peuvent y déroger utilement. La théorie de l'abus de droit a été sollicitée. La consécration du droit de propriété ne devrait pas autoriser un abus dans la mise en œuvre de ce droit, pas plus que de nier la fonction sociale de ce droit. La reconnaissance d'un abus de droit de propriété dans le cadre des rapports de voisinage pourrait servir d'exemple : il ne peut servir que des intérêts sérieux et légitimes, sans pouvoir justifier des comportements malveillants. Il conviendrait de prendre en considération la disproportion entre l'exigence de la démolition et la faiblesse du dommage économique né d'un empiétement minime. Ainsi a-t-on pu écrire : « *Si le droit de propriété doit être individuel, son exercice doit être social, le propriétaire a le devoir de tenir compte de l'intérêt des autres [...]* »[42]. Si le droit de propriété est sacré et consacré par l'article 17 de la Convention européenne des droits de l'homme, il n'en supporte pas moins des aménagements. Certains ne concernent pas le droit civil[43], d'autres s'inscrivent dans le Code civil, ainsi l'article 661 du Code civil envisage une acquisition forcée en présence d'un mur mitoyen. L'aménagement est donc possible, la difficulté réside dans l'évaluation de sa proportion. La Cour de cassation a préféré refermer cette porte pour tenir compte des cas marginaux où l'empiétement est excusable et l'emploi du droit de propriété disproportionné, en précisant, dans des arrêts de principe, que « *la défense du droit de propriété contre un empiétement ne saurait dégénérer en abus* »[44]. En dépit de cette fin de non-recevoir, les juges du fond résistent en présence d'un empiétement minime, fait par un constructeur de bonne foi qui est confronté à l'intransigeance excessive du propriétaire du terrain objet de l'empiétement.

L'abus de droit de propriété exclu, la référence aux servitudes a été tentée. La doctrine a réfléchi sur la possibilité de créer une servitude d'empiétement. L'empiétement pourrait être rapproché d'une charge de propriété car il entraîne une dépossession plus qu'une expropriation. Le droit suisse reconnaît une telle servitude à l'article 674 du Code civil qui précise : « *Les constructions et autres ouvrages qui empiètent sur le fonds voisin restent partie intégrante de l'autre fonds, lorsque le propriétaire de celui-ci est au bénéfice d'un droit réel [...] ces empiétements peuvent être inscrits comme servitudes au registre foncier* ». La création de servitudes conventionnelles n'est pas limitée en droit français (C. civ., art. 686), par conséquent, le recours à cette notion pourrait éviter le caractère excessif de la sanction en matière d'empiétement. Cependant, le droit

41. Cass. 3e civ., 13 juin 2012, n° 11-18791 : Défrénois 15 oct. 2012, n° 19, p. 943, note G. Chantepie et N. Leblond.
42. M. Mazeaud, cité par M. Giannotti, « L'abus du droit de propriété et l'empiétement sur le terrain d'autrui », RDI 1991, p. 307. L'influence de Josserand est évidente, v. *De l'esprit des lois et de leur relativité*, 1939, Dalloz ; *De l'abus de droit*, 1905.
43. Il s'agit des nationalisations et des cas d'expropriation pour intérêt public.
44. Cass. 3e civ., 7 juin 1990 : Bull. civ. III, n° 140 – Cass. 3e civ., 7 nov. 1990 : Bull. civ. III, n° 226. La Cour de cassation belge a fait preuve de plus de souplesse sur ce point : Cass. Belge, 10 septembre 1971 : Bull. cass. 1972, n° 28, note W. G., cité par Bl. Mallet-Bricout, D. 2002, somm. 2508.

français ne reconnaît pas une telle servitude. Il est vrai qu'elle ne serait utile que dans l'hypothèse où le fonds subissant l'empiétement le tolérait. Elle permettrait cependant d'assouplir la jurisprudence en présence d'un empiétement minime et de bonne foi. La Cour de cassation refusait traditionnellement d'accepter que le fait d'empiéter sur le fonds voisin puisse relever de la qualification de servitude considérant qu'« une servitude ne peut être constituée par un droit exclusif interdisant au propriétaire du fonds servant toute jouissance de sa propriété ». Elle a assoupli sa position en admettant, à propos d'un bâtiment historique, que l'empiétement aérien d'une corniche puisse faire l'objet d'une « servitude de surplomb sur le fonds voisin acquise par prescription ». Mais il ne s'agit que d'une exception limitée. La cour n'accepte une telle servitude d'empiétement qu'en présence d'un empiétement aérien (par exemple encore une toiture qui déborde sur le fonds voisin) et non d'un empiétement terrestre.

Autant de constance dans la sévérité impose une question : n'y aurait-il pas plus de danger à assouplir le droit de l'empiétement qu'à protéger de manière absolue le droit de propriété ? En d'autres termes, l'absence d'équité est-elle aussi grave qu'il l'est suggéré ? En effet, l'empiétement pourrait devenir un moyen pour des propriétaires peu scrupuleux de grignoter progressivement le fonds voisin en évitant la démolition de leurs constructions moyennant paiement d'une indemnité. En dehors de cette hypothèse, des arguments plus généraux viennent au secours de la sévérité jurisprudentielle. En présence d'un empiétement minime, la remise en l'état n'entraîne pas toujours des frais importants : le déplacement d'une clôture à certains endroits ou la reprise d'un mur ne sont pas insurmontables. En présence d'un empiétement plus important, la responsabilité des constructeurs peut être engagée. L'erreur de calcul ou dans l'exécution des travaux constitue une violation caractérisée des règles de l'art, entraînant une faute contractuelle que le constructeur pourra utiliser à l'encontre des professionnels du bâtiment fautifs à son égard. En un mot, les inconvénients mis en avant par les défenseurs de l'équité ne sont peut-être pas aussi graves qu'il n'y paraît. En outre, les incertitudes qu'introduiraient les solutions favorables à plus d'équité (notamment, l'abus de droit) sont telles que l'inconvénient de l'insécurité juridique ressurgirait. Sur quels critères apprécier le caractère minime d'un empiétement ? Comment apprécier la bonne foi du constructeur ? L'appréhension choisie en matière d'accession semble dangereusement libérale[45]. La sécurité juridique, pour précieuse qu'elle soit, impose-t-elle le refus de prendre en considération les hypothèses marginales et excusables d'un empiétement innocent ? Cette question est celle du débat sans fin du régime juridique de l'empiétement.

Le projet de réforme du droit des biens a estimé nécessaire d'éviter les abus lorsque l'empiétement est minime et involontaire. Il propose d'enfermer l'action dans un délai très court de deux ans à compter de la connaissance de l'empiétement et au plus tard dix ans après l'achèvement des travaux. Passé ce délai, il serait possible aux propriétaires concernés de demander au juge de prononcer le transfert de propriété moyennant une indemnité (projet d'article 639, C. civ.)

---

45. H. Périnet-Marquet, obs. sous Cass. 3e civ., 5 juin 2002 – Cass. 3e civ., 4 déc. 2001 – Cass. 3e civ., 20 mars 2002 : JCP G 2002. I.176, n° 4 ; Th. Revet, obs. sous Cass. 3e civ., 20 mars 2002, préc., spéc. p. 334.

BIBLIOGRAPHIE

Dross (W.), Où en est-on de la sanction de l'empiétement ? Démolition, astreinte, proportionnalité et constitutionnalité..., Gaz. Pal., 16 mai 2017, n° 19, p. 63, GPL294a7.

Giannotti (M.), « L'abus de droit de propriété et l'empiétement sur le terrain d'autrui », *RDI* 1991.303.

Guédé (X.), Letellier (F.), Cevaër (E.), Daveze (C.), « Servitudes ou empiètements : une question de sécurité juridique », *AJDI* 2015, p. 188.

Lamarche (Th.), « L'accession différée : une nouvelle approche des grandes classifications », *RTD civ.* 2006, p. 1.

Legrand (V.), Le droit au bornage : un droit aux frontières plus qu'incertaines, LPA 27 juin 2016, n° 106, p. 21, LPA115x5.

Mémeteau (G.), *J.-Cl. Civil,* art. 647 et 648.

TITRE 2

L'acquisition et la défense de la propriété

L'acquisition de la propriété occupe une place de choix dans le Code civil, dont le livre III s'intitule : « Les différentes manières dont on acquiert la propriété ». Ces « différentes manières » sont nombreuses et concernent le droit des successions, des régimes matrimoniaux, des contrats, des contrats spéciaux, la transmission ou l'acquisition directe de la propriété. Si la propriété est perpétuelle, ce qui interdit qu'elle se perde par le non-usage, il reste possible de la perdre par l'effet acquisitif de la possession d'un tiers. Par conséquent, la protection de la propriété mérite d'être envisagée. Cette protection est liée à deux mécanismes, la possession et la preuve de la propriété. La possession, si elle se conjugue avec la propriété, renforce le titre, elle participe de la preuve de la propriété. En revanche, exercée par un autre que le propriétaire, elle constitue un danger pour ce dernier. En effet, la possession pouvant être acquisitive, le propriétaire doit alors réagir rapidement afin de la contrer. Il doit prouver sa propriété afin d'être rétabli dans ses droits. Ce conflit entre propriété et possession révèle à la fois l'importance et la difficulté de la preuve de la propriété. Ainsi, acquisition et protection de la propriété sont intimement liées, car la protection participe de la permanence de la propriété.

Les articles 711 et 712 énumèrent les modes d'acquisition de la propriété :

– Art. 711 : « La propriété des biens s'acquiert et se transmet par succession, par donation entre vifs ou testamentaires, et par l'effet des obligations. »

– Art. 712 : « La propriété s'acquiert aussi par accession ou incorporation, et par prescription. »

La propriété peut donc s'acquérir par succession (ab intestat ou testamentaire), par l'effet des obligations, par contrat à titre onéreux (vente, échange) ou à titre gratuit (donation), par prescription (possession et occupation) et par accession. Ces différents modes d'acquisition peuvent être classés selon différents critères.

▲ ***Modes originaires et modes dérivés d'acquisition de la propriété***

Cette distinction est la principale :

– le mode d'acquisition est ***originaire*** *quand il confère à l'acquéreur une propriété initiale : le droit de propriété naît directement sur la tête de son titulaire qui n'est l'ayant cause de personne ; il y a création d'un droit de propriété qui n'existait pas. On trouve dans cette catégorie l'accession, l'occupation des meubles sans maître, la prescription acquisitive (c'est-à-dire aussi bien la possession prolongée des*

immeubles que la possession de bonne foi d'un meuble qui en confère instantanément la propriété) et l'apparence (en application de la règle error communis facit jus);

– le mode d'acquisition est **dérivé** *lorsque le droit de propriété passe d'une tête sur une autre : il n'y a pas création mais transfert d'un droit de propriété de l'auteur (celui qui transmet) à l'ayant cause (celui qui reçoit). La transmission peut résulter de la volonté (vente, donation, testament) ou de la loi (succession ab intestat). Ce qui conduit à la seconde distinction.*

▲ Modes volontaires et modes non volontaires

– La propriété peut se transmettre par la volonté du propriétaire. Le procédé normal d'acquisition du droit de propriété est le contrat : le transfert est réalisé par l'accord des volontés (à titre gratuit ou onéreux). Dans le testament, c'est la volonté du testateur qui opère le transfert de propriété (et non l'acceptation par le légataire).

– La propriété peut se transmettre en dehors de la volonté du propriétaire. On trouve comme modes non volontaires d'acquisition de la propriété :

- *la succession ab intestat : dès le décès, l'héritier est de plein droit propriétaire des biens de la succession (en dehors de la volonté du de cujus);*
- *la possession, qui fait acquérir la propriété soit après un certain délai (c'est l'usucapion), soit instantanément;*
- *l'accession : le propriétaire d'une chose acquiert la propriété des choses qui viennent s'unir à la sienne.*

▲ Modes d'acquisition entre vifs ou à cause de mort

Les premiers opèrent entre personnes vivantes (vente, donation, échange), les seconds se réalisent au moment du décès d'une personne. Ces deux modes s'opposent par leur étendue possible : les transmissions à titre universel ne sont possibles que par décès, les acquisitions entre vifs n'ont toujours lieu qu'à titre particulier.

▲ Modes d'acquisition à titre gratuit ou à titre onéreux

Cette distinction est importante car les règles de forme et de fond (principalement la capacité et les règles du droit successoral) ne sont pas les mêmes.

Compte tenu de l'objet de notre analyse, il est possible d'éliminer deux modes d'acquisition de la propriété :

– l'acquisition de la propriété par **succession**, *parce qu'elle ne relève pas en tant que telle du droit des biens mais du droit des successions auquel nous renvoyons;*

*– l'***accession**, *mode originaire d'acquisition de la propriété, parce qu'elle a déjà été abordée en tant qu'elle permet une extension du droit de propriété en application du principe selon lequel l'accessoire s'unit au principal.*

Parmi les différents modes d'acquisition, spécifiques au droit des biens, restent l'hypothèse de l'occupation (Chapitre 5) et celle de la possession (Chapitre 6). Parce qu'elle contient quelques règles spéciales en matière de biens, l'acquisition par convention doit être abordée (Chapitre 4).

Dans un Chapitre 7, nous évoquerons la question de la défense de la propriété.

CHAPITRE 4

L'acquisition de la propriété par convention

L'acquisition de la propriété par convention renvoie plus largement au droit des contrats et à la théorie générale des obligations mais mérite quelques précisions.

L'acquisition de la propriété peut être la conséquence de différents contrats (vente, échange ou donation). Plusieurs articles du Code civil affirment que la volonté des parties suffit à opérer le transfert de propriété, sans aucune formalité, ni tradition (c'est-à-dire remise de la chose) consacrant le principe du transfert *solo consensu* (section 1). Certaines exceptions existent cependant à ce principe (section 2). Les règles du Code civil relatives à l'acquisition de la propriété par convention ont été peu affectées par l'ordonnance n° 2016-131 du 10 février 2016 portant réforme du droit des contrats, du régime général et de la preuve des obligations. Les règles de fond n'ont pas été modifiées mais parfois plus clairement énoncées.

Section 1

Le principe du transfert *solo consensu*

Les textes affirment sans ambiguïté ce ***principe du transfert solo consensu.*** L'article 711 indique bien que « *la propriété des biens s'acquiert et se transmet... par l'effet des obligations* » et l'article 1583 dispose, pour la vente, que « *la propriété est acquise de droit à l'acheteur à l'égard du vendeur, dès qu'on est convenu de la chose et du prix, quoique la chose n'ait pas encore été livrée ni le prix payé* ». L'article 938 précise pour la donation que « *la propriété des objets donnés sera transférée au donataire, sans qu'il soit besoin d'autre tradition* », c'est-à-dire de remise matérielle de la chose. Le transfert est réalisé indépendamment du paiement du prix et de la livraison de la chose.

Le transfert *solo consensu* repose en réalité sur deux principes : le principe du consensualisme et le principe de l'instantanéité du transfert de propriété.

1• LE PRINCIPE DU CONSENSUALISME

La propriété se transmet par le seul échange des consentements. En vertu de ce principe, les contrats portant sur la propriété ne sont pas subordonnés, quant à leur validité, à des exigences de forme. La loi prévoit bien que « *tout acte sujet à publicité dans un bureau des hypothèques (et il en est ainsi des actes portant mutation ou constitution de droits immobiliers) doit être dressé en la forme authentique* ». Mais l'acte authentique n'est exigé qu'en vue de la publicité. En l'absence d'un tel acte (*l'instrumentum*), la publicité ne peut être accomplie et l'acte (au sens d'opération juridique, le *negotium*) reste inopposable aux tiers. En revanche, entre les parties il est valable et doit produire tous ses effets.

2• LE PRINCIPE DE L'INSTANTANÉITÉ DU TRANSFERT

Les juristes romains exigeaient deux opérations pour que le contrat transfère la propriété entre les parties et que ce transfert soit également opposable aux tiers. Le contrat était simplement générateur d'obligations entre les parties, le transfert, la tradition, ne s'opérant que par un second acte, la remise de la chose, entourée de formalités spéciales pour les immeubles ou simple remise matérielle pour les meubles. Les rédacteurs du code ont trouvé plus simple, plus rationnel, de décider que le contrat transfère la propriété, ou plutôt opère tradition par lui-même. L'article 1196 al. 1er du Code civil dispose aujourd'hui clairement que « *dans les contrats ayant pour objet l'aliénation de la propriété (...) le transfert s'opère lors de la conclusion du contrat* ».

Par le seul échange des consentements, la propriété est transférée et les risques passent à l'acquéreur. L'alinéa 3 de l'article 1196 précise en effet que « *le transfert de propriété emporte le transfert des risques* ». Cela signifie que si la chose vendue et non livrée périt par cas fortuit, la perte est supportée par l'acquéreur qui doit payer le prix (c'est le sens de la formule « *res perit domino* »). De même, les fruits, naturels ou civils de chose acquise vont à l'acquéreur qui devient responsable en tant que gardien des dommages causés par celle-ci.

Section 2

Les exceptions au transfert *solo consensu*

Le principe connaît toutefois des restrictions dans ses deux expressions : le principe de l'instantanéité du transfert et le principe du consensualisme.

1• LES ATTÉNUATIONS AU PRINCIPE DU CONSENSUALISME : LA PUBLICITÉ FONCIÈRE DES TRANSFERTS DE PROPRIÉTÉ IMMOBILIÈRE

Une première exception au consensualisme réside dans l'exigence de formalité des actes solennels. Ainsi ***les actes portant donation entre vifs doivent être passés devant notaire*** (C. civ., art. 931).

L'exception principale reste l'exigence de la ***publicité foncière en matière immobilière***. On a vu que le transfert se réalise *solo consensu* entre les parties, en dehors de toute publication. À ce titre, le système français diffère du droit romain ou des législations modernes, comme la loi allemande, qui subordonnent le transfert de propriété à un acte ou à une formalité distincte du contrat ou qui attachent à l'inscription au registre des effets beaucoup plus complets (purge des vices). Cependant, dans l'intérêt des tiers, l'acquéreur d'un immeuble doit publier l'acte par lequel il a acquis son droit. Par cette formalité l'acte devient opposable aux tiers (notamment aux acquéreurs qui tiennent leur droit du même aliénateur mais qui n'ont pas eux-mêmes procédé à la publication). Sont soumis à cette formalité tous les actes constitutifs (usufruit, servitudes...) ou translatifs de droits réels (vente, autres actes translatifs à titre particulier) ainsi que les droits personnels qui altèrent gravement la valeur du bien (bail supérieur à 12 ans) et les hypothèques (formalité de l'inscription d'hypothèque – C. civ., art. 2134). La publicité est réalisée par le dépôt d'une copie de l'acte, grâce à des formules pré-imprimées, à la conservation des hypothèques du chef-lieu de l'arrondissement du lieu de situation de l'immeuble.

En matière mobilière aucune publicité du transfert de propriété n'est organisée[1]. Deux acquéreurs successifs d'un même bien peuvent entrer en conflit. Or l'article 1198 du Code civil donne la préférence non pas à celui qui a acquis le premier, mais à celui qui, le premier, s'est mis en possession (à condition qu'il soit de bonne foi). Cette règle ne concerne que les rapports entre les acquéreurs successifs. Entre le propriétaire (premier acquéreur) et l'acquéreur *a non domino* (le second acquéreur) : le transfert de propriété s'est réalisé *solo consensu* : le premier acquéreur est devenu propriétaire. Mais le second acquéreur, lorsqu'il a pris possession du meuble, en est devenu propriétaire, s'il était de bonne foi. Cette solution constitue en effet une application de l'article 2276 : le possesseur de bonne foi devient propriétaire d'un bien meuble même s'il ne l'a pas acquis du véritable propriétaire (acquisition *a non domino*), puisque le vendeur avait perdu par la première vente la propriété du meuble vendu. L'acquéreur évincé pourra bien sûr réclamer des dommages-intérêts à l'aliénateur pour inexécution du contrat.

---

1. À l'exception de certains meubles pour lesquels existe une publicité : navires, bateaux de navigation intérieure, avions : un transfert de propriété portant sur un de ces biens n'est opposable aux tiers qu'à la condition d'avoir été publié sur le registre tenu par l'administration des douanes pour les navires « mutation en douane » ; sur le registre tenu au greffe du Tribunal de commerce du lieu d'immatriculation pour les bateaux de navigation intérieure ; sur un registre tenu sous l'autorité du ministre de l'Aviation civile pour les avions (pour eux, l'inscription au registre vaut titre de propriété).

2. LES EXCEPTIONS AU PRINCIPE DE L'INSTANTANÉITÉ DU TRANSFERT

Le transfert de propriété peut être différé par la volonté des parties, par la nature des choses ou par l'effet de la loi (C. civ., art. 1196, al. 2) :

– les parties peuvent retarder le moment du transfert de la propriété. Elles peuvent convenir dans la convention d'une clause de réserve de propriété qui reporte la date du transfert de propriété à un événement particulier. Par exemple, elles peuvent décider que l'acquéreur ne deviendra propriétaire que le jour où il aura réglé le dernier acompte du prix : c'est la vente à tempérament avec clause de réserve de propriété. Le vendeur conserve jusqu'à ce moment la possibilité de reprendre la chose, en cas de non-paiement, puisqu'il en est demeuré le propriétaire ;
– lorsque la chose vendue est une chose fongible, le transfert de propriété ne peut pas avoir lieu avant son individualisation (exemple du blé individualisé lorsqu'il est mis en sacs marqués au nom de l'acheteur. Avant l'acheteur n'est qu'un simple créancier du transfert de propriété) ;
– la vente d'une chose future ne peut transférer la propriété que le jour où la chose existera (exemple de la vente à terme, la vente sur plan d'un immeuble[2]).

BIBLIOGRAPHIE

BLANLUET (G.), « Le moment du transfert de la propriété », in *1804-2004, Le Code civil ? Un passé, un présent, un avenir*, 2004, Dalloz, p. 409 et s.

CHAZAL (J.-P.) et VICENTE (S.), « Le transfert de propriété par l'effet des obligations dans le Code civil », RTD civ. 2000, p. 477.

ZENATI-CASTAING (F.), « Le transfert de propriété par l'effet des obligations », RTD civ. 1994, p. 132.

2. C. civ., art. 1601-2 : « *La vente à terme est le contrat par lequel le vendeur s'engage à livrer l'immeuble à son achèvement, l'acheteur s'engage à en prendre livraison et à en payer le prix à la date de livraison. Le transfert de propriété s'opère de plein droit par la constatation par acte authentique de l'achèvement de l'immeuble ; il produit ses effets rétroactivement au jour de la vente* ».

CHAPITRE 5

L'acquisition de la propriété par occupation

L'occupation est un moyen d'acquérir une chose en en prenant volontairement et matériellement possession (« en mettant la main dessus »), c'est-à-dire avec l'intention d'en devenir effectivement le propriétaire.

Pour certains auteurs, l'occupation repose, comme l'acquisition instantanée des meubles, sur la possession. Pour d'autres, elle s'en distingue, car la possession s'applique à des choses appropriées alors que l'occupation fait naître le droit de propriété de choses non appropriées.

Juridiquement, l'occupation se définit comme étant l'appréhension volontaire des biens mobiliers corporels n'ayant pas de propriétaire ou de possesseur actuel en vue de leur appropriation. De ce fait, les choses pouvant être acquises par occupation sont les *res nullius*, c'est-à-dire tout d'abord les choses que personne ne s'est encore appropriées. Contrairement aux choses communes, ces biens ne sont pas réservés à l'usage de tous et chacun peut s'en emparer, en principe, sans restriction, car au moment où on les envisage elles n'appartiennent à personne. La première personne qui fait acte de maître à leur égard en devient propriétaire par occupation.

S'ajoutent dans cette catégorie des choses sans maître (section 1) les choses qui ont été abandonnées par leur propriétaire. L'abandon fait disparaître le droit de propriété sur ces choses, qui dès lors sont susceptibles d'appropriation par occupation.

Il arrive aussi que des choses mobilières aient eu un propriétaire, mais que celui-ci en ait perdu la possession, qu'il les ait perdues ou qu'il en ait oublié l'existence. Ces choses peuvent être aussi acquises par occupation (section 2).

Section 1
L'occupation des choses sans maître

Toutes les choses sans maître ne sont pas susceptibles d'appropriation par occupation.

Seuls les meubles vacants peuvent faire l'objet d'une occupation. Les immeubles sont systématiquement appropriés par application des articles 539 et 713 du Code civil. L'article 539 prévoit que « *les biens des personnes qui décèdent sans héritiers ou dont les successions sont abandonnées appartiennent à l'État* ». Cela vise les successions des personnes qui n'avaient pas d'héritiers et celles auxquelles les héritiers ont renoncé. L'article 713 indique quant à lui que « *les biens qui n'ont pas de maître appartiennent à la commune sur le territoire de laquelle ils sont situés* ». Il concerne les immeubles qui ont fait l'objet d'un abandon de la part de leur propriétaire ou dont le propriétaire n'est pas identifié. Ils deviennent la propriété de la commune de leur situation. Si la commune renonce à exercer ses droits, la propriété est transférée de plein droit à l'État.

Il y a également des biens qui ne sont pas susceptibles d'appropriation privée parce qu'ils servent à l'usage de tous. Selon l'article 714 du Code civil, ces choses communes, comme l'eau ou l'air, n'appartiennent à personne et leur usage est commun à tous. Ces biens ne sont donc susceptibles d'appropriation privée, par occupation, que dans des quantités et conditions précises[1] et qui ne doivent pas gêner l'usage de tous sur ces choses.

Sont en revanche susceptibles d'appropriation par occupation les meubles qui n'ont pas de maître, soit qu'ils n'aient jamais été appropriés, tels les produits de la chasse et de la pêche, soit qu'ils aient été abandonnés par leur maître.

1. LES PRODUITS DE LA CHASSE ET DE LA PÊCHE

Ces biens, *res nullius*, sont susceptibles d'appropriation par occupation : les animaux sauvages et libres (par opposition aux animaux domestiques et aux animaux sauvages en captivité) appartiennent à celui qui les a capturés :

- le ***gibier*** est en principe acquis à celui qui l'a tué, même si la chasse est entreprise sur le terrain d'autrui et même si celle-ci constitue alors une infraction pénale. Le conflit apparaît quand celui qui ramasse le gibier n'est pas celui qui l'a tué :
  - si le chasseur tue ou blesse mortellement le gibier et que l'animal n'a aucun moyen de se déplacer, le chasseur devient propriétaire et quiconque s'en emparerait serait poursuivi pour vol du bien d'autrui,
  - si le chasseur blesse seulement l'animal et que celui-ci a pu s'enfuir, toute personne qui le ramasse en devient propriétaire par occupation ;
- le pêcheur acquiert la propriété des ***poissons*** par leur capture, en vertu du droit d'occupation. En revanche, l'occupation n'est pas applicable au poisson pêché dans des eaux privées, qui continue d'appartenir au propriétaire de ces eaux.

2. LES CHOSES ABANDONNÉES (*RES DERELICTAE*)

Ce ne sont pas des choses égarées par leur propriétaire, mais volontairement abandonnées. Le propriétaire renonce volontairement à son droit de propriété. L'abandon d'un meuble suppose l'intention jointe à un fait matériel de dessaisissement ; à défaut de cette intention, la chose serait perdue et ne cesserait pas d'appartenir à son propriétaire.

---

1. C. civ., art. 714 : « *Des lois de police règlent la manière d'en jouir* ».

De même, la Cour de cassation a affirmé, sans toutefois le justifier, que les objets laissés dans une sépulture ne sont pas abandonnés.

On peut noter que la loi est intervenue pour limiter les possibilités d'abandon, notamment des voitures sur le bord de la route. Le propriétaire ne cesse pas par l'abandon seul d'être considéré comme propriétaire au regard de l'administration qui peut le mettre en demeure de reprendre son véhicule avant de le vendre ou de le détruire.

La première personne qui s'empare d'une chose abandonnée en devient propriétaire par occupation. Ainsi en est-il du chiffonnier qui devient propriétaire des choses trouvées dans une décharge.

Lorsque la chose est une œuvre d'art qui a été détruite par son auteur et abandonnée, la personne qui s'en est emparée n'a droit qu'aux morceaux lacérés : elle ne pourrait pas reconstituer et exposer une œuvre que l'artiste, usant de son droit moral, a voulu faire disparaître. Plus largement, l'occupant n'acquiert que l'objet matériel et non pas le droit de propriété littéraire ou artistique : il ne peut donc pas exploiter l'œuvre par la reproduction.

Il est important de savoir si une chose est ou non une chose sans maître, non seulement en matière civile, mais aussi en matière pénale :

- ***en droit civil,*** l'appropriation de la chose n'aura lieu par occupation que si le meuble n'appartient à personne. Dans le cas contraire, la personne qui s'en empare n'en acquiert pas la propriété, que n'a pas abandonnée le propriétaire. Par exemple, un chiffonnier devient le propriétaire des choses sans valeur contenues dans une poubelle, mais il n'acquerrait pas la propriété de cuillères en argent jetées par mégarde avec les ordures ménagères. Il faut bien distinguer les cas où la chose a été volontairement abandonnée *(res derelicta)*, perdue (épave) ou involontairement oubliée (trésor) ;
- ***en droit pénal,*** le fait de s'emparer de la chose d'autrui est un vol, au contraire, l'occupation d'une *res derelicta* est licite.

Section 2

L'occupation des choses sans possesseur

Dans cette seconde hypothèse, le propriétaire de la chose n'a pas désiré abandonner son droit de propriété. La chose a bien un maître, mais, au moment où elle est trouvée, elle n'est plus en sa possession et il n'est pas identifié. Il s'agit des choses dont quelqu'un est peut-être le propriétaire, mais qui sont dépourvues de possesseur actuel.

Ces choses sans possesseur concernent deux catégories de biens :

- les biens mobiliers découverts sans qu'on puisse les attribuer à un propriétaire qui vraisemblablement n'existe plus. Il s'agit des trésors autrefois cachés par leur propriétaire et dont les héritiers ignorent jusqu'à l'existence ;
- les objets que leur propriétaire a égarés ou dont il a dû momentanément se séparer sous l'empire de la nécessité. Ce sont juridiquement des épaves qui peuvent être attribuées à celui, l'inventeur, qui les trouve.

1 • LES TRÉSORS

Le trésor, bien que n'ayant pas fait l'objet d'un abandon volontaire, se trouve pratiquement dans la même situation que les choses abandonnées, parce que par définition nul ne peut établir qu'il en est propriétaire. En revanche, son attribution obéit à des règles particulières.

A - La définition du trésor

Selon l'article 716 alinéa 2 du Code civil, « *le trésor est toute chose cachée ou enfouie sur laquelle personne ne peut justifier sa propriété, et qui est découverte par le pur effet du hasard* ». Trois conditions découlent de cette définition :

– ***une « chose » mobilière :*** cette condition n'est pas exigée par le Code civil qui emploie uniquement le terme « chose », mais par la jurisprudence. En revanche, aucune liste exhaustive de choses mobilières pouvant constituer un trésor n'est établie. Il s'agit de biens précieux comme des pièces d'or, des tableaux, des fossiles... ;
– ***« Cachée ou enfouie » :*** cette exigence exclut les objets tombés à la surface du sol ou égarés (ce sont alors des épaves), mais englobe les objets contenus aussi bien dans un immeuble que dans un meuble. Le Code est également indifférent à la nature de la chose et à son lieu de dissimulation (pour exemples : des pièces d'or ou bijoux dans le tiroir secret d'un bureau ; des billets de banque dans les pages d'un vieux livre ; des pièces d'or enfermées dans une cavité creusée dans une pierre de taille ; des lingots et titres au porteur dissimulés dans une cuisinière à gaz). Mais sont exclues les matières précieuses qui seraient trouvées dans la terre (elles ne sont pas distinctes du fonds et appartiennent au propriétaire de celui-ci) ;
– ***« Sur laquelle personne ne peut justifier sa propriété » :*** la chose n'est pas une *res nullius* puisqu'elle a un propriétaire, seulement ce propriétaire est inconnu et il y a peu de chance qu'on le connaisse un jour, ce qui distingue le trésor de l'épave. Si quelqu'un parvient à faire la preuve de son droit de propriété, il peut exercer une action en revendication mobilière, celle-ci étant insusceptible de prescription, et s'il réussit, le prétendu trésor n'aura pu être acquis par occupation. L'identification du propriétaire d'un bien précieux découvert par hasard exclut la qualification de trésor.

Aucune autre condition n'est requise, bien que l'article 716 du Code civil paraisse exiger que la découverte soit le pur effet du hasard. En réalité, le meuble enfoui ou caché reste un trésor même s'il fait l'objet de fouilles méthodiques pour être découvert. Cette circonstance n'a d'importance que pour l'attribution du trésor.

B - L'attribution du trésor

L'article 716 du Code civil, reprenant la définition du trésor donnée par des auteurs romains, fait application d'une règle édictée par l'empereur Hadrien : « *La propriété d'un trésor appartient à celui qui le trouve dans son propre fonds ; si le trésor est trouvé dans le fonds d'autrui, il appartient pour moitié à celui qui l'a découvert, et pour l'autre moitié au propriétaire du fonds.* »

Il faut donc distinguer plusieurs hypothèses :

- si le trésor est découvert par le propriétaire du fonds, il lui appartient ;
- si le trésor est découvert par une personne autre que le propriétaire du fonds, deux cas doivent être dissociés :
  - si la découverte est le pur effet du hasard, le trésor est partagé par moitié entre l'inventeur (celui qui trouve le trésor) et le propriétaire du fonds. Si l'inventeur se l'appropriait en entier il commettrait un vol de la moitié appartenant au propriétaire. Celui-ci recueille une moitié car vraisemblablement il a appartenu à un de ses auteurs et il l'aurait probablement découvert lui-même un jour,
  - si le trésor n'est pas découvert par hasard mais à la suite de fouilles intentionnelles entreprises avec ou sans le consentement du propriétaire, l'inventeur n'a aucun droit. S'il a agi avec le consentement du propriétaire du fonds, sur ses ordres le trésor appartient au propriétaire ; s'il a agi sans son consentement, il commet un acte frauduleux sur la propriété d'autrui.

Toutefois, si les objets découverts intéressent la préhistoire, l'art, la numismatique ou l'archéologie..., la loi n° 2016-925 du 7 juillet 2016 introduit un article L. 541-1 dans le Code du patrimoine qui énonce : « *les biens archéologiques immobiliers appartiennent à l'État dès leur mise au jour à la suite d'opérations archéologiques ou en cas de découvertes fortuites* ». Pour ce qui est des biens archéologiques mobiliers la même loi exclut l'application des articles 552 et 716 du Code civil et pose une présomption d'appartenance de ces biens à l'État dès leur mise à jour ou dès la découverte de leur intérêt scientifique pour les découvertes fortuites. Les fouilles archéologiques elles-mêmes sont réglementées par la loi.

2• LES ÉPAVES

On entend par ce terme toutes choses mobilières égarées ou enlevées de façon fortuite à leur propriétaire. L'article 717 alinéa 2 du Code civil vise notamment les « *choses perdues dont le propriétaire ne se représente pas* ».

Les épaves ne constituent pas des *res derelictae*, car le plus souvent elles n'ont pas été volontairement abandonnées. Le propriétaire de l'épave, en en perdant le *corpus*, en a perdu la possession, mais pas son droit de propriété, alors que l'abandon entraîne la perte non seulement de la possession, mais aussi de la propriété.

Comme le trésor, les épaves ont un maître, mais, à la différence du trésor, elles ne sont pas enfouies, ni cachées, et leur propriétaire est susceptible de se révéler un jour. En fait il n'a pas renoncé à sa propriété, souvent il ignore qu'il a perdu sa chose. Un exemple classique d'épave est celui du portefeuille trouvé dans la rue.

Le propriétaire qui a perdu la possession de sa chose peut la revendiquer, puisque le droit admet la revendication en cas de perte fortuite. C'est pourquoi les épaves ne sont pas attribuées immédiatement à l'inventeur. Mais, en fait, le propriétaire est souvent dans l'impossibilité de réclamer l'épave, car il ignore ce qu'elle est devenue : le propriétaire ne conserve pas ses droits indéfiniment, il faudra liquider la situation et la solution consistera à attribuer la propriété définitive de l'épave à l'inventeur. L'invention des épaves apparaît comme un mode d'acquisition assez voisin de l'occupation.

Le régime juridique des épaves est différent selon qu'il s'agit d'épave maritime, fluviale ou terrestre.

A - Les épaves maritimes

Ce sont généralement des objets ou restes d'un bateau jetés à la mer à la suite d'un naufrage. Leur attribution est régie par des lois particulières, prévues par l'article 717 du Code civil, qui tendaient initialement à favoriser l'État. Une loi du 24 novembre 1961 a imposé des limitations au droit de propriété dans l'intérêt du sauvetage des épaves et des sanctions pénales contre le détournement ou le recel des épaves maritimes. À la découverte de l'épave, une notification ou publicité est organisée pour tenter de retrouver le propriétaire. Si, après un délai de trois mois, les épaves ne sont pas réclamées par le propriétaire, elles sont vendues par l'administration des domaines : le prix est acquis au Trésor au terme d'un délai de cinq ans (ou immédiatement en cas de déchéance du propriétaire ou d'abandon).

Les biens culturels maritimes sont attribués à l'État moyennant le versement à leur inventeur d'une récompense.

B - Les épaves fluviales

Sont considérés comme des épaves fluviales les biens trouvés dans les cours d'eau domaniaux. Elles doivent être vendues dans le mois qui suit leur découverte et le prix est acquis à l'État si, dans le mois de la vente, les propriétaires ne se manifestent pas.

C - Les épaves terrestres

Ce sont toutes les choses trouvées dans des lieux publics ou sous terre, mais non enfouies intentionnellement, ou dans des cours d'eau ni navigables, ni flottables.

L'article 717 alinéa 2 du Code civil dispose que les droits sur ces « *choses perdues dont le propriétaire ne se représente pas* » sont réglés par des lois particulières qui ne concernent que des cas spéciaux, comme par exemple celui des objets abandonnés chez les hôteliers ou des objets laissés dans les greffes à l'occasion des procès civils ou criminels. En dehors de ces cas, les épaves terrestres sont soumises au droit commun des choses perdues[2]. Tout objet trouvé dans un endroit public doit donner lieu à une déclaration et être déposé à la mairie, au commissariat ou au bureau des objets trouvés. Celui qui trouve un objet n'a pas le droit de se l'approprier, sinon il commet un vol. Au bout d'un an et un jour, les objets non réclamés sont restitués à l'inventeur, mais celui-ci ne devient pas propriétaire par cette restitution administrative, mais seulement possesseur. Or la possession est un autre mode d'acquisition de la propriété.

---

2. V. *infra*, p. 125.

CHAPITRE 6

L'acquisition de la propriété par possession

La possession permet l'acquisition de la propriété, pourtant elle n'est à l'origine qu'un pouvoir de fait exercé par une personne sur une ou plusieurs choses. Le possesseur a la maîtrise d'un bien sans même en avoir la propriété, même si le plus souvent pouvoir de fait (possession) et pouvoir de droit (propriété) coexistent sur un même bien.

La possession est « *un rapport de fait entre une chose et une personne, par lequel cette personne a la possibilité d'accomplir sur cette chose, personnellement ou par l'intermédiaire d'un tiers, des actes qui, dans leur manifestation extérieure, correspondent à l'exercice d'un droit, qu'elle soit ou non titulaire régulière de ce droit* »[1].

La possession permet à elle seule de procurer au possesseur certains avantages juridiques. Pour cela, il faut que le possesseur ait la volonté de se conduire comme l'aurait fait le véritable titulaire du droit réel, le propriétaire. Elle permet notamment, à plus ou moins long terme, d'accéder à la propriété. En effet, cette situation de fait peut être génératrice de droit : celui qui possède un bien, selon un délai plus ou moins long selon la nature mobilière ou immobilière du bien considéré, en devient propriétaire.

Le domaine de la possession : tous les droits réels sont susceptibles de possession. Mais seules les choses corporelles le sont :

– ***les droits susceptibles de possession*** : à l'origine, en droit romain, seul le droit de propriété pouvait faire l'objet de possession. Il y avait en réalité une confusion du droit de propriété avec la chose même sur lequel ce droit portait. La possession apparaissait comme un pouvoir physique, quelque chose de matériel, et la possession n'était possible que sur les choses corporelles. Il y avait « possession de la chose », mais comprise comme la possession du droit de propriété de la chose.
  Par la suite, la distinction a été réalisée entre le droit réel et la chose sur lequel il porte et on a donc admis la possession du droit de propriété.
  Aujourd'hui, le Code civil admet, à quelques exceptions près, la possession de tous les droits réels principaux (usufruit, servitude à la condition que celle-ci soit continue et apparente, comme une servitude de vue réglementée par la loi[2]). Les droits réels accessoires sont également susceptibles de possession, mais à la condition qu'ils permettent à leur titulaire d'exercer un pouvoir de fait sur la chose sur laquelle ils

---

1. Terré (F.) et Simler (Ph.), *Droit civil, Les biens*, 9e éd., 2014, Dalloz, p. 157, n° 151.
2. V. *infra*, p. 202.

portent. Il faut donc qu'ils portent sur une chose corporelle déterminée et pouvant faire l'objet d'un droit privatif ;

– ***les choses sur lesquelles s'exerce la possession***. Ce sont toutes les choses corporelles susceptibles d'une emprise matérielle, aptes à être objet d'un droit. Il existe cependant deux restrictions :
  - la possession peut s'exercer aussi bien sur un meuble que sur un immeuble, à la condition qu'on puisse l'individualiser. En effet, la possession n'est pas possible sur un ensemble de biens formant une universalité, tel un fonds de commerce ou une succession. Il est seulement possible de faire des actes de possession sur les éléments qui les composent séparément,
  - la chose doit être susceptible d'appropriation privée : les biens du domaine public sont donc insusceptibles de possession, tout comme les choses communes. L'article 2260 du Code civil empêche de prescrire « *les biens ou les droits qui ne sont pas dans le commerce* ».

Les intérêts de la possession : on peut se demander pourquoi le droit attache des conséquences juridiques au simple fait de se comporter comme un propriétaire. Ceci s'explique de plusieurs façons :

– tout d'abord, par le fait que le plus souvent propriété et possession coïncident (l'efficacité accordée à la possession assure la protection du propriétaire lui-même et notamment, la preuve de la propriété étant quasi-impossible, la preuve de la possession pallie cette difficulté) ;

– de plus, en protégeant le possesseur contre les actes du propriétaire qui voudrait récupérer son bien, le législateur tend à empêcher les actes de violence, à faire régner la paix publique. Goethe avait déjà affirmé que « mieux vaut une injustice (la protection d'un non-propriétaire, le possesseur) qu'un désordre (la violence faite au possesseur) » ;

– en décidant que la possession fait acquérir la propriété, le législateur entend aussi protéger l'intérêt des tiers en garantissant la sécurité des relations juridiques. En faisant triompher l'apparence (la possession) sur la réalité (le droit de propriété), il permet que les tiers qui ont cru traiter avec le véritable propriétaire soient protégés. Ils deviendront propriétaires soit par leur propre possession, soit par la possession de leur auteur ;

– enfin, on considère qu'il est légitime de protéger celui qui exploite la chose plutôt que celui qui s'en désintéresse et n'est pas considéré comme économiquement intéressant. La fonction sociale de la propriété est consacrée, puisqu'on privilégie celui qui la respecte en exploitant le bien, plutôt que celui qui n'en a que la titularité.

Les effets juridiques de la possession : ils ont été pendant longtemps de trois ordres :

– ***l'effet probatoire de la possession*** : la possession peut procurer au possesseur des facilités de preuve pour l'établissement du droit qu'il prétend avoir. Elle fait présumer l'existence du droit possédé. Le possesseur est présumé titulaire du droit sur la chose possédée. Il a alors le rôle privilégié de défendeur dans un procès en revendication. En effet, c'est à celui qui revendique la propriété de prouver qu'il est lui-même propriétaire. Compte tenu de l'extrême difficulté de prouver la propriété, la présomption accordée au possesseur est le plus souvent déterminante ;

– ***l'effet protecteur de la possession*** : la possession d'un immeuble était protégée par trois actions en justice, appelées actions possessoires, destinées à faire cesser

tout trouble de fait ou de droit. Elles permettaient au possesseur de se maintenir en possession quand il était troublé par les prétentions d'un tiers (la complainte et la dénonciation de nouvel œuvre) ou de s'y faire remettre s'il avait été dépouillé (la réintégration). Jugées trop complexes et inutiles, elles ont été supprimées par la loi n° 2015-177 du 16 février 2015 relative à la modernisation et à la simplification du droit dans les domaines de la justice et des affaires intérieures qui a abrogé l'article 2279 du Code civil qui les traitait. L'article 2278, qui n'a pas été abrogé, maintient le principe selon lequel « *la possession est protégée, sans avoir égard au fond du droit, contre le trouble qui l'affecte ou la menace* » mais désormais la procédure en référé devra être utilisée si les conditions en sont réunies, c'est-à-dire en cas d'urgence, d'un dommage imminent ou d'un trouble manifestement illicite ;
- ***l'effet créateur de la possession*** : la possession peut aller jusqu'à rendre le possesseur titulaire des droits réels sur la chose possédée.

Pour pouvoir remplir son rôle acquisitif ou créateur de droit (section 2), la possession doit remplir plusieurs conditions (section 1).

Section 1
Les conditions de la possession

La notion de possession doit être distinguée de situations juridiques qui y ressemblent et appréhendée à travers ses deux éléments constitutifs. Mais si ces deux éléments sont indispensables à l'existence de la possession, leur présence ne suffit pas : il faut également que la possession ne soit pas entachée de certains vices dont la présence détruirait les qualités nécessaires à une possession utile.

1 • LA NOTION DE POSSESSION

Avant la loi n° 2008-561 du 17 juin 2008 ayant réformé la prescription civile, la possession était réglementée dans le Code civil par deux séries d'articles, les articles 2228 à 2235 relatifs à la prescription et les articles 2279 et 2280 concernant la possession mobilière. Ce découpage montrait qu'il n'existait pas dans le code de théorie générale de la possession. Depuis la réforme du 17 juin 2008, les articles relatifs à la possession se trouvent regroupés dans un titre unique du code : le titre XXI intitulé « De la possession et de la prescription acquisitive » et constitué des articles 2255 à 2278 (l'article 2279 ayant été abrogé par la loi n° 2015-177 du 16 février 2015 relative à la modernisation du droit).

Il faut signaler toutefois que malgré l'apparente simplification des choses, la rédaction des articles et leur place dans les différents chapitres du titre ont introduit quelques incertitudes juridiques que nous signalerons plus loin.

Le titre XXI commence, dans ses « Dispositions générales », par donner une définition de la possession. Il définit la possession comme « la détention ou la jouissance d'une chose ou d'un droit que nous tenons ou que nous exerçons par nous-mêmes, ou par un autre qui la tient ou qui l'exerce en notre nom ». Pourtant, cette définition n'est pas suffisante. Bien plus, elle est source d'ambiguïté, car elle tend à confondre deux notions pourtant juridiquement distinctes : la possession et la détention. Pour appréhender cette notion difficile, il faut en présenter les éléments constitutifs et ses frontières avec des notions proches mais différentes.

A - Les éléments constitutifs de la possession

Reflet de la propriété, la possession suppose à la fois une maîtrise matérielle sur une chose mobilière ou immobilière et la volonté d'exercer cette emprise en qualité de titulaire du droit réel. À un élément matériel, le *corpus*, s'ajoute un élément intentionnel, l'*animus*.

1) L'élément matériel : le corpus

Le *corpus* peut se définir comme la maîtrise sur la chose possédée, comme l'appréhension matérielle de la chose. C'est le fait de tenir la chose en son pouvoir, de l'utiliser, de percevoir ses fruits ou ses revenus, d'en assurer les charges, c'est-à-dire le fait d'exercer les actes matériels qui correspondent au droit.

La possession ne peut donc s'établir que par des actes matériels d'occupation réelle, comme habiter ou récolter les fruits d'un immeuble. Certains auteurs estiment cette vision matérialiste trop restrictive et considèrent que l'exercice de droits sur le bien devrait être également admis comme constitutif du *corpus*. La jurisprudence s'y oppose tout en refusant de durcir les conditions de la possession. Elle a plusieurs fois précisé que pour caractériser la possession d'un fonds, il faut accomplir des actes civils et physiques. L'accomplissement de seuls actes juridiques ne suffit pas (par exemple le seul paiement de l'impôt, la signature d'un contrat de bail portant sur la chose ou une action en revendication) car ils peuvent être réalisés par d'autres que le possesseur.

En revanche, le possesseur n'est pas obligé de réaliser en personne les actes matériels correspondant au *corpus*. Ces actes peuvent être effectués par le possesseur lui-même ou par un tiers. L'article 2255 du Code civil prévoit qu'il est possible d'exercer la possession « *par un autre qui la tient ou qui l'exerce en notre nom* ». La possession, qualifiée de « possession *corpore alieno* », est réalisée par l'intermédiaire d'un tiers étranger qui agit pour le compte du possesseur. Ainsi en est-il quand un propriétaire donne son immeuble à bail ou le prête à un tiers : il en a la possession même dans son élément matériel car il le possède par l'intermédiaire du locataire ou de l'emprunteur. En donnant sa chose à bail il a fait sur elle ou à son sujet un acte de jouissance, de mise en exploitation, qui caractérise le *corpus*. De même, l'acquéreur, qui ne prend pas possession matériellement de la chose, possède par l'intermédiaire de son vendeur qui la conserve jusqu'à sa délivrance.

2) L'élément intentionnel : l'animus

L'*animus*, c'est-à-dire l'esprit de possession, réside dans la volonté de se comporter comme le véritable titulaire du droit sur la chose possédée (en matière de droit de propriété on parle d'*animus domini*, d'âme de maître). C'est lui qui permet de distinguer la possession de la simple détention.

Cet élément psychologique n'est pas la conviction d'être titulaire du droit, mais l'intention de se comporter comme tel. Peu importe que le possesseur sache qu'il ne l'est pas. L'*animus* ne se confond pas avec la bonne foi. Le voleur sait pertinemment que le bien qu'il détient ne lui appartient pas, il a pourtant l'intention de se comporter comme son véritable propriétaire. Il en est le possesseur, mais de mauvaise foi. La bonne foi n'est pas exigée comme condition d'existence de la possession, elle n'est qu'un élément qui permet de réduire, voire d'annuler, le délai de prescription permettant d'acquérir la propriété d'un bien[3].

La possession, quand elle a été acquise au moyen d'actes matériels de détention ou de jouissance accomplis *animo domini* (c'est-à-dire avec l'*animus*), peut se conserver par la seule intention du possesseur, *solo animo*. La possession ne peut produire ses effets, notamment acquisitifs, que si elle a été établie à l'origine par des actes matériels d'occupation réelle, mais elle « se conserve tant que le cours n'en est pas interrompu ou suspendu ». Le corpus et l'animus doivent être réunis au commencement de la possession mais l'animus peut ensuite suffire pour sa poursuite. La Cour de cassation subordonne cette possession à une double condition : l'absence de renonciation expresse ou tacite et l'exercice de la possession de façon continue.

La difficulté de l'*animus*, expression de l'intention d'une personne, réside dans sa preuve. Pour faciliter sa recherche, le législateur a posé une présomption d'existence de cet élément intentionnel, puisqu'en vertu de l'article 2256 du Code civil, « *on est toujours présumé posséder pour soi, à titre de propriétaire* ». On a vu que cela signifie que, lorsqu'une personne à la détention matérielle d'une chose, on présume que c'est en tant que possesseur et non simple détenteur. La possession étant présumée, il faut en déduire que l'*animus* est présumé. Cette présomption reste simple, la preuve contraire pouvant être rapportée.

B - La distinction entre possession, propriété apparente et détention précaire

Le fait de se comporter en propriétaire ne permet pas de caractériser le droit en vertu duquel on dispose de la chose. Or la possession, au sens juridique, doit être distinguée de situations se manifestant matériellement de la même façon : la propriété apparente et la détention.

1) La propriété apparente et la possession

Le propriétaire apparent d'une chose est celui qui aux yeux des tiers passe pour le véritable propriétaire, alors qu'en réalité la chose ne lui appartient pas. C'est par exemple la situation de l'héritier apparent qui au moment d'un décès est entré en possession des biens du défunt parce qu'il en était le plus proche parent, alors qu'en fait il n'était pas destiné à en hériter, leur propriété étant attribuée, par testament, à une autre personne.

La question s'est posée de savoir si on pouvait admettre la validation des actes passés avec le propriétaire apparent par les tiers que l'apparence a trompés. Le problème ne se pose pas à propos du propriétaire apparent, obligé de restituer les biens au véritable

3. V. *infra*, p. 123 et s. et 128 et s.

propriétaire qui les revendique, mais pour les actes qu'il a réalisés entre-temps. Les tiers qui ont traité avec un propriétaire apparent peuvent-ils devenir propriétaires ou titulaires d'un droit réel, alors qu'ils ne tiennent pas leurs droits du véritable propriétaire ? Par application de la maxime *error communis facit jus*, la jurisprudence a admis, depuis 1897, que l'apparence était susceptible de produire des effets dans le domaine des droits réels et spécialement du droit de propriété. La théorie de l'apparence offre un titre d'acquisition légale au sous-acquéreur à titre onéreux. La jurisprudence justifie cette solution par des considérations économiques et sociales :

- la sécurité des transactions exige qu'une acquisition en apparence régulière ne puisse pas être remise en question ;
- la règle protège aussi les véritables propriétaires eux-mêmes. Sans elle, les acquéreurs hésiteraient à traiter ou réclameraient des justifications sans nombre.

Il n'en demeure pas moins que cette solution paraît contraire au principe selon lequel nul ne peut donner ce qui ne lui appartient pas *(nemo plus juris ad alium transferre potest quam ipse habet)*, principe que l'article 1599 du Code civil traduit par la nullité de la vente de la chose d'autrui. Le propriétaire apparent ne peut transférer valablement la propriété d'un bien dont il n'est pas le titulaire. Cette règle s'oppose donc à l'application de la théorie de la propriété apparente. L'antinomie entre les deux règles est levée quand on considère que ce n'est pas l'effet de la volonté du propriétaire apparent qui transfère la propriété mais la loi elle-même. La loi peut opérer un tel transfert. L'acquisition de la propriété est une acquisition *lege*. Parce qu'elle permet l'acquisition de la propriété et corrélativement la dépossession du véritable propriétaire de son droit, cette théorie de l'erreur commune ne s'applique en matière de propriété qu'à des conditions très strictes. La propriété apparente ne produit ses conséquences juridiques que si les tiers ont cru à la qualité de propriétaire de celui qui en présente les apparences. Il s'agit d'une institution destinée à protéger les tiers de bonne foi, c'est-à-dire ceux qui ont cru traiter avec le véritable propriétaire. À cette condition de bonne foi s'ajoute la nécessité d'une erreur commune (ce qui signifie que non seulement l'acquéreur du bien se soit trompé, mais que n'importe qui aurait pu se tromper) et invincible.

Propriétaire apparent et possesseur se conduisent comme s'ils étaient les propriétaires, mais en réalité leurs situations diffèrent :

- le propriétaire apparent n'est jamais le véritable propriétaire, alors que le plus souvent le possesseur se trouve être également le propriétaire de la chose possédée ;
- les effets de la possession vont profiter au possesseur, alors qu'en cas de propriété apparente, la loi protège les tiers de bonne foi.

2) La détention précaire et la possession

Le possesseur se comporte en maître sur la chose ; mais d'autres que lui exercent aussi cette maîtrise, sans être propriétaires, ni titulaires d'un autre droit réel : ce sont les détenteurs.

Le Code civil distingue la détention du possesseur et ce qu'il appelle la « détention précaire » (parfois « possession précaire »), à laquelle il est fait allusion à l'article 2266[4].

a) La définition de la détention précaire

Le détenteur précaire est celui qui a un pouvoir de fait sur une chose mais pour un temps limité (art. 2266 celui qui détient précairement la chose), car la chose lui a été remise par le propriétaire lui-même à la charge de la lui restituer. La détention précaire traduit le fait de détenir une chose pour le compte d'autrui.

À la différence du possesseur, le détenteur n'est donc jamais propriétaire. Il a sur la chose un pouvoir juridique qui découle du contrat en vertu duquel la chose lui a été conférée (par exemple : contrat de location, de dépôt ou de prêt). Cet acte vaut de la part du détenteur reconnaissance de la propriété d'autrui : ce titre prouve que le détenteur n'est pas propriétaire. Le détenteur peut simplement exercer certains actes d'usage ou de jouissance sur la chose, il ne prétend pas se conduire comme s'il en était le propriétaire. Il possède pour le compte d'autrui, c'est-à-dire le propriétaire qui est le possesseur du droit de propriété. Rien n'empêche en effet ce dernier d'exercer sa possession par l'intermédiaire d'un tiers, c'est-à-dire d'un détenteur précaire (comme le locataire, expressément cité à titre d'exemple par l'article 2266).

La détention est fondée en principe par un acte juridique. L'article 2266 cite comme détenteurs précaires possibles le locataire, le dépositaire ou l'usufruitier. Sont aussi simples détenteurs l'emphytéote[5], le titulaire d'une servitude, ou toute autre personne qui a reçu la chose d'autrui en gage ou nantissement ou en vertu d'un contrat de prêt.

La détention peut aussi parfois être fondée sur une simple tolérance (par exemple, dans le cadre d'une relation de bon voisinage, le propriétaire d'un fonds peut accepter qu'un tiers exploite une partie de celui-ci). L'acte ou la tolérance rendent impossible d'assimiler la détention à la possession car il manque une des conditions de base de l'existence de la possession qui est la volonté de se comporter comme si on était propriétaire.

b) Les effets de la détention précaire

La détention précaire ne produit pas les mêmes effets que la possession. Elle ne conduit pas à la propriété. Quel que soit le temps pendant lequel le détenteur détiendra la chose, il n'en deviendra jamais propriétaire.

En revanche, le détenteur précaire bénéficie en principe des actions qui protègent la possession. L'article 2278 alinéa 2 du Code civil prévoit en effet que la protection possessoire, accordée au possesseur, « *est pareillement accordée au détenteur contre tout autre que celui de qui il tient ses droits* ». Mais tout comme le possesseur, il est désormais dépourvu des actions possessoires qui ont été supprimées par la loi n° 2015-177 du 16 février 2015 relative à la modernisation du droit.

---

4. « *Ceux qui possèdent pour autrui ne prescrivent jamais par quelque laps de temps que ce soit. Ainsi, le locataire, le dépositaire, l'usufruitier et tous les autres qui détiennent précairement la chose du propriétaire, ne peuvent la prescrire.* »
5. V. *infra*, p. 231.

c) La preuve de la possession et de la détention précaire

Leurs droits n'étant pas identiques, il importe de savoir distinguer les détenteurs des véritables possesseurs. Or rien ne permet de savoir, quand une personne exerce sur une chose des actes ordinaires d'usage et de jouissance, si elle agit en tant que possesseur de la propriété de cette chose ou en tant que simple détenteur précaire. Pour surmonter cette difficulté de preuve de la qualité de détenteur ou de possesseur, la loi a prévu deux présomptions aux articles 2256 et 2257 du Code civil.

1. La présomption de possession véritable ou présomption de non-précarité

En vertu de l'article 2256 du Code civil, « *on est toujours présumé posséder pour soi, et à titre de propriétaire, s'il n'est prouvé qu'on a commencé à posséder pour un autre* ». Cette disposition postule que lorsqu'une personne a la détention matérielle d'une chose et qu'elle prétend exercer un droit réel sur cette chose, on doit admettre qu'elle en a la possession. Sa détention est présumée exempte de précarité. Le détenteur du bien est présumé possesseur de celui-ci. C'est à l'adversaire de prouver le contraire, c'est-à-dire de prouver que la détention est précaire et qu'il ne s'agit pas d'une possession.

2. La présomption de perpétuité de la précarité

Elle est énoncée à l'article 2257 du Code civil selon lequel, « *quand on a commencé à posséder pour autrui, on est toujours présumé posséder au même titre, s'il n'y a preuve du contraire* ». Cette règle est la contrepartie de la précédente. Le détenteur d'un bien est présumé le rester tant que sa situation ne change pas.

Cette présomption peut être combattue par la preuve contraire. Ainsi, le détenteur présumé peut prouver qu'en réalité il est un possesseur en démontrant qu'il y a eu, de sa part, « interversion de titre », selon l'article 2268 du Code civil. S'il détient matériellement la chose, ce n'est plus en tant que détenteur précaire, en vertu d'un contrat, mais en tant que possesseur. Il doit faire la preuve qu'il a acquis l'élément qui manquait à la possession, l'*animus*, c'est-à-dire la volonté de se comporter comme un véritable propriétaire[6]. Le titre de propriétaire se substitue au titre de détenteur, il y a interversion.

Cette interversion de titre ne peut résulter d'un simple changement d'intention de la part du détenteur (par exemple, il ne suffit pas pour un locataire de vouloir se considérer comme propriétaire), ni du décès du détenteur (art. 2267 ; les héritiers d'un locataire ne deviennent pas, du seul fait du décès, possesseurs à titre de propriétaire ; l'obligation de restitution à la charge du locataire est transmise aux tiers qui demeurent de simples détenteurs précaires, même s'ils ignorent l'existence de cette obligation de restitution et croient posséder la chose pour leur propre compte).

Il existe deux cas d'interversion de titre :

- ***interversion du titre par le fait d'un tiers*** : le détenteur acquiert la propriété d'un tiers qui se fait passer pour le véritable propriétaire. Il y a substitution d'un titre de propriétaire à un titre de détenteur : le titre de la possession est donc interverti et rien ne s'oppose en principe à ce que la possession s'exerce désormais à titre de propriétaire.

  Il suffit que le détenteur ait été de bonne foi, ayant cru avoir acquis du véritable

6. V. *infra*, p. 114.

propriétaire et qu'un changement dans sa conduite corresponde au changement de titre (ainsi du locataire qui cesse de payer son loyer) ;

- ***interversion du titre par contradiction opposée au droit du propriétaire*** (C. civ., art. 2257) : cette interversion intervient lorsque le détenteur s'oppose à la reconnaissance du droit du propriétaire. Elle doit remplir deux conditions. D'une part, le détenteur doit manifester par un acte positif et non équivoque sa volonté de se comporter comme le véritable propriétaire (le locataire, ou le fermier, entreprend de gros travaux par exemple). Mais la Cour de cassation a indiqué que le fait que le locataire cesse de payer le loyer au propriétaire ne suffit pas à lui tout seul pour intervertir son titre. D'autre part, celui qui se prétend propriétaire ne doit pas réagir aux agissements du détenteur. À ces deux conditions, l'ancien détenteur détiendra désormais la chose à titre de possesseur.

2. LES CARACTÈRES DE LA POSSESSION

Compte tenu des effets de la possession, le droit ne peut se contenter de n'importe quelle situation de fait. L'article 2261 du Code civil énumère les qualités que doit avoir la possession pour être « utile », c'est-à-dire développer ses conséquences juridiques. La possession doit être continue, paisible, publique et non équivoque. L'article ajoute, à tort, qu'elle doit être non-interrompue et à titre de propriétaire. Or la non-interruption n'est pas une qualité de la possession. L'interruption est plus qu'un vice, c'est un acte par lequel le propriétaire arrête le cours de la prescription qui s'accomplit à son détriment. Si la possession est interrompue, elle cesse et disparaît. De la même façon, la précarité, visée par la formule « à titre de propriétaire », n'est pas un vice de la possession, mais une absence de possession. Si la personne ne possède pas à titre de propriétaire, elle n'a pas l'*animus*, et n'est donc qu'un détenteur précaire qui ne peut pas prescrire la propriété. La question de la qualité de propriétaire peut se poser en présence d'une copropriété. La Cour de cassation précise que les conditions de l'article 2261 sont plus difficiles à vérifier en copropriété, mais l'usucapion n'est pas interdite pour autant. Ainsi un copropriétaire ayant acquis un cabinet de kinésithérapie, aménagé privativement, non séparé en deux par un couloir, partie commune, a pu prescrire utilement (de manière continue, paisible, publique, non équivoque et à titre de propriétaire) pendant plus de trente ans en réalisant la jonction des possessions avec l'ancien propriétaire[7].

La possession utile est celle qui possède ces quatre qualités ou n'est pas affectée par certains défauts ou vices et mérite alors la protection du législateur. Ces caractères (continu, paisible, publique et non équivoque) correspondent en effet à l'absence de quatre vices (de discontinuité, de violence, de clandestinité et d'équivoque) qui s'opposent à la possession, l'empêchant d'être utile, c'est-à-dire d'avoir des effets juridiques.

---

7. Cass. 3e civ., 29 février 2012, n° 10-26738. Dans le même sens pour une terrasse, partie indivise, Cass. 3e civ., 4 avril 2012, n° 11-11139.

A - Le caractère continu de la possession

La continuité s'exprime à travers la réalisation régulière des actes qui caractérisent le *corpus*. Les actes normaux d'exploitation doivent être accomplis sans intervalles anormaux, comme le ferait le titulaire véritable du droit prétendu.

Aucune indication de temps n'est fournie par le législateur, les juges devant apprécier en fonction des circonstances et de la nature des biens le caractère anormal des périodes de cessation d'exécution d'actes matériels. Ils n'exigent pas du possesseur un contact permanent avec la chose, mais des actes de possession répétitifs et faits à des intervalles réguliers, « *dans toutes les occasions comme à tous les moments où elle devait l'être d'après la nature de la chose possédée, sans intervalles anormaux assez prolongés pour constituer des lacunes* ». L'idée de continuité est simple mais d'application parfois délicate, notamment en cas de possession *animo solo*.

Toute interruption prolongée implique donc la discontinuité.

Ce vice est un vice temporaire, qui disparaît quand la chose est à nouveau possédée de façon régulière et absolue, pouvant être invoqué contre le détenteur par tout intéressé qui conteste sa qualité de possesseur.

B - Le caractère paisible de la possession

La possession ne doit pas être obtenue en usant de violence.

Le vice de violence est réalisé par celui qui entre en possession et maintient sa possession par la violence, des voies de fait ou même de simples menaces contre celui qui possédait auparavant (C. civ., art. 2263, al. 1). La violence peut être aussi bien physique que morale lorsqu'elle se manifeste par des menaces ou des chantages. En revanche, ne constitue pas un vice la violence du possesseur qui use de tous les moyens légaux pour se maintenir dans les lieux.

La violence constitue un vice relatif, c'est-à-dire que seule la victime de la violence est admise à l'invoquer.

C'est aussi un vice temporaire, ce qui signifie que quand la violence cesse, le vice disparaît (C. civ., art. 2263, al. 2). La possession redevient utile et peut à nouveau produire ses effets.

C - Le caractère public de la possession

La possession doit être publique, c'est-à-dire s'exercer au moyen d'actes ostensibles. Ce qui n'est pas le cas par exemple d'un souterrain creusé sous un fonds ou d'un recel. Cette publicité est appréciée en fonction des circonstances et de la nature du bien possédé.

Le fondement de cette obligation est que la possession ne doit pas être dissimulée aux tiers de ceux qui ont intérêt à la connaître, ceux contre lesquels on prescrit. Vice relatif qui ne peut être invoqué que par ceux qui en sont les victimes, le vice de clandestinité est aussi un vice temporaire, car il cesse d'exister dès que le possesseur accomplit ses actes de maîtrise sur la chose de façon apparente.

D - Le caractère non équivoque de la possession

L'équivoque existe quand les actes accomplis par le possesseur sont ambigus et ne révèlent pas clairement son *animus domini*. L'acte de possession est alors susceptible de deux interprétations : les tiers ne peuvent savoir s'il est accompli en qualité de propriétaire ou à un autre titre.

Il existe deux sources principales d'équivoque, soumises à l'appréciation souveraine des juges du fond :

– ***des droits concurrents*** : il y a équivoque lorsque plusieurs personnes exercent des actes de possession sur une même chose, car elles peuvent toutes se prévaloir d'un droit réel, tel un droit de propriété indivis. Ainsi, en cas de partage d'une succession d'un défunt entre deux héritiers, ils sont indivis jusqu'au partage des biens de la succession. Les deux héritiers ont la moitié de tous les biens sur lesquels ils exercent leur copossession ;
– ***la cohabitation*** du soi-disant possesseur avec l'auteur de celui contre qui il plaide est très souvent invoquée comme source d'équivoque de la possession. Il est en effet difficile d'établir lequel des occupants d'un même fonds exerce un pouvoir de possession sur ce fonds ou sur les biens mobiliers qu'il contient. La Cour de cassation a précisé que « *la communauté d'habitation n'est pas un élément juridique rendant, à lui seul et de plein droit, la possession équivoque* »[8], mais admet, selon les circonstances, le caractère équivoque de la possession entre concubins par exemple[9]. Les relations familiales ou amicales peuvent aussi être source d'équivoque.

Le vice d'équivoque est aussi un vice temporaire, qui disparaît dès que cesse l'ambiguïté. Ainsi, par exemple, une fois la succession partagée, les différents héritiers entrent en possession de leurs biens respectifs. En revanche, il s'agit d'un vice absolu, c'est-à-dire que toute personne ayant un intérêt peut l'invoquer, car il existe en fonction d'une situation concrète, objective qui s'oppose à tous.

Le projet de réforme du droit des biens propose une nouvelle définition de la possession plus complète que l'actuelle. Il définit la possession comme « *l'exercice paisible, public et non équivoque d'un droit par celui qui, alors même qu'il n'en serait pas titulaire, se comporte en fait et en intention, comme s'il l'était* » (C. civ., projet d'article 2255). Cette définition reprend les éléments constitutifs de la possession ainsi que ses qualités exigées. Ces conditions étant réunies, la possession va jouer, notamment, son rôle acquisitif.

---

8. Cass. 1re civ., 11 juin 1991 : Bull. civ. I, n° 199 ; RTD civ. 1992, p. 595, obs. F. Zenati. – Cass. 1re civ., 4 oct. 2005, n° 02-11494.
9. Cass. 3e civ., 21 févr. 2006, n° 04-19667.

Section 2

L'effet acquisitif de la possession

La possession permet l'acquisition de la propriété. Cette technique d'acquisition peut choquer, car elle transforme une situation de fait en une situation de droit : l'apparence triomphe sur le droit. Mais, plus souvent, le fait n'est que le reflet du droit : le possesseur et le propriétaire ne sont qu'une seule et même personne. Par deux fois, la Cour de cassation a refusé de transmettre au Conseil constitutionnel une question prioritaire de constitutionnalité relative à la prescription acquisitive[10]. Pour la Cour, la prescription acquisitive « *n'a ni pour objet, ni pour effet de priver une personne de son droit de propriété ou d'en limiter l'exercice, mais confère au possesseur un titre de propriété correspondant à la situation de fait qui n'a pas été contestée dans un certain délai* ». Selon la haute cour, la prescription acquisitive n'éteint pas le droit précédent, qui existe toujours dans l'ordre juridique. N'entraînant aucune privation de propriété du propriétaire précédent, conformément aux articles 2 et 17 de la Déclaration des droits de l'homme, le mécanisme de l'usucapion n'a pas, selon la Cour de cassation, à être soumis au contrôle du Conseil constitutionnel. La prescription acquisitive est donc considérée comme conforme à la constitution. De même, la Cour européenne des droits de l'homme a admis le principe d'une prescription acquisitive qu'elle ne considère pas contraire à l'article 1er du Premier Protocole.

En principe, cette transformation du fait en droit est subordonnée à une condition de durée de la possession. En réalité, il faut distinguer selon la nature mobilière ou immobilière du bien possédé, car l'article 2276 du Code civil permet l'acquisition instantanée des biens meubles par la possession, alors qu'en matière immobilière la possession doit être prolongée. Cette différence de traitement rappelle la nécessité d'une détermination préalable de la nature mobilière ou immobilière des biens. Depuis la loi n° 2008-561 du 17 juin 2008 le code civil traite dans deux sections distinctes de la prescription acquisitive en matière immobilière (art. 2272 à 2275) et de la prescription acquisitive en matière mobilière (art. 2276 et 2277).

1 • L'ACQUISITION INSTANTANÉE DES MEUBLES PAR LA POSSESSION : LA RÈGLE « EN FAIT DE MEUBLES, LA POSSESSION VAUT TITRE »

En proclamant qu'« *en fait de meubles, la possession vaut titre* », l'article 2276 du Code civil traduit le lien étroit qui existe entre la possession et la propriété. La possession équivaut purement et simplement à un titre de propriété. Le possesseur d'un meuble en acquiert instantanément la propriété. Le Code civil vise ainsi à assurer la sécurité des transactions mobilières, puisque celui qui possède une chose mobilière ne peut se voir

10. Cass. 3e civ., 12 oct. 2011, n° 11-40055 : JCP 2011.1298, n° 1, obs. H. Périnet-Marquet ; D. 2011, p. 2598, obs. G. Forest – Cass. 3e civ., 6 avril 2012, n° 21-40011 : AJDI 2012, p. 439.

opposer aucune revendication. Juridiquement, plusieurs justifications sont possibles, mais insuffisantes : la prescription n'est pas un fondement de la règle puisqu'il n'y a aucune condition de délai ; l'acquisition en vertu de la loi n'est pas plus satisfaisante car elle n'explique rien. Telle qu'elle est interprétée, la solution de l'article 2276 du Code civil est en fait une véritable règle de fond.

Cette règle est l'aboutissement d'une évolution historique complexe entre les coutumes germaniques, qui refusaient au propriétaire toute revendication contre les tiers, et le droit romain. Dans la tradition coutumière, on a admis que « les meubles n'ont pas de suite », ce qui signifie que dans l'intérêt du commerce, la revendication d'un meuble était exclue. En droit romain, le propriétaire d'un bien meuble qui était dépossédé pouvait toujours le revendiquer pendant trois ans à son possesseur.

L'article 2276 du Code civil prend sa source au XVIIIe siècle dans la jurisprudence. On constate que le premier projet de Code civil ne contenait pas cette maxime. Puis elle a été intégrée dans un souci de clarification et d'ordre. Pourtant, les inconvénients de la solution existent, car elle peut être, contrairement à son ambition première, génératrice d'une certaine insécurité du commerce.

Cette règle porte en elle ses limites : subordonnée à plusieurs conditions, elle n'accorde pas la protection à n'importe quel possesseur et il existe aussi des exceptions en cas de perte ou de vol.

A - Les conditions d'application de la règle

L'article 2276 alinéa 1er du Code civil pose une règle de fond : la possession permet au possesseur d'acquérir instantanément la propriété d'un meuble sous trois conditions. Il ne peut s'agir que de la possession utile et de bonne foi d'un meuble corporel non immatriculé dont le propriétaire s'est volontairement dessaisi. Lorsque ces conditions ne sont pas réunies, le possesseur ne devient propriétaire qu'au bout de trente ans.

1) Une possession utile et de bonne foi : « la possession »

L'acquisition de la propriété d'un meuble suppose une ***possession utile***, c'est-à-dire efficace : la possession doit être effectivement constituée dans ses deux composantes, le *corpus* et l'*animus*. Elle doit aussi être exempte de vices pour que des conséquences juridiques lui soient attachées. Toutefois, tous les vices n'ont pas la même importance. Les vices qui importent ici sont essentiellement les vices de clandestinité et d'équivoque, dont la possession ne doit pas être entachée. En effet, l'acquisition se faisant de façon instantanée, il est difficile de tenir compte du vice de discontinuité qui ne se conçoit que dans la durée. L'exercice d'actes avec des intervalles anormaux qui constituent ce vice ne peut être apprécié que si la possession se prolonge pendant une certaine période à l'intérieur de laquelle les intervalles entre les actes vont être appréciés. De même, le caractère paisible et donc non violent de la possession est ici superflu dans la mesure où la bonne foi est une condition fondamentale dans la prise de possession.

L'article 2276 du Code civil ne fait aucune allusion à la condition de bonne foi du possesseur. Avant la réforme de la prescription du 17 juin 2008, la jurisprudence exigeait toujours cette condition pour que le possesseur puisse acquérir immédiatement la propriété d'un meuble. Cette condition était implicite, non visée expressément par l'ancien article 2279, mais n'en était pas moins réelle. Seul celui qui ignorait le défaut de droit de son auteur pouvait légitimement devenir propriétaire. L'article 2258 du Code civil indique désormais qu'en matière de prescription acquisitive, il n'est pas possible d'opposer au possesseur « *l'exception déduite de sa mauvaise foi* ». La position de cet article dans le code lui donne une portée étendue à toutes les hypothèses de prescription acquisitive, y compris mobilière. Faut-il en conclure que la bonne foi n'est plus une condition à l'acquisition instantanée de la propriété mobilière par la possession ? Plusieurs arguments militent pour le maintien de la condition de bonne foi. D'une part, l'article 1198 du Code civil, qui fonde le principe du transfert *solo consensu* de la propriété, désigne comme propriétaire d'un meuble celui qui a été le premier mis en possession, « *à condition qu'il soit de bonne foi* ». La condition de bonne foi est maintenue alors que l'article 1198 a toujours été décrit comme une simple application de l'article 2276 du Code civil. D'autre part, le sens même de la règle commande l'exigence de bonne foi. « *Dès l'instant qu'il s'agit de rendre propriétaire par l'effet de la loi celui qui a acquis le meuble a non domino, la ratio legis du texte commande d'en restreindre la portée aux seuls possesseurs de bonne foi. Le but n'est pas en effet de garantir la pérennité de toutes les transactions mais seulement de celles dans lesquelles l'acquéreur avait placé sa foi, confiant qu'il était dans la propriété de son auteur. Seul le possesseur de bonne foi, c'est-à-dire celui qui ignorait le défaut de droit de son auteur, peut légitimement réclamer la protection de la loi* »[11]. La doctrine considère que le législateur n'a jamais eu l'intention de modifier les conditions d'application de la règle posée à l'article 2276 du Code civil et prône le maintien de la condition de bonne foi pour une acquisition instantanée de la propriété. À défaut de bonne foi, l'acquisition de la propriété de la chose ne se fera pas instantanément mais la loi ne prévoit aucun délai de prescription acquisitive en matière mobilière (le délai de cinq ans de droit commun de l'article 2224 concerne la prescription extinctive des actions mobilières et le délai de trente ans de l'article 2272 ne concerne que la prescription acquisitive des immeubles). Là encore, en l'absence de position contraire de la part des juges, il est admis que le possesseur de mauvaise foi devient propriétaire par une possession utile de trente ans. Le projet de réforme du droit des biens adopte, quant à lui, une position nette. Il exige la bonne foi du possesseur pour lui faire instantanément profiter de la propriété d'un bien acquis *a non domino*. En effet, son article 556 alinéa 1er prévoit que « *le possesseur de bonne foi d'un meuble corporel qui le tient d'un non-propriétaire en devient propriétaire dès son entrée en possession* ».

2) Un meuble corporel non immatriculé : « en fait de meubles »

L'article 2276 du Code civil ne s'applique qu'aux meubles corporels individualisés, ce qui exclut les meubles corporels non individualisés, les meubles devenus immeubles par destination, les meubles par anticipation, les souvenirs de famille, les meubles immatriculés (navires, bateaux de navigation intérieure et avions, sauf les véhicules terrestres à moteur car leur immatriculation est une mesure de police administrative et non une mesure de publicité) et les meubles incorporels (espèces monétaires droit de propriété littéraire et artistique, fonds de commerce ou licence d'exploitation de boissons...).

11. W. Dross, J.-Cl. Notarial, v° Prescription, Fasc. 70, 2009, n° 110.

En revanche, les véhicules terrestres à moteur (automobiles et autres camions ou motos) sont soumis à l'article 2276 du Code civil[12].

3) Un meuble dont le propriétaire s'est volontairement dessaisi

La règle s'applique dans l'hypothèse où le possesseur a acquis le meuble d'un non-propriétaire (*a non domino*), autrement dit le propriétaire d'un meuble en a remis la détention par un contrat de dépôt, de prêt, de location ou de réparation, à un tiers qui l'a ensuite remis à une autre personne, de bonne foi ou présumée telle. En pratique, le propriétaire a été la victime d'une escroquerie ou d'un abus de confiance, mais il peut aussi s'agir du cas où un héritier, pensant à tort que le bien était la propriété du défunt, l'a vendu.

Le véritable propriétaire dépossédé va essayer d'agir et de récupérer son bien, mais le jeu de l'article 2276 du Code civil va s'opposer à son action en revendication entre les mains du sous-acquéreur car cette règle a pour objet de protéger les relations commerciales. Le possesseur de bonne foi, bien que l'ayant acquise d'un non-propriétaire, est considéré comme le propriétaire de la chose. L'ancien propriétaire n'a pas d'action en revendication contre lui. Il peut seulement se retourner contre celui qui l'a abusé, mais sans que cela ait d'incidence sur la propriété de la chose qui lui a échappé. Il agira sur le terrain contractuel, puisque la chose a été à l'origine remise au tiers détenteur en vertu d'un contrat. À ce titre, le détenteur ne peut réclamer l'application de l'article 2276 du Code civil, puisqu'il n'est pas possesseur de la chose.

La règle de l'article 2276 du Code civil exige donc que le meuble soit entré dans le circuit commercial à la suite de la malhonnêteté du tiers détenteur. Elle ne s'applique pas si le possesseur a acquis son bien du propriétaire lui-même (*a domino*). Dans cette hypothèse la possession a un simple rôle probatoire. En vertu de l'article 2276 du Code civil le possesseur est présumé propriétaire, mais cette présomption peut être renversée par le « revendiquant ». La règle de l'article 2276 ne s'applique pas non plus en cas de perte ou de vol. En effet, sitôt posé le principe de l'acquisition instantanée de la propriété d'un meuble par le possesseur de bonne foi l'ayant acquis d'un non-propriétaire, l'article 2276 alinéa 2 pose une exception à cette règle : « *[...] néanmoins, celui qui a perdu ou auquel on a volé une chose, peut la revendiquer pendant 3 ans à compter du jour de la perte ou du vol contre celui dans les mains duquel elle se trouve* ».

Cette disposition de l'alinéa 2 réserve donc un sort plus favorable au propriétaire dépossédé involontairement.

B - L'exception à la règle : la revendication des meubles perdus ou volés

L'article 2276 alinéa 2 du Code civil prévoit la possibilité de revendication d'une chose perdue ou volée pendant un délai de 3 ans entre les mains du possesseur « sauf à celui-ci d'exercer son recours contre celui duquel il la tient ».

12. Le certificat d'immatriculation n'est considéré que comme un indice de propriété.

Dans son ensemble, l'alinéa 2 prévoit deux conditions d'exercice de l'action en revendication et offre avec l'article 2277 du Code civil deux types de recours au possesseur évincé.

1) Les conditions d'exercice de l'action en revendication du véritable propriétaire

a) Les conditions de fond

Le « revendiquant » doit établir qu'il est propriétaire de la chose qu'il revendique et qu'il en a été involontairement dépossédé à la suite soit de sa perte, soit de son vol. La perte est un événement de fait. Juridiquement, il importe peu qu'elle soit due à un événement fortuit, telle une panique dans un magasin, ou une négligence du propriétaire ou d'un tiers.

Le vol doit répondre à la définition pénale de soustraction frauduleuse d'une chose appartenant à autrui (C. pén., art. 311-1). La règle de la revendication ne s'applique qu'au cas de vol et non par extension aux abus de confiance ou escroquerie.

b) Les conditions de délai

Le « revendiquant » a trois ans pour agir, à compter de la date du vol ou de la perte de sa chose.

Il s'agit d'un délai préfixe, c'est-à-dire qu'il ne peut être ni suspendu, ni interrompu, ce qui vise à limiter le temps de revendication du propriétaire.

Ce délai de trois ans ne devrait s'appliquer qu'aux possesseurs de bonne foi, sauf interprétation contraire par le juge des articles relatifs à la prescription des actions réelles mobilières et immobilières introduites par la loi du 17 juin 2008. Si les solutions antérieures sont maintenues, lorsque le possesseur est de mauvaise foi, comme le voleur ou l'inventeur, le véritable propriétaire peut revendiquer la chose entre ses mains pendant 30 ans.

Lorsque ses conditions d'exercice sont réunies, l'action en revendication triomphe mais le possesseur évincé dispose de recours.

2) Les recours du possesseur évincé

Le possesseur de bonne foi évincé par le véritable propriétaire qui a exercé son action en revendication dispose de deux recours : le recours de l'article 2276 alinéa 2 et le recours de l'article 2277 du Code civil.

a) Le recours de l'article 2276 alinéa 2 du Code civil

Cet article prévoit *in fine* le recours du possesseur évincé contre son auteur, c'est-à-dire contre celui duquel il tient la chose. Il s'agit d'un simple rappel du droit commun : le possesseur dispose d'une action en garantie contre l'éviction, contre le vendeur, grâce à laquelle il pourra obtenir une indemnisation. Il peut donc agir contre celui qui s'est fait passer pour le véritable propriétaire, le détenteur ou le tiers malhonnête. En principe, les règles juridiques du contrat de vente devraient être suffisantes pour protéger le possesseur évincé.

Le recours contre l'acquéreur reste parfois malaisé, car celui-ci peut être difficile à retrouver ou tout simplement insolvable.

b) Le recours de l'article 2277 alinéa 1er du Code civil

Cet article renforce la protection de l'acquéreur de bonne foi, prévoyant l'hypothèse d'un acquéreur ayant acheté un meuble, en réalité perdu ou volé, « *dans une foire, ou dans un marché, ou dans une vente publique ou d'un marchand vendant des choses pareilles* ».

Le propriétaire initial, revendiquant ou reprenant la chose, doit la racheter au possesseur le prix que celui-ci avait payé pour l'avoir.

Ce recours est d'application complexe, car les tribunaux interprètent strictement la notion de « marchand de choses pareilles » et ne la reconnaissent qu'à ceux qui exercent leur commerce dans des conditions tout à fait régulières et habituelles, la refusant aux marchands occasionnels ne pratiquant pas habituellement ce genre de commerce. Si le sous-acquéreur n'a pas acheté le bien dans les conditions de l'article 2277, on peut dire que tout en étant de bonne foi il a été imprudent. Si la chose est revendiquée dans le délai de trois ans, la restitution se fera sans remboursement. Le possesseur dépossédé aura toujours le recours contre son vendeur parce que tous les vendeurs doivent une obligation de garantie d'éviction.

L'obligation pour le « revendiquant » de rembourser au possesseur le prix qu'il avait payé pour acquérir la chose enlève à la revendication une bonne part de son utilité pratique. Elle ne sera exercée que si le bien avait un intérêt particulier, une valeur sentimentale, ou si la chose a augmenté de valeur par un fait indépendant de l'acquéreur.

En revanche, l'exercice du droit au remboursement du prix est facilité par le droit de rétention accordé au possesseur : tant que le prix n'a pas été versé, il peut conserver la chose.

Enfin, il est prévu que si le « revendiquant » a dû rembourser à l'acquéreur son prix d'acquisition, il est en droit de se faire indemniser par le vendeur, le marchand, à la condition de parvenir à prouver la faute de ce dernier sur le fondement de la responsabilité délictuelle (C. civ., art. 1382 et 1383), puisqu'il n'existe aucune relation contractuelle entre eux.

Quant à l'acquéreur qui a dû restituer la chose, il est en principe privé de tout recours puisqu'il a été indemnisé par le « revendiquant ». Mais si la chose a eu, lors de la revendication, une valeur supérieure au prix versé, il a un recours en indemnité (le plus souvent illusoire) contre le voleur ou l'inventeur et contre le marchand en vertu de la garantie d'éviction.

Un décret du 11 janvier 1956 a instauré un régime particulier en cas de perte ou de vol des ***titres au porteur*** (constituant des valeurs mobilières, actions et obligations). Leur nature particulière s'accordait difficilement de l'application des articles 2276 et 2277 : le voleur ou l'inventeur pouvait facilement les encaisser alors que, selon les circonstances, le propriétaire involontairement dépossédé n'avait aucun recours ou ne pouvait se les voir restituer que contre leur remboursement. Le décret de 1956 empêche leur possesseur (voleur, inventeur...) de les utiliser en permettant au propriétaire de faire opposition au paiement. Cette protection spécifique a toutefois perdu de son intérêt depuis que la loi du 31 décembre 1981 et un décret du 2 mai 1983 sont venus opérer la dématérialisation des valeurs mobilières : de fait, la perte ou le vol sont désormais impossibles. Elles ne sont désormais valables que pour les valeurs mobilières étrangères et certaines obligations françaises.

2. L'ACQUISITION DES IMMEUBLES PAR LA POSSESSION PROLONGÉE : LA PRESCRIPTION ACQUISITIVE OU USUCAPION

Le phénomène de l'acquisition de la propriété par l'usage, ou usucapion, peut paraître surprenant, car il suppose que le possesseur ait acquis le bien d'un non-propriétaire, *a non domino*. Or, bien qu'ils ne constituent pas des preuves absolues de la propriété, les titres et l'exercice des prérogatives de propriétaire rendent peu fréquent ce mode d'acquisition. Rares sont les propriétaires fonciers qui négligent à ce point leur bien qu'un tiers peut exercer sur lui des actes matériels de possession qui manifestent le *corpus*. Mais certains cas peuvent se rencontrer, non seulement à propos d'un bien immobilier dans son ensemble, mais aussi pour des terrains contigus à la propriété voisine. Les incertitudes de la délimitation des deux fonds peuvent conduire l'un des deux propriétaires à posséder une partie du fonds de son voisin et, à terme, grâce à l'usucapion, en devenir propriétaire.

En matière immobilière, la possession ne sera jamais immédiatement acquisitive, alors qu'en matière de meubles, elle pouvait l'être. La prescription est en principe trentenaire mais elle peut être abrégée à dix ans, les modalités de calcul du délai ainsi que les effets de la prescription étant identiques dans les deux cas.

A - Les différentes durées de prescription

1) La prescription trentenaire

Le délai normal de l'usucapion est trentenaire en vertu de l'article 2272, alinéa 1er, du Code civil selon lequel « *le délai de prescription requis pour acquérir la propriété immobilière est de trente ans* ».

2) La prescription abrégée

L'article 2272 al. 2 du Code civil offre une prescription abrégée à « *celui qui acquiert de bonne foi et par juste titre un immeuble* ».

La loi n° 2008-561 du 17 juin 2008 portant réforme de la prescription en matière civile a uniformisé le délai de prescription. Auparavant, si le propriétaire contre lequel on prescrivait résidait hors du ressort de la cour d'appel du lieu de situation de l'immeuble, l'éloignement justifiait un délai de vingt ans. S'il résidait dans le ressort, le délai n'était que de dix ans. Désormais, quelle que soit l'importance de l'éloignement géographique, dix ans suffisent au possesseur remplissant les conditions légales pour acquérir la propriété d'un immeuble.

a) La bonne foi

La bonne foi réside dans la croyance erronée du possesseur d'avoir traité avec le véritable propriétaire. Pensant avoir traité avec celui qui avait la propriété de la chose, il est convaincu que la vente l'a rendu propriétaire. Le possesseur est dans une situation favorisée, car le législateur le fait bénéficier d'une présomption de bonne foi. Celle-ci étant « *toujours présumée, c'est à celui qui allègue la mauvaise foi à la prouver* » (C. civ., art. 2274). S'agissant d'un fait juridique, elle peut être prouvée par tout moyen, soumis à l'appréciation souveraine des juges du fond.

La bonne foi s'apprécie au moment de l'acquisition, peu importe que le possesseur soit ensuite devenu de mauvaise foi, c'est-à-dire ait su qu'il n'avait pas traité en réalité avec le véritable propriétaire (C. civ., art. 2275, « *il suffit que la bonne foi ait existé au moment de l'acquisition* »). En revanche, le doute est exclusif de la bonne foi.

b) Le juste titre

Le juste titre est l'acte juridique qui se trouve à l'origine de la mise en possession et qui aurait transféré la propriété de l'immeuble au possesseur s'il avait émané du véritable propriétaire. En conséquent, pour pouvoir être qualifié de juste titre, l'acte juridique doit répondre à certaines conditions. Il doit s'agir d'un acte propre à transférer la propriété apparemment valable et réel qui émane d'une autre personne que le véritable propriétaire du bien :

- ***un acte propre à transférer la propriété*** : le juste titre doit être un acte translatif de droit (vente, donation, échange, legs particulier, apport en société...) et non un simple acte déclaratif de droit (tel un jugement, un acte de succession notarié ou un acte de partage). Le titre doit correspondre exactement au bien pour permettre l'usucapion abrégée. S'il y a une différence entre la surface revendiquée et celle indiquée dans le titre, la prescription sera trentenaire ;
- ***un titre apparemment valable*** : le titre doit être exempt d'un vice de forme (C. civ., art. 2273) ou de cause de nullité absolue puisque toute personne peut s'en prévaloir, y compris le véritable propriétaire du bien ou un tiers à l'acte irrégulier qui revendique le bien.
  En revanche, le possesseur peut invoquer un titre atteint d'une nullité relative (vice de consentement ou incapacité d'exercice) ;
- ***un titre réel*** : le titre putatif qui n'existe que dans la pensée ou l'imagination du possesseur, comme par exemple un testament qui a été révoqué, ne suffit pas, contrairement à ce qui est admis pour qu'il puisse bénéficier de la propriété des fruits de la chose (C. civ., art. 549) ou d'un droit à indemnisation en cas de constructions ou plantations érigées sur le terrain du « revendiquant » (C. civ., art. 555, al. 4) ;
- ***un titre qui n'émane pas du « verus dominus »*** mais d'une personne qui n'est pas le véritable propriétaire.

B - Les règles de calcul des délais de prescription

Selon les conditions (bonne foi et juste titre ou non) le délai de prescription est de dix ou trente ans.

D'une part, il importe de déterminer son terme exact. D'autre part, il ne faut pas oublier qu'il n'est pas nécessaire de posséder par soi-même durant tout le temps de la possession. L'article 2265 du Code civil prévoit la possibilité de joindre à sa propre possession le temps de possession de la personne de laquelle on tient le bien.

1) La computation du délai

La prescription se calcule par jours et non par heures (C. civ., art. 2228).

Elle s'effectue sans tenir compte du jour où commence la possession (« *dies a quo* » : « le jour à partir duquel ») mais au contraire on va tenir compte du jour où finit la possession (« *dies a quem* »), ce qui signifie que la prescription n'est réalisée que lorsque ce dernier jour est accompli, même s'il s'agit d'un jour férié (C. civ., art. 2229).

2) L'interruption de la prescription

On a déjà vu, à travers l'analyse des caractères nécessaires de la possession utile, que l'interruption est plus qu'un vice. Son absence est une condition d'existence de la possession : quand la possession est interrompue, elle disparaît. Or la possession peut être interrompue, naturellement ou civilement.

a) L'interruption naturelle

Elle résulte de la cessation de l'exercice du droit et implique une privation de la jouissance de la chose, une disparition du *corpus* de la possession.

Cette perte peut être la conséquence d'un abandon volontaire de la chose (interruption instantanée de la prescription) ou d'une privation de sa jouissance pendant plus d'un an par le fait soit de l'ancien propriétaire, soit d'un tiers (C. civ., art. 2271). Ainsi, alors que pour les meubles la perte du *corpus* entraîne la perte de la possession, pour les immeubles il faut un délai d'un an. Ce délai était justifié par le fait que le possesseur ou le détenteur évincé conservait pendant un an l'exercice des actions possessoires (CPC, art. 1264). La suppression des actions possessoires n'a pas encore entraîné la modification de ce délai d'un an.

b) L'interruption civile

Les interruptions civiles n'impliquent pas une perte matérielle de la possession, une privation de jouissance. Elles sont constituées par des actes émanant soit du propriétaire, soit du possesseur lui-même :

- le ***véritable propriétaire*** peut s'opposer à la prescription acquisitive en l'interrompant par un acte de poursuite judiciaire (citation en justice, action en référé...), peu important même l'incompétence du tribunal (C. civ., art. 2241). Il est cependant nécessaire que cette action porte sur le fond même du droit, ce qui n'est pas le cas par exemple d'une action en bornage qui n'est pas admise comme une cause d'interruption civile de la possession ;
- l'interruption peut également provenir du ***possesseur***. C'est le cas, en vertu de l'article 2240 du Code civil, quand il reconnaît les droits du propriétaire contre lequel il prescrit, qu'il s'agisse d'une reconnaissance expresse (un aveu par exemple) ou tacite (comme le paiement d'un loyer). La perte de l'*animus* explique la disparition de la possession.

L'article 2231 du Code civil définit les effets de l'interruption. Celle-ci « efface le délai de prescription acquis ». La conséquence de l'interruption est donc l'abolition du temps de possession, de prescription et de tous les effets antérieurement accomplis. Si la cause d'interruption disparaît, c'est une nouvelle prescription qui commence à courir, le temps passé antérieurement ne comptant pas. Il faudra donc à nouveau trente ans pour usucaper l'immeuble.

3) La suspension de la prescription

En réalité, la possession peut être suspendue un certain temps, mais cette suspension rallonge le délai de prescription : au délai de départ (trente ou dix ans selon les circonstances), il faut ajouter le temps des périodes de suspension pendant lesquels la prescription s'est arrêtée de courir contre le propriétaire.

La loi du 17 juin 2008 a rénové la liste légale des causes de suspension. Elle prévoit au titre des causes de suspension liées à la situation de la personne que l'incapacité et l'état de mariage suspendent le cours de la prescription acquisitive. Elle ne court donc pas à l'encontre d'un mineur ou d'un majeur en tutelle (C. civ., art. 2235), ni entre époux (C. civ., art. 2236). Dans cette dernière hypothèse, la suspension s'explique par la volonté d'éviter les contentieux entre époux : si l'un d'eux pouvait usucaper les biens de l'autre, ce dernier devrait, pour interrompre la prescription, citer son conjoint en justice ! Pour cette raison, la suspension dure tant que dure le mariage.

La loi a repris une cause jurisprudentielle de suspension s'inspirant du droit romain selon lequel : « *contre celui qui n'est pas en état d'agir, la prescription ne court pas* », traduction de la maxime de droit romain « *contra non valentem agere non currit praescriptio* ». Chaque fois que la personne contre laquelle on prescrit se trouve dans l'impossibilité de faire valoir ses droits, il faut suspendre le cours de la prescription. Ces circonstances sont des événements de force majeure qui ont empêché le propriétaire d'agir (comme une prise d'otage ou une guerre) ou des événements excusables (telle une perte de mémoire ou l'ignorance de l'existence du droit qui se trouve en péril, une telle ignorance valant force majeure). Cette cause de suspension apparaît à l'article 2234 du Code civil qui prévoit que « *la prescription ne court pas contre celui qui est dans l'impossibilité d'agir par suite d'un empêchement résultant de la loi, de la convention ou de la force majeure* ».

Deux autres causes de suspension figurent dans le code : quand le juge fait droit à une mesure d'instruction présentée avant tout procès (C. civ., art. 2239) et si les parties sont d'accord pour recourir à la conciliation (C. civ., art. 2238).

L'article 2230 du Code civil précise les effets de la suspension. Elle « *arrête temporairement le cours (de la prescription) sans effacer le délai déjà couru* ».

Contrairement à ce qui se passe avec l'interruption, le cours de la prescription n'est pas anéanti mais paralysé. La prescription s'arrête de courir, mais le temps déjà écoulé demeure acquis. Lorsque la cause de la suspension disparaît, c'est la même prescription qui a momentanément cessé de courir qui reprend son cours. Il faudra alors simplement tenir compte du délai de suspension pour calculer le délai de prescription. Ainsi, la durée de prescription est supérieure à trente ans, renforçant la protection du propriétaire qui dispose d'un délai très long pour agir.

4) La jonction des possessions

L'article 2265 du Code civil permet au possesseur de compléter son délai de prescription, en joignant à sa possession celle de son auteur « *de quelque manière qu'(il) lui ait succédé, soit à titre universel ou particulier, soit à titre lucratif ou onéreux* ». Il faut toutefois distinguer les deux sortes de transmission : la transmission à titre universel et la transmission à titre particulier.

a) La transmission à titre universel

Lorsque le possesseur actuel du bien est un ***légataire ou héritier universel*** du bien du premier possesseur, il ne fait que continuer la personne du défunt. La possession conserve donc sur sa tête les caractères qu'elle avait à l'origine :

- si le défunt était de mauvaise foi, l'héritier ne peut prescrire que par trente ans, même si lui-même est de bonne foi ;
- si le défunt était de bonne foi, la prescription sera de dix ans, peu importe la bonne ou mauvaise foi de l'ayant cause.

b) La transmission à titre particulier

Lorsque le possesseur actuel est l'***ayant cause à titre particulier*** de son auteur, il ne succède pas à la personne de son auteur, il n'a acquis que des droits particuliers sur un bien (par vente, donation ou un legs particulier) et commence par conséquent une possession distincte de celle de son auteur :

- la jonction des possessions ne peut s'opérer qu'entre deux possessions de même qualité (deux possessions de bonne foi ou deux possessions de mauvaise foi) ;
- si en revanche le premier possesseur était de bonne foi et le second de mauvaise foi, ce dernier ne peut prescrire que par trente ans mais il peut tenir compte pour le calcul du délai de trente ans du temps de possession déjà effectué par le possesseur de bonne foi. La jonction s'opère ;
- enfin si l'auteur, le vendeur par exemple, est de mauvaise foi et l'ayant cause, l'acquéreur, de bonne foi, ce dernier ne peut profiter d'une jonction des possessions que pour terminer la prescription trentenaire de son auteur. Il ne peut utiliser le temps de possession de son auteur pour parfaire sa propre possession. Toutefois, selon son intérêt il peut choisir d'invoquer sa prescription abrégée, puisqu'il est de bonne foi, sans utiliser le temps de prescription de son auteur. Il n'y a pas jonction mais nouvelle prescription.

C - Les effets de la prescription

Si le délai arrive à son terme (dix ou trente ans), ***l'effet acquisitif de propriété n'est pas automatique***. Il ne va pas jouer de plein droit. Le bénéficiaire doit invoquer la prescription, c'est-à-dire réclamer l'application des règles, le juge ne pouvant le suppléer d'office (C. civ., art. 2247). L'article 2253 du Code civil apporte un correctif puisqu'il permet aux créanciers, ou à toute autre personne y ayant intérêt, d'opposer la prescription même si le débiteur ou le propriétaire y a renoncé.

L'acquisition de la propriété est susceptible de renonciation, expresse ou tacite (C. civ., art. 2251). La volonté du possesseur est apte à créer le droit en invoquant l'usucapion, comme à s'y opposer. L'article 2250 du Code civil précise bien qu'il n'est pas possible de renoncer d'avance à la prescription, mais seulement de renoncer à la prescription acquise.

Mais, lorsqu'il joue, ***l'effet acquisitif est rétroactif*** : tous les actes du possesseur (devenu propriétaire) sont validés alors que tous les actes faits par le propriétaire initial sont rétroactivement anéantis. Le sort des fruits perçus pendant la prescription est réglé par les articles 549 et 550 du Code civil.

BIBLIOGRAPHIE

DARGENT (L.), « L'action possessoire n'est plus : vive le référé possessoire », D. actu. 17 février 2015.

DROSS (W.), « Le singulier destin de l'article 2279 du Code civil », RTD civ. 2006, p. 27 s.

JESTAZ (Ph.), « Prescription et possession en droit français des biens », D. 1984, chron. 27.

LEVENEUR (L.), *Situations de fait et droit privé*, 1990, LGDJ.

LIKILLIMBA (G.-A.), « La possession *corpore alieno* », RTD civ. 2005, p. 1.

MULLER (M.), « L'acquéreur de bonne foi d'un meuble. Vers un nouvel équilibre entre ses droits et ceux du propriétaire injustement dépouillé », RTD civ. 1989, p. 697.

OLIVIER (S.), « Prescription acquisitive des parties communes de copropriété, Réponses pratiques et formules », Defrénois, 30 mars 2013, n° 6, p. 298.

CHAPITRE 7

La défense de la propriété

La propriété est un droit paradoxal. Il est affirmé comme absolu et fondamental. Il est protégé par les textes internationaux, comme la Convention européenne des droits de l'homme et la Charte des droits fondamentaux, et pourtant, il peut faire l'objet d'une acquisition par possession et par prescription et sa preuve ne fait pas l'objet de dispositions législatives. Il est le droit le plus absolu, et à ce titre, toute atteinte à la propriété est bannie, qu'il s'agisse d'une immixtion administrative, qui est qualifiée de voie de fait, ou de l'immixtion des personnes privées. Le droit de propriété est opposable aux tiers par principe. Le propriétaire doit, néanmoins, protéger son droit. Il dispose de l'action en revendication, qui est l'expression même du caractère absolu du droit de propriété.

Les actions possessoires visaient à protéger la possession, tandis que les actions pétitoires tendent à faire reconnaître et sanctionner la propriété, le titre lui-même. Parmi les actions pétitoires, la plus importante est la revendication, mais il convient de ne pas négliger l'action confessoire offerte au propriétaire d'une servitude afin de faire reconnaître l'existence de son droit[1]. La preuve de la propriété par le demandeur reste le passage obligé à la protection de sa propriété. Or cette preuve inorganisée est décrite comme une preuve diabolique *(probatio diabolica)*, car il convient de prouver que celui de qui l'on tient sa propriété était lui-même propriétaire, etc. La preuve de la propriété reste distincte de l'action en revendication. Cependant, cette distinction peut paraître artificielle dans la mesure où la démonstration de sa propriété a généralement pour but de l'opposer à un tiers qui s'immisce dans son exercice de manière injustifiée. La preuve de la propriété est en quelque sorte le préalable à la revendication. L'action en revendication de la propriété elle-même (section 1) demeure indissociable de la preuve de cette dernière (section 2).

Section 1
L'action en revendication

Il s'agit d'une action réelle par essence. Elle vise à protéger le droit de propriété, par conséquent, il s'agit d'une action pétitoire. Elle porte sur le fond du droit et constitue une défense contre les effets que le droit reconnaît à la possession. Elle est donc le plus

1. V. *infra*, p. 212 et 213.

souvent dirigée par le propriétaire contre le possesseur du bien revendiqué. L'action en revendication est différente en présence de biens immobiliers ou mobiliers car en ce qui concerne ces derniers l'action en revendication est rare à cause du principe posé par l'article 2276 du Code civil : « *En fait de meubles, la possession vaut titre* ».

1 • LA REVENDICATION IMMOBILIÈRE

Une telle action n'est utile que si le propriétaire n'est pas en possession de son bien. L'alliance de la propriété et de la possession rend inutile l'action en revendication, le bien est hors de portée des effets d'une possession prolongée exercée par un tiers. Si un tiers possède le bien immobilier, le danger ne guette pas toujours le propriétaire. Ce dernier n'a nul besoin d'agir en revendication en présence d'une détention précaire reposant sur un titre de détention comme le bail ou le dépôt, ou en présence d'une simple tolérance de la part du propriétaire. En revanche, confronté à la possession d'un tiers, le propriétaire doit alors être vigilant.

A - Les conditions de l'action en revendication

Le tribunal compétent est le ***tribunal de grande instance*** du lieu de situation de l'immeuble. Sa compétence est exclusive en application du principe traditionnel de la compétence des tribunaux civils gardiens du droit de propriété. La procédure est celle du droit commun. Le jugement rendu est opposable aux tiers conformément au droit commun, il est constitutif d'un acte juridique authentique. Ce jugement est soumis aux règles de publicité foncière pour assurer son opposabilité aux tiers, sans que l'absence de publicité ait une incidence sur l'opposabilité du jugement. Il ne bénéficie pas d'une autorité absolue, les tiers peuvent encore contester la réalité du droit de propriété dès lors que l'autorité relative de la chose jugée ne leur est pas opposable.

L'action en revendication est ***imprescriptible***. Pour être efficace, l'action en revendication doit être exercée avant la fin de la prescription acquisitive offerte au possesseur. Le droit de propriété est perpétuel, mais la prescription acquisitive menace le propriétaire.

B - Les effets de l'action en revendication

Ils sont doubles : les premiers concernent les relations entre les parties et les seconds visent les effets à l'égard des tiers. Les effets entre les parties méritent seuls des développements particuliers, car les effets à l'égard des tiers dépendent de l'opposabilité du jugement soumise aux règles du droit commun.

Les effets entre les parties sont donc les plus importants. Si le tribunal reconnaît le droit du demandeur à titre de propriétaire ou de possesseur préférable au défendeur, le possesseur évincé doit restituer le bien revendiqué. Le « revendiquant » reprend son bien immobilier libre de toutes charges ou servitudes que le possesseur a pu consentir. Ce dernier peut devoir restituer les accessoires de l'immeuble, par exemple, les immeubles par destination. Un règlement de comptes est envisageable afin d'opérer une liquidation globale des créances et des dettes existant entre le « revendiquant » et le possesseur évincé. Il convient donc d'envisager les prestations dues respectivement à chacun d'entre eux.

1) Les prestations dues au revendiquant

Elles se répartissent entre le versement d'indemnité et la restitution des fruits et des revenus. Les indemnités dues et la restitution des fruits ne suivent pas les mêmes règles en présence d'un possesseur de bonne foi ou de mauvaise foi. La restitution des produits en revanche est due en toutes circonstances. Ces derniers sont dus car leur restitution est la garantie de la parfaite restitution du bien immobilier. En effet, par définition, les produits une fois prélevés affectent la substance, l'intégrité de l'immeuble. Si leur restitution en nature n'est pas réalisable, le possesseur en doit la contre-valeur.

Les prestations dues au « revendiquant » ne sont pas les mêmes selon que le possesseur évincé est de bonne foi ou de mauvaise foi.

En ce qui concerne les indemnités dues, le possesseur de bonne foi n'est pas tenu des détériorations survenues à la chose, qu'elles soient fortuites ou de son fait, au moins jusqu'à la demande en justice. Si le possesseur de bonne foi a vendu des objets mobiliers accessoires ou détachés de l'immeuble revendiqué, il ne doit que la restitution du prix de vente effectivement perçu. Cette règle implique qu'en cas d'aliénation gratuite, il ne doit rien.

En ce qui concerne la restitution des fruits, l'appréciation de la bonne foi du possesseur dépend de l'application de l'article 550 du Code civil. L'article 549 du Code civil précise qu'il ne doit pas restituer les fruits. Il les acquiert par leur perception, qu'ils soient civils, naturels ou industriels. Réciproquement, il supporte les dépenses liées à l'exploitation du bien immobilier, même si elles sont supérieures au montant des fruits perçus. À compter de la demande en justice du « revendiquant », le possesseur n'est plus de bonne foi, il n'a plus droit aux fruits.

Si le possesseur est de mauvaise foi, il est alors responsable de toutes les détériorations, même si elles sont le fait d'un cas fortuit (C. civ., art. 1352-1). Pour se libérer de son obligation, il doit prouver que la dégradation serait intervenue même si l'immeuble avait été sous la garde du propriétaire revendiquant (C. civ., art. 1351-1). En cas d'aliénation, il doit restituer non plus le prix perçu mais la valeur des biens cédés. Ainsi, en cas de vente à un prix inférieur à la valeur ou en cas d'aliénation gratuite, le possesseur restitue la valeur du bien.

La mauvaise foi l'oblige également à la restitution des fruits au propriétaire revendiquant. Elle est due en nature, en cas d'impossibilité, une créance d'un montant équivalent à leur valeur est alors due. Il doit les fruits et pas seulement les fruits effectivement perçus. En revanche, l'article 548 du Code civil permet la déduction des « *frais des labours, travaux et semences* » fait par le possesseur de mauvaise foi. Cette disposition évite que le « revendiquant » s'enrichisse sans cause au détriment du possesseur. Ces frais sont évalués souverainement par les juges du fond.

2) *Les prestations dues au possesseur évincé*

Il est fait application de la ***théorie des impenses*** devenues des ***dépenses***[2]. Elle repose sur l'idée que le possesseur évincé qui s'était cru propriétaire et avait engagé des dépenses pour des travaux a droit à une indemnisation pour ses frais. Toute autre solution entraînerait l'enrichissement sans cause du propriétaire « revendiquant » qui profite en dernier recours de ces travaux. La jurisprudence a précisé que le remboursement des « impenses » est dû même au possesseur de mauvaise foi.

L'indemnisation prévue dépend de la nature des travaux et des dépenses faites. Certaines sont indispensables à la conservation du bien immobilier, elles sont qualifiées de ***dépenses nécessaires***. Il est acquis que le possesseur a droit au remboursement intégral de ces dépenses faites. Les dépenses qui assurent l'entretien de l'immeuble sans pour autant qu'elles soient nécessaires à sa conservation n'impliquent pas un remboursement. Ces ***dépenses utiles*** correspondent à des frais qui confèrent une plus-value à l'immeuble. L'exemple classique est celui des travaux d'amélioration (installations modernes dans des immeubles anciens). Le remboursement dû au possesseur qui a engagé de telles dépenses est réalisé en application de l'action *de in rem verso*. Il est équivalent à la plus faible des deux sommes entre la dépense engagée et valeur de la plus-value apportée à l'immeuble. Les ***dépenses voluptuaires***, c'est-à-dire de luxe ou d'agrément, ne font pas l'objet d'un remboursement. Cependant, le possesseur peut enlever les objets installés à ce titre si cette opération ne dégrade pas l'immeuble.

En conclusion, il convient d'évoquer le règlement des comptes entre le « revendiquant » et le possesseur. Les différentes créances et dettes du « revendiquant » et du possesseur désavoué et décrites ci-dessus sont regroupées dans un compte dont elles composent les rubriques. Par le jeu de la compensation, il est établi un solde qui est seul pris en considération. Le débiteur à l'issue de ce règlement global doit paiement du solde au créancier. Si le débiteur est le possesseur, ce dernier doit restituer l'immeuble revendiqué avec succès, plus le solde débiteur, au « revendiquant ». Si le « revendiquant » est débiteur du solde du compte, il doit indemniser le possesseur créancier. Cependant, ce dernier n'est pas garanti d'être payé. Il est tentant, la jurisprudence l'a fait, de lui reconnaître un droit de rétention sur l'immeuble. Il ne restitue alors l'immeuble qu'après avoir été payé par le « revendiquant ». Cette disposition favorable au possesseur ne peut être offerte qu'au possesseur de bonne foi.

Pour être plus rare, la revendication mobilière mérite une réelle attention, surtout à cause d'un récent débat doctrinal sur la revendication mobilière des sommes d'argent.

2. LA REVENDICATION MOBILIÈRE

Elle n'est pas impossible dans le principe, elle n'est pas appliquée en pratique. En effet, la règle « *En fait de meubles, la possession vaut titre* » (C. civ., art. 2276, al. 1er) exclut la revendication mobilière : on ne revendique pas les meubles. Ce principe pose une règle de preuve. Il y a présomption simple de titre de propriété en faveur du possesseur. Pour

2. Loi n° 2009-256 de simplification et de clarification du droit du 12 mai 2009.

faire tomber la présomption, il faut établir que le possesseur détient le bien mobilier à titre précaire (dépôt, bail, mandat), ou il faut établir que la possession est viciée (cause immorale, vice du consentement, équivoque, clandestine). Il pose également une règle de fond pour remplir une fonction acquisitive de propriété. Ce n'est alors qu'à titre d'exception que la revendication mobilière est possible, lorsque les conditions de mise en œuvre de l'article 2276 du Code civil ne sont pas vérifiées.

L'article 2276 alinéa 2 du Code civil définit une exception en précisant : « *Celui qui a perdu ou auquel il a été volé une chose peut la revendiquer.* » Les conditions sont strictement posées[3]. En effet, la revendication mobilière reste une exception.

Certains biens corporels relèvent de dispositions spéciales ou sont revendiqués dans le cadre d'une procédure collective.

Certaines règles spéciales présentent un intérêt historique. Les victimes de guerre, de spoliations dans le cadre de mesures raciales bénéficiaient de dispositions spécifiques pour revendiquer leurs biens. Les objets mobiliers classés bénéficient d'une protection spéciale (L. 31 décembre 1913).

Il arrive que les règles spéciales soient le fait du contexte juridique dans lequel se déroule la revendication. Cette dernière représente un enjeu particulièrement important et est délicate à mettre en œuvre dans le cadre du droit des procédures collectives. L'action en revendication (C. com., art. L. 624-9 à L. 624-18) vise à faire reconnaître par les organes de la procédure la propriété du revendiquant alors que le bien est détenu par le débiteur insolvable afin d'obtenir la restitution du bien. L'action repose donc sur le principe du respect du droit de la propriété. La revendication des meubles doit être exercée dans le délai de trois mois suivant le jugement d'ouverture de la procédure (C. com., art. L. 624-9). Le propriétaire doit établir sa propriété en raison de la résolution d'une vente avant le jugement d'ouverture, en raison de la mise en œuvre d'une clause de propriété dans un contrat de vente. Pour pouvoir être restitué, le bien réclamé doit être identifié.

Qu'elle soit mobilière ou immobilière, la revendication repose sur la preuve de la propriété. Or cette dernière n'est pas aussi simple que le caractère absolu du droit de propriété pourrait le laisser croire.

Section 2
La preuve de la propriété

La preuve de la propriété mobilière dépend de la présomption de l'article 2276 du Code civil ; elle est, pour l'essentiel, assujettie à la possession. La preuve de la propriété immobilière n'est pas davantage réglementée, elle mérite pourtant de plus amples développements. Il convient d'envisager l'objet et la charge de la preuve, avant d'étudier les modes de preuve et leurs conflits.

---

3. V. *supra*, p. 125.

1• L'OBJET ET LA CHARGE DE LA PREUVE

Contrairement à certains droits étrangers, le droit français n'organise pas la preuve de la propriété. Par conséquent, il n'y a pas de preuve directe de la propriété en France. La preuve extrajudiciaire repose sur le transfert de propriété, soit par succession, soit par vente, soit par donation ou encore plus rarement par usucapion. En présence d'un procès en revendication, le silence législatif devient pesant. Le demandeur devra prouver sa propriété. Il devra établir l'existence, en sa faveur, d'un acte translatif de propriété – vente, donation –, cependant, encore faut-il que le vendeur ou le donateur ait lui-même été le propriétaire du bien transmis, il faut donc prouver que lui-même le détenait d'un propriétaire qui lui-même détenait le bien d'un propriétaire, etc. Il convient de remonter la chaîne des transferts jusqu'à l'acquéreur initial dont on ignore tout. Il est facile de comprendre pourquoi, dès le Moyen Âge, la preuve du droit de propriété est surnommée la *probatio diabolica*. L'usucapion, qui reste rare, échappe à cette critique, car elle constitue un mode d'acquisition originaire de la propriété, la remarque vaut pour la possession ou l'occupation. En effet, dans toutes ces hypothèses, le droit de propriété ne dépend plus d'une chaîne de transmissions. La preuve directe du droit de propriété étant très difficile à rapporter, un glissement s'opère en faveur d'une preuve indirecte présumant simplement la propriété.

La charge de la preuve dépend de l'application de droit commun : elle incombe au demandeur. C'est donc à celui qui se prétend propriétaire d'établir la réalité de son droit. Il ne lui suffit pas de démontrer l'absence de réalité du droit de propriété du défendeur. Cependant, le rôle joué par la possession change la portée des règles. Le possesseur, qui est le défendeur, bénéficie d'une présomption de propriété mobilière comme immobilière. Mais pour établir son droit de propriété, le revendiquant détruit souvent la possession du défendeur en prouvant qu'elle est viciée ou précaire. L'avantage conféré par la présomption est souvent temporaire.

2• LES MODES DE PREUVE ET LEURS CONFLITS

La preuve est libre. La jurisprudence pose le principe suivant : la propriété d'un bien se prouve par tous moyens et son appréciation est laissée souverainement aux juges du fond. Il n'y a pas de hiérarchie des preuves entre la possession, les titres, les indices[4], mais, la possession ouvrant droit à une prescription acquisitive, elle devient un mode de preuve privilégié.

---

4. Cass. 3e civ., 6 juill. 2017, n° 16-11824, confirmant la jurisprudence établie par Cass. 1re civ., 11 janv. 2000, n° 97-15406 : M. Bruschi, « Liberté de la preuve de la propriété des biens », RDI 2000, p. 145.

A - Les modes de preuve

Ils sont variés et leur rôle consiste en l'établissement de la plus grande vraisemblance du droit de propriété, à défaut de pouvoir apporter la preuve absolue de la propriété.

1) Les titres de propriété

Ce sont les actes juridiques translatifs de propriété tel un contrat, une donation, ou un testament. L'effet relatif des contrats en limite normalement l'effet entre les parties, cependant, ils sont utilisés comme indice dans le procès. Ils peuvent donc être évoqués à ce titre par une personne étrangère au contrat. Le contrat est alors opposable à tous comme un fait juridique. Il peut servir de présomption pour établir la vraisemblance de la propriété. Ils sont déclaratifs en présence d'un jugement ou d'un partage. En dépit de l'autorité relative de la chose jugée, le principe est le même en ce qui concerne les jugements. Ces derniers sont opposables dans les mêmes conditions qu'un fait juridique, ils constituent un titre, présomption opposable à tous. La solution est la même en ce qui concerne le partage, il convient cependant de la nuancer. En présence d'un partage amiable auquel l'un des indivisaires n'a pas participé, le partage ne lui est pas opposable. En revanche, la publication à la conservation des hypothèques est sans conséquence. La Cour de cassation a justement rappelé que l'accord des parties sur la délimitation des fonds, par un bornage, n'implique pas à lui seul, leur accord sur la propriété des fonds. Par conséquent, l'instance en bornage ne constitue pas une preuve de la propriété immobilière, car elle ne tranche pas une question de propriété.

La problématique de la *probatio diabolica* empêche de voir dans ces titres une preuve irréfutable de la propriété. Ces titres constituent des présomptions, comme la possession sur le terrain du droit de la preuve.

2) La possession

Simple présomption, elle est variable en fonction de son ancienneté et de sa qualité. Une possession viciée, équivoque, clandestine, reste une présomption, mais sa force probante est affectée voire renversée. Affectée du vice de violence, elle est défavorable au défendeur possesseur, qui est suspecté d'usurpation. La remarque vaut pour le vice de clandestinité. En revanche, une possession non viciée et de longue durée remplit les conditions de la prescription acquisitive, elle renforce d'autant la vraisemblance de la propriété en faveur du possesseur. Si elle repose sur un juste titre et que celui qui acquiert est de bonne foi, sa prescription est de dix ans (C. civ., art. 2272, al. 2), ou si la prescription de trente ans est écoulée (art. 2272, al. 1), la possession est de nature à transférer la propriété, elle est alors un moyen très efficace de prouver la propriété, d'autant plus que l'acquisition est rétroactive.

3) Les indices

Les titres ne sont pas les seuls à être reconnus par la jurisprudence. Elle accepte d'autres indices matériels qui laissent présumer le droit de propriété. Parmi ces indices figurent la publicité foncière et les indications du cadastre. Ce dernier n'est pas constitutif d'un titre de propriété, il n'est qu'un document administratif. Le paiement des impôts fonciers, la disposition du terrain ou la présence d'une borne sont autant d'autres indices appréciés librement par le juge.

À défaut de hiérarchie entre ces différents modes de preuve, des conflits peuvent survenir. Leur règlement est essentiel dans la mesure où la preuve contentieuse de la propriété repose sur la démonstration la plus convaincante de la vraisemblance du droit de propriété.

B - Les conflits de preuves

Plusieurs hypothèses doivent être envisagées. Certaines trouvent sans difficulté une solution. Ainsi lorsque la possession de l'une des parties au procès peut n'être opposée à rien, ni titre, ni indices, ni possession concurrente, la vraisemblance plaide en faveur du possesseur. De même si un titre n'est opposé à rien, il l'emporte. En revanche, d'autres conflits méritent plus d'attention.

1) Les conflits entre titres

Le titre de l'une des parties au procès peut être opposé à un autre titre. Plusieurs hypothèses se dégagent :

– ***si les titres émanent d'un auteur commun***, la publicité apporte une solution en donnant préférence au titre publié en premier. Pendant longtemps, la jurisprudence a appliqué la règle de l'antériorité de la publicité foncière tout en tenant également compte de la collusion frauduleuse entre le second acquéreur et le vendeur ainsi que de l'éventuelle mauvaise foi du second acquéreur lorsqu'il décidait de conclure la vente en connaissance de cause de l'existence d'une première vente non publiée. Elle considérait que « *le titre publié par le second acquéreur mais de mauvaise foi ne "vaut" pas* ». En 2011[5], la Cour de cassation est revenue à une application stricte de la règle de l'antériorité. Si deux personnes avaient acquis du même auteur « des droits concurrents en vertu d'actes ou de décisions soumis à la même obligation de publicité », il convenait uniquement de rechercher quel acte a été publié en premier lieu. La cour abandonnait la condition d'ignorance, par le second contractant ayant procédé le premier aux formalités de publicité foncière, de l'existence d'un premier contrat translatif. L'ordonnance du 10 février 2016 portant réforme du droit des contrats, du régime général et de la preuve des obligations a rétabli la condition de bonne foi de l'acquéreur. L'article 1198, al. 2 prévoit en effet que lorsque deux acquéreurs successifs de droits portant sur un même immeuble tiennent leur droit d'une même personne, celui qui a, le premier, publié son titre d'acquisition passé en la forme authentique au fichier immobilier est préféré, même si son droit est postérieur, à condition qu'il soit de bonne. *A contrario*, celui qui est de mauvaise foi (c'est-à-dire a fait publier son titre en premier tout en sachant que le bien a été acquis par une autre personne avant lui) ne peut se prévaloir de l'antériorité de sa publication. En l'absence de publicité, le titre le plus ancien l'emporte ;

– ***si les titres proviennent d'auteurs différents*** et si aucune des parties ne peut se prévaloir d'une possession : les juges retiennent le titre qui leur semble le

5. Cass. 3e civ., 12 janv. 2011, n° 10-10667 : N. Reboul-Maupin, « Panorama de droit des biens », D. 2012, p. 2128.

« meilleur » et rend la propriété la plus vraisemblable. Ils s'aident alors d'autres éléments comme la possession et les indices matériels.

2) Les conflits entre titre et possession

Le titre est produit contre un possesseur. Si la possession a permis d'acquérir la propriété, elle efface tous les autres titres de propriété. L'usucapion accomplie s'impose. La possession trentenaire fait échec à une revendication mobilière. S'il n'y a pas eu usucapion, longtemps la jurisprudence considérait que le fait le plus ancien devait l'emporter, qu'il s'agisse de la possession ou du titre. Le critère de l'antériorité s'appliquait. La jurisprudence la plus récente a abandonné cette règle, les juges du fond devant tenir compte de l'ensemble des circonstances pour désigner l'élément le plus probant.

3) Les conflits entre indices

Il arrive que les parties ne disposent ni de titres, ni de possessions, ou affichent des possessions viciées ou mal caractérisées. Le juge tranche alors en s'appuyant sur les présomptions de fait les plus convaincantes. Il peut s'agir de témoignages, de prise en considération de la configuration des lieux, du cadastre, d'une possession antérieure, etc.

BIBLIOGRAPHIE

Dargent (L.), « L'action possessoire n'est plus : vive le référé possessoire », D. actu. 17 févr. 2015.

Marque (A.), « Fin de partie pour l'action possessoire ou les beaux jours du référé », LPA, 21 avr. 2015, n° 79.

Piedelièvre (S.), « Brèves remarques sur la disparition des actions possessoires avec la loi du 16 février 2015 », Gaz. Pal. 19 mars 2015, n° 78, p. 4.

Périnet-Marquet (H.), « La fin des actions possessoires, chronique d'une mort annoncée », JCP, 2 mars 2015, Actualités, p. 409.

PARTIE 2

La propriété partagée

Par essence, la propriété du Code civil est une propriété individuelle dont les caractères sont définis par l'article 544 du Code civil. Cependant, la propriété est parfois partagée dans deux hypothèses opposées, l'une reflétant le cumul des droits, l'autre la distribution des droits.

Le partage peut être compris comme une mise en commun des droits de même nature par différents propriétaires sur des mêmes biens. Des droits indivis se cumulent, conduisant à un partage de la jouissance et de la gestion de la propriété. Le partage peut être compris comme une distribution des attributs du droit de propriété entre différents propriétaires dans le cadre des démembrements de propriété. Dans les deux cas, la propriété est exercée simultanément par différents propriétaires. Ces propriétés partagées, simultanées, cumulées, trouvent leur racine dans une conception coutumière du droit de propriété impliquant une jouissance partagée des utilités offertes par les biens dont la propriété est tenue par Dieu, la famille... Cette approche médiévale de la propriété dissociant droit et objet de la propriété et conduisant à une juxtaposition des droits a été combattue sous l'influence de la conception romaine de la propriété. Elle a laissé des traces dans le droit des biens, le rendant ambigu et complexe.

Le partage, dans le cadre des propriétés collectives, comme l'indivision, la mitoyenneté ou la copropriété des immeubles bâtis, prend la forme du cumul des droits des propriétaires sur le ou les mêmes biens. Le partage ne s'exprime plus par la distribution mais par la participation des propriétaires, sur le principe de l'égalité, à la gestion de la propriété. Cette égalité de pouvoirs n'est pas organisée dans le cadre de l'indivision. Pour protéger les droits cumulés des coïndivisaires, le principe est celui de l'unanimité dans la prise des décisions les plus graves. Les autres formes de propriété collectives sont organisées. La loi du 10 juillet 1965 (modifiée) sur la copropriété des immeubles bâtis prévoit des organes, des lots comprenant des quotes-parts des parties communes et des droits privatifs, réglemente les votes lors des assemblées générales de copropriétaires.

Dans le cadre des démembrements de propriété, comme l'usufruit, les servitudes, la simultanéité de la propriété passe par le partage des droits divis octroyant des attributs de propriété différents à chacun des « propriétaires ». L'usufruit, l'archétype du démembrement, partage l'usus, le fructus et l'abusus (nue-propriété) entre l'usufruitier et le nu-propriétaire. Les attributs de propriété sont alors distribués entre différents titulaires de droits concurrents aussi variés que l'usage ou la superficie.

Cumul ou distribution des droits, la propriété partagée est, en principe, temporaire. Elle est destinée à redevenir une propriété individuelle. La propriété simultanée est caractérisée par une dynamique propre. Les démembrements ont vocation à se reconstituer dans le patrimoine d'une même personne. À la mort de l'usufruitier, le nu-propriétaire retrouve la pleine propriété du bien. En réalisant le partage de l'indivision, les quotes-parts indivises de chaque indivisaire se concrétisent dans leur patrimoine respectif sous forme de droit divis. Le retour à la propriété individuelle est assuré et renforcé par l'effet déclaratif du partage.

Démembrement ou propriété collective, distribution ou exercice commun des attributs du droit de propriété, la propriété est partagée entre différents titulaires de droits réels. Ce partage emporte nécessairement une altération des caractères du droit de propriété qui se fait moins absolu et moins exclusif pour ménager les droits réels de chacun.

La propriété partagée est le fruit d'une appréhension fonctionnelle du droit de propriété permettant une répartition de ses attributs dans le cadre des démembrements ou apportant une réponse à des besoins nouveaux dans le cadre de la propriété collective. Elle apporte une exception au caractère exclusif de la propriété et, à ce titre, son domaine doit être nettement circonscrit.

Il faut préciser que la multipropriété ne participe pas du partage de propriété. La loi du 6 janvier 1986 crée une société d'attribution d'immeuble à jouissance de temps partagé et clarifie la notion : la propriété du bien immobilier n'appartient qu'à la personne morale, c'est une propriété individuelle. La propriété reste donc exclusive, seul le droit de jouissance est partagé puisque chaque utilisateur acquiert des parts de la société qui lui donnent droit d'usage personnel et mobilier temporaire. Il ne s'agit ni d'une propriété temporaire, ni d'une copropriété. L'article 1er de la loi du 6 janvier 1986[1] *le confirme en précisant que les associés ne disposent pas d'un droit de propriété ou d'un droit réel sur l'immeuble. L'acquisition d'un droit d'utilisation à temps partiel ouvre droit à une protection en droit de la consommation sur le fondement de la directive 94/47/CE du Parlement européen et du Conseil, du 26 octobre 1994 remplacée par la directive du 14 janvier 2009 concernant la protection des acquéreurs pour certains aspects des contrats portant sur l'acquisition d'un droit d'utilisation à temps partiel de biens immobiliers, transposée par la loi française du 8 juillet 1998, introduite aux articles L. 621-60 à L. 121-76 du Code de la consommation. La nouvelle directive est transposée par la loi française du 22 juillet 2009 qui renforce les droits de l'associé et la protection du consommateur voulant s'engager dans un contrat d'utilisation des biens à temps partagé. Les dispositions légales confirment l'exclusion de la qualification de copropriété pour désigner le contrat de jouissance d'immeuble à temps partagé.*

Les lotissements n'entrent pas davantage dans la catégorie des propriétés collectives ; ils se caractérisent, au contraire, par la division de la propriété tant matériellement que juridiquement. Ils sont soumis aux dispositions du droit de l'urbanisme[2] *qui posent en la matière une exception au droit du propriétaire de diviser son fonds en différentes parcelles. À l'origine, le droit de se lotir était un attribut du droit de propriété. La volonté de moraliser les opérations de construction et de respecter la politique de l'urbanisation a conduit à restreindre ce pouvoir pour l'encadrer minutieusement. La création d'un lotissement, opération d'aménagement, est soumise soit à un permis d'aménager (en cas de création de plus de deux lots, C. urb., art. R. 441-1 par renvoi R. 423-1 modifiés par Décret n° 2017-81 du 26 janvier 2017), soit à une déclaration préalable (C. urb., art. L. 442-2, L. 442-3, R. 441-9 modifié par Décret n° 2017-81 du 26 janvier 2017). La notion de lotissement suppose la division d'un fonds en plusieurs parcelles aliénées à différents acquéreurs, réparties entre co-partageants ou louées à différents locataires. Plus précisément, il implique la division en parcelles afin de construire*

1. L. 86-18 du 6 janv. 1986, art. 1er : « *Les sociétés constituées en vue de l'attribution, en totalité ou par fractions, d'immeubles à usage principal d'habitation en jouissance par périodes aux associés auxquels n'est accordé aucun droit de propriété ou autre droit réel en contrepartie de leurs apports [...]* ».
2. Ce droit est défini comme la science et l'art de l'aménagement des villes et des agglomérations urbaines en d'autres termes, il s'agit d'encadrer l'art de construire pour assurer le respect des besoins économiques, sociaux et esthétiques.

des bâtiments[3]. *Le lotissement apparaît dès la première division dans un délai d'au moins dix ans. Le statut du lotissement est un savant mélange de droit public et de droit privé. Le règlement de lotissement se rattache davantage au droit public. Il est prévu par les articles L. 442-1 et suivants du Code de l'urbanisme. Un cahier des charges, facultatif, fixant les conditions de vente ou de location des lots, peut organiser la vie collective des « lotis », en stipulant leurs droits et obligations. Il peut imposer aux constructeurs des obligations et interdictions. Il ne peut pas déroger aux prescriptions du règlement, ni à celles du plan d'occupation des sols, plan local d'urbanisme depuis le 1er avril 2001. L'article L. 442-9 du Code de l'urbanisme prévoit que « Les règles d'urbanisme contenues dans les documents approuvés d'un lotissement deviennent caduques au terme de dix années à compter de la délivrance de l'autorisation de lotir si, à cette date, le lotissement est couvert par un plan local d'urbanisme ou un document d'urbanisme en tenant lieu ». Il reste que ces dispositions ne remettent pas en cause les droits et obligations régissant les rapports entre colotis définis dans le cahier des charges du lotissement, ni le mode de gestion des parties communes. La Cour de cassation par sa décision du 17 juin 2009 a précisé que les clauses du cahier des charges d'un lotissement prévalent sur les stipulations contraires des actes individuels de vente. Le lotisseur est soumis à de nombreuses obligations. Outre l'obtention de l'autorisation de lotir, il doit respecter le plan local d'urbanisme ainsi que les prescriptions du règlement contenu dans l'arrêté d'autorisation. Il est lié par les prescriptions portant sur l'aménagement du lotissement et qui concernent la dimension et la détermination des lots, la largeur et l'implantation des voies, les canalisations et l'assainissement, l'affectation des lots à la construction, les zones interdites à la construction, etc. Il peut lui être imposé des travaux nécessaires à la viabilité du lotissement. Les acquéreurs des lots voient leur droit de propriété limité par des servitudes d'utilité publique. Elles présentent un caractère réel et sont souvent relatives à la construction. Le lotisseur est tenu à leur égard de toutes les obligations prévues en ce qui concerne l'aménagement du lotissement. Les « lotis » sont liés entre eux par des obligations réciproques : chacun doit respecter les servitudes du lotissement (réglementation des constructions quant à leur nature, leur style, leur destination). Les « lotis » peuvent être regroupés en association syndicale, dotée de la personnalité morale, propriétaire et responsable de la gestion et de l'entretien des terrains communs. L'association syndicale est obligatoire en présence d'équipements communs prévus dans la demande d'autorisation. La réglementation du lotissement peut être modifiée par l'autorité administrative pour mettre cette réglementation en*

---

3. L'article L. 442-1 du Code de l'urbanisme définit le lotissement en ces termes : « *Constitue un lotissement l'opération d'aménagement qui a pour objet ou qui, sur une période de moins de dix ans, a eu pour effet la division, qu'elle soit en propriété ou en jouissance, qu'elle résulte de mutations à titre gratuit ou onéreux, de partage ou de locations, d'une ou de plusieurs propriétés foncières en vue de l'implantation de bâtiments* ».

conformité avec un nouveau plan local d'urbanisme. Le particularisme du lotissement interdit qu'il lui soit appliqué la loi du 10 juillet 1965 relative à la copropriété des immeubles bâtis.

Le lotissement suppose une division originaire de la propriété, la multipropriété confère un droit d'usage temporaire : autant de situations très différentes de celles de la propriété collective. Cette dernière suppose l'existence de droits sur un même bien exercés par différents propriétaires. Ce concours de droits est plus ou moins organisé, plus ou moins général selon que la propriété collective relève de l'indivision, de la mitoyenneté ou de la copropriété des immeubles bâtis (titre I). Ce concours de droits ne doit pas se confondre avec les démembrements de propriété, qui répartissent les différentes prérogatives du droit de propriété entre plusieurs personnes. Dans cette forme de partage, la propriété est démembrée (Titre 2).

TITRE 1

La propriété collective

Elle est l'expression d'une évolution contemporaine de la propriété qui était conçue, dans le Code civil, comme individuelle. La propriété est de plus en plus souvent partagée entre des titulaires d'un droit de propriété concurrent sur le même bien. Ce partage simultané de la propriété laisse entrevoir le risque de conflits entre les copropriétaires. La réponse du droit fut d'abord de limiter les hypothèses de propriété collective. L'indivision est considérée comme un mal nécessaire et temporaire par les rédacteurs du Code civil, qui posent comme un principe essentiel : nul ne peut être tenu de rester en indivision. L'hostilité des rédacteurs du Code civil à l'égard des propriétés collectives exprimait également une crainte politique. L'apparition de nouvelles formes de copropriété impose au droit d'organiser la répartition des pouvoirs de chacun sur la chose possédée en commun.

Les propriétés collectives sont souvent issues du modèle que constitue l'indivision (Chapitre 8) ; une des plus importantes est la copropriété des immeubles bâtis (Chapitre 9).

CHAPITRE 8

L'indivision

L'indivision recouvre des situations très différentes. Elle se caractérise par plusieurs droits de nature identique qui s'exercent sur un même objet sans division matérielle des parts. L'indivision ne possède pas la personnalité juridique[1], ce qui la distingue de la société, qui est un groupement de personnes et de biens doté de la personnalité juridique, pourvu d'organes sociaux et dont le but est la recherche des bénéfices. Le défaut de personne morale distingue également l'indivision des associations. La différence est plus délicate à établir entre l'indivision et la communauté conjugale. Cette dernière n'est pas davantage dotée de la personnalité juridique. La communauté est une masse de biens appartenant aux deux époux sans définition de quote-part et qui est distincte des biens propres de chacun des époux. Cette masse composée des biens communs est autonome et impossible à individualiser tant que dure le mariage. Sa liquidation se caractérise par le mécanisme des récompenses. Si le rapprochement est souvent fait entre indivision et communauté, les différences l'emportent sur les points communs. L'indivision est distincte également de la copropriété des immeubles bâtis réglementée par la loi du 10 juillet 1965 et qui compose les lots de chacun des copropriétaires d'une partie privative et d'une quote-part dans les parties communes. La copropriété est stable, permanente. La loi organise la transmission des lots et la gestion de la copropriété. Autant de règles qui ne se retrouvent pas dans le cadre de l'indivision.

L'indivision ordinaire (section 1) trouve son origine dans l'indivision post-successorale dont elle s'est progressivement détachée, elle sert de modèle aux indivisions forcées, telle la mitoyenneté (section 2).

Section 1

L'indivision ordinaire

Elle porte sur un ou des biens déterminés, par exemple, en cas d'achat en commun d'un bien par des époux mariés sous le régime de la séparation de biens, par des concubins, ou par des « pacsés », s'ils ont choisi en application de l'article 515-5-1 du Code civil de se soumettre au régime de l'indivision[2] relatif au pacte civil de solidarité. Elle porte sur

1. Cass. 3e civ., 16 mars 2017, n° 16-13063, la Cour de cassation rappelle que le bail conclu au nom d'une indivision dépourvue de personnalité juridique est nul de nullité absolue.
2. La loi du 23 juin 2006, entrée en vigueur le 1er janvier 2007, a modifié le régime du PACS et les articles du Code civil organisant le PACS. Désormais en application de l'article 515-5 du Code civil, le principe est celui de la séparation.

une universalité quand elle apparaît à la suite de l'ouverture d'une succession en présence de plusieurs héritiers venant en rang utile[3] ou quand elle est issue de la liquidation d'un régime matrimonial communautaire. L'indivision est alors qualifiée de post-communautaire.

L'histoire de l'indivision se résume en une franche hostilité lors de l'élaboration du Code civil pour parvenir à une prise en considération avec la loi du 31 décembre 1976 modifiée[4]. Il convient de comprendre la composition de l'indivision, avant d'en étudier les régimes, et enfin la disparition avec l'intervention du partage.

1• LA COMPOSITION DE L'INDIVISION

Elle est composée d'un actif et d'un passif.

A - L'actif

Il s'agit des biens meubles et/ou immeubles qui sont compris dans l'indivision. L'actif indivis n'est pas figé. Il est composé des biens existant lors de la constitution de l'indivision, par exemple au moment de l'ouverture de la succession. Il faut y ajouter les biens qui sont substitués aux précédents par voie de ***subrogation réelle.*** La jurisprudence est claire, toutes les modifications résultant de l'accord unanime des coïndivisaires profitent et nuisent à tous. Il en résulte que le bien nouveau est soumis aux mêmes droits que le précédent. Il en va ainsi de la créance qui résulte de la vente d'un bien indivis. Si un nouvel immeuble est acquis en remplacement de l'immeuble indivis, il rentre par subrogation dans l'indivision. En cas de versement d'une indemnité d'assurance, cette dernière prend la place du bien indivis.

Une question se pose sur la nature de la subrogation. Une partie de la doctrine estime que la subrogation ne peut être que volontaire, même si l'accord des coïndivisaires peut n'être qu'implicite. En décider autrement reviendrait à fermer tout recours entre indivisaires si l'un d'entre eux cède un bien indivis sans l'accord des autres. Une autre partie de la doctrine considère que la subrogation réelle légale s'impose en présence d'une universalité et correspond à la volonté doctrinale et jurisprudentielle de voir dans l'indivision une masse autonome. Pour éviter de léser les coïndivisaires, il suffirait d'exiger le respect des règles de la gestion de l'indivision en cas de vente. La subrogation doit être opposable aux tiers. Les créanciers sont les premiers concernés ; le créancier d'un indivisaire peut ignorer le jeu de la subrogation réelle si l'indivisaire agissant est indiqué dans les actes d'acquisition comme seul acquéreur de l'immeuble. Pour être opposable, la subrogation, dans le cas d'acquisition, doit apparaître dans les actes. Ces derniers doivent souligner que l'achat est réalisé avec des fonds indivis.

3. Une indivision peut également trouver sa source dans une donation ou un legs fait en indivision.
4. L'indivision est passée d'un état précaire et inorganisé à une reconnaissance et une stabilité de fait. Les articles du Code civil relatifs à l'indivision ont été modifiés par la loi du 23 juin 2006, entrée en vigueur le 1er janvier 2007 et par la loi du 12 mai 2009.

Les fruits et les revenus viennent accroître l'indivision. Cette règle, jurisprudentielle à l'origine, est consacrée par l'article 815-10 du Code civil. La même règle s'applique aux plus et moins-values[5] pour les mêmes raisons : l'égalité entre les coïndivisaires pendant la durée de l'indivision et l'égalité lors du partage. La date de l'évaluation des biens indivis en vue du partage impose cette solution, elle est fixée au jour de jouissance divise[6]. Par conséquent, les fluctuations affectant les biens indivis concernent tous les indivisaires.

La règle doit être précisée. Premièrement, les dispositions de l'article ancien 815-10 du Code civil ne sont pas impératives, puisque le texte pose deux exceptions : le partage provisionnel et la possibilité d'un accord établissant la jouissance divise. Les coïndivisaires peuvent donc déroger à la règle par un accord de volontés. Deuxièmement, l'alinéa 3 de l'article 815-10 du Code civil pose le principe d'une prescription extinctive quinquennale. Cette courte prescription est en harmonie avec l'article 815-11 du Code civil qui donne droit aux indivisaires de réclamer annuellement la part de bénéfice. La jurisprudence a précisé que la prescription quinquennale s'appliquait à la demande d'indemnité de jouissance exclusive de l'article 815-9 du Code civil. L'usage privatif d'un bien indivis était déjà prévu par la jurisprudence, la loi de 1976 en a repris le principe. En contrepartie de l'usage du bien indivis, une indemnité est versée pour compenser la perte de revenu. Elle est, sauf exception, calculée sur la base de la valeur locative du bien. Cette indemnité est assimilée à un revenu indivis. Par conséquent, l'article 815-11 est applicable, en pratique pourtant, l'indemnité n'est réclamée qu'au moment du partage, dans la limite de la prescription quinquennale. Cette disposition présente un intérêt particulier dans le cadre du divorce et des indivisions post-communautaires. Il est habituel que l'un des conjoints continue à occuper le logement familial devenu indivis, le versement d'une indemnité est donc envisageable. Pendant l'instance en divorce, le juge lorsqu'il décide d'attribuer la jouissance du logement indivis à l'un des époux doit en préciser ou non le caractère gratuit. Le cas échéant, il constate l'accord des époux sur le montant d'une indemnisation d'occupation (art. 255). Désormais, l'article 262-1 précise que la jouissance du logement conjugal par un seul époux conserve un caractère gratuit jusqu'à l'ordonnance de non-conciliation. En revanche, une fois le divorce prononcé, et en attendant que le partage définitif mette fin à l'indivision post-communautaire, l'indemnité d'occupation est due car, le mariage dissous, l'obligation de secours a disparu. La jouissance privative d'un bien indivis peut être organisée contractuellement. Si l'accord des indivisaires assure un partage provisionnel en faveur du coïndivisaire, ce dernier peut s'approprier les fruits et revenus sans devoir d'indemnité. L'accord peut prendre la forme d'un bail[7]. Troisièmement, l'intervention d'un indivisaire gérant est prise en considération. L'article 815-12 du Code civil lui donne droit à une rémunération pour son activité[8]. Une telle rémunération est la contrepartie de son activité en faveur de l'indivision, mais elle n'est pas liée aux résultats de son activité de gérant, elle impose seulement la réalité de l'activité[9].

5. Une exception est introduite si la moins-value est causée par la faute d'un des coïndivisaires : le fautif doit indemnisation.
6. Le jour le plus proche du partage.
7. Cass. soc., 29 juillet 1949 : D. 1950, p. 4 – Cass. soc., 13 avril 1951 : D. 1951, p. 633, note R. Savatier.
8. F.-X. Testu, Rép. civ., v° Indivision, n° 744 et s.
9. Cass. 1re civ., 20 nov. 1984 : D. 1985, p. 557, note Breton.

B - Le passif

Il implique d'aborder deux questions. La première est celle de la composition du passif. La seconde, plus importante, réglée par l'article 815-17 du Code civil, est celle de la situation des créanciers à l'égard de l'indivision.

La composition du passif n'est autre que le reflet de l'actif. La définition d'un tel passif participe de la reconnaissance de l'autonomie de la masse constituée par les biens indivis alors que l'indivision n'est pas dotée de la personnalité juridique. Cette originalité s'explique par l'influence déterminante du droit des successions : l'indivision permettait d'assurer le prolongement du patrimoine du défunt. Cette fiction confère une indéniable autonomie à la masse indivise. Un passif peut exister lors de la constitution de l'indivision : il s'agit des dettes antérieures à l'apparition de l'indivision, dettes du défunt, dettes de la communauté avant sa dissolution, etc. Le passif naît du fonctionnement de l'indivision, les frais de conservation et de gestion incombent à tous les coïndivisaires. Le principe est que les dépenses justifiées sont réparties en proportion des droits de chacun des indivisaires dans l'indivision. La contribution à la dette est ainsi définie par l'article 815-10 alinéa 3 du Code civil. Il en résulte que les charges et les frais afférents aux biens indivis sont supportés proportionnellement par tous les indivisaires[10].

La situation des créanciers en présence d'une indivision est définie par l'article 815-17 du Code civil. Il impose de distinguer entre les créanciers de l'indivision et les créanciers personnels des indivisaires. Pour comprendre la différence de statut entre ces différents créanciers, il convient de comprendre que l'indivision isole la masse des biens indivis tant que le partage n'est pas intervenu. Pendant toute la durée de l'indivision, les biens indivis sont le gage privilégié des créanciers de l'indivision. Les créanciers personnels des indivisaires n'ont pas accès concrètement aux biens indivis car leur débiteur ne dispose que d'une quote-part abstraite dans l'indivision. Ils ne peuvent que provoquer le partage pour obtenir la concrétisation de la quote-part de leur débiteur. Une fois le partage réalisé, les créanciers de l'indivision se trouvent en concours avec les créanciers personnels des indivisaires. L'article 815-17 du Code civil introduit donc une sorte de privilège temporaire en faveur des créanciers de l'indivision.

Appartenir à la catégorie des créanciers de l'indivision ou à celle des créanciers personnels des indivisaires n'est donc pas sans conséquences. Il convient de définir avec précision chacune de ces catégories. L'article 815-17 du Code civil énonce que les créanciers de l'indivision sont ceux qui pouvaient agir sur les biens indivis avant l'apparition de l'indivision[11]. Il ajoute, innovant par rapport à la jurisprudence et élargissant la catégorie des créanciers de l'indivision, les créanciers dont « la créance résulte de la conservation ou de la gestion des biens indivis ». Il faut y ajouter les créanciers dont les indivisaires sont les débiteurs solidaires. Ces derniers ont le droit de prélèvement sur les biens indivis avant partage pour se payer de leurs dettes. En quelque sorte, ils bénéficient d'un gage privilégié, la masse indivise, tant que le partage n'est pas intervenu. Ils peuvent

---

10. La règle s'applique même si l'un des indivisaires n'occupe pas l'appartement dont la jouissance est laissée à l'autre.
11. Il s'agit de la reprise de la jurisprudence *Frécon*, 24 décembre 1912, S. 1914.1.201 (1re espèce) ; GAJ civ., n° 236. L'arrêt précise que « le gage dont les créanciers du défunt jouissaient de son vivant, continue, même après son décès, et ce jusqu'au partage, de subsister d'une manière indivisible sur l'hérédité tout entière ».

même saisir les biens indivis et les faire vendre. Si le créancier de l'indivision est lui-même un indivisaire, il dispose du même droit de prélèvement.

Les créanciers personnels d'un indivisaire sont dans une situation très différente : la masse indivise ne leur est pas accessible. Ils ne peuvent pas saisir les biens indivis. Ils peuvent prendre des sûretés sur les biens indivis, mais à défaut de l'accord de tous les créanciers pour les leur donner, leur efficacité dépend des résultats du partage[12]. Les créanciers personnels d'un indivisaire peuvent prendre des sûretés sur la quote-part indivise de leur débiteur. Ils peuvent provoquer le partage afin de rendre divis les biens indivis et de pouvoir les atteindre[13]. La demande en partage est le préalable nécessaire à toute demande en paiement. Pour provoquer le partage, le créancier personnel doit prouver le caractère certain, exigible et liquide de sa créance, sinon son action, qui repose sur la voie oblique, est fermée. Les coïndivisaires ne sont pas démunis face à l'action des créanciers personnels de l'un d'entre eux[14], ils peuvent « *arrêter le cours du partage en acquittant l'obligation au nom et en l'acquit du débiteur. Ceux qui exerceront cette faculté se rembourseront par prélèvement sur les biens indivis* » (art. 815-17)[15]. Les créanciers personnels d'un indivisaire peuvent intervenir lors du partage pour défendre leurs intérêts (art. 815-17, al. 3).

La composition de la masse indivise lui confère une autonomie importante qui n'est pas sans influence sur les règles relatives à la gestion de l'indivision.

2. LES RÉGIMES DE L'INDIVISION

Il convient d'employer le pluriel car le régime légal de l'indivision tel qu'issu de la loi du 31 décembre 1976 modifié par la loi n° 2006-728 du 23 juin 2006 et par la loi n° 2009-526 du 19 mai 2009 est un ensemble de règles supplétives de volonté puisqu'il est applicable en l'absence de convention d'indivision. La caractéristique principale de l'indivision légale reste l'inorganisation. Le recours à une convention d'indivision permet de pallier cet inconvénient. Le législateur par ses interventions successives introduit des palliatifs dans le régime légal. En effet, la gestion et le statut des biens indivis ne sont pas les mêmes dans le cadre du régime légal que dans celui du régime conventionnel.

---

12. À défaut d'accord unanime des coïndivisaires, une hypothèque accordée par un seul indivisaire n'est pas opposable aux autres. Par conséquent, elle ne sera rétroactivement efficace que si l'immeuble hypothéqué est attribué à l'indivisaire ayant consenti l'hypothèque. Sinon, elle n'est pas efficace car elle a été constituée sur le bien d'autrui.
13. Sauf s'ils n'ont pas intérêt à le faire, ce qui est le cas si les sommes dues par le coïndivisaire débiteur à l'hérédité sont supérieures à sa part héréditaire : Cass. 1re civ., 14 déc. 1983 : Bull. civ. I, n° 300 ; D. 1984, p. 310, note Breton.
14. Lucet (F.), « L'entreprise indivise à la merci des créanciers personnels de chaque indivisaire », in *Mélanges Derruppé,* 1991, p. 315 et s. ; Henry (C.), « La cession ou l'attribution d'une quote-part indivise dans le cadre d'une procédure collective », in *Mélanges A. Honorat, Procédures collectives et droit des affaires,* Frison-Roche, 2000, p. 121.
15. Cette disposition rend impossible, en pratique, le partage lorsque le montant de la créance n'est pas déterminable : Cass. 1re civ., 20 déc. 1993 : Bull. civ. I, n° 378 ; D. 1994, p. 358, note F. Derrida et A. Honorat ; JCP G 1994. I.3791, n° 4, obs. Le Guidec ; RTD civ. 1994, p. 393, obs. J. Patarin ; RTD civ. 1994, p. 895, obs. F. Zénati – C. Henry et D. Fabiani, « L'exécution sur les biens indivis », colloque CRAJEFE, préc.

A - Le régime légal

L'originalité de ce régime tient dans le caractère précaire de l'indivision. Le partage peut intervenir à tout moment, à la demande d'un des indivisaires ou de l'un de leur créancier ; la règle est posée par l'article 815 du Code civil : « *Nul ne peut être contraint à demeurer en indivision* [...] ». En attendant le partage, il convient d'étudier les règles de gestion qui gouvernent l'indivision et de faire état des droits de chaque indivisaire.

1) Les règles de gestion de l'indivision

La gestion de l'indivision est le reflet du partage des mêmes droits sur les mêmes biens par les coïndivisaires. Chacun d'entre eux est titulaire d'un droit, mais le concours de leurs droits respectifs interdit toute exclusivité. Par conséquent, le principe directeur en matière de gestion des biens indivis est, en principe, celui de l'unanimité, bien qu'il fasse l'objet d'aménagement. Les droits reconnus à chacun des indivisaires découlent de la même logique, ils disposent d'un droit individuel et exclusif sur leur quote-part.

Pendant longtemps la gestion de l'indivision a reposé sur la règle de l'unanimité : les actes d'administration et surtout de disposition supposaient l'accord unanime des indivisaires. Il en résultait que chacun disposait d'un véritable droit de veto pouvant conduire à la paralysie de la gestion. *Les règles de l'indivision notamment en ce qui concerne la gestion unanime, étaient en pratique relativement lourdes et conduisaient souvent* à une mauvaise gestion des biens indivis ou à un recours très fréquent au juge pour passer outre l'inertie d'un indivisaire inactif ou injustement réfractaire. La loi du 23 juin 2006 et la loi du 12 mai 2009 ont assoupli les règles de l'indivision. Cet assouplissement se retrouve pour tous les actes nécessaires à la gestion de l'indivision.

En ce qui concerne les actes conservatoires, l'article 815-2 du Code civil précise que tout indivisaire peut prendre les mesures nécessaires. C'est une dérogation évidente à la règle de l'unanimité. Elle s'explique par la volonté de faciliter la conservation des biens indivis. L'article a été modifié par la loi de 2006 pour élargir son application car le nouveau texte précise qu'un indivisaire peut agir seul même si les mesures ne présentent pas un caractère d'urgence. La jurisprudence a précisé la notion de mesures conservatoires en exigeant qu'elles visent des actes matériels et juridiques nécessaires pour soustraire les biens indivis à un péril imminent. La Cour de cassation a précisé que l'action engagée pour obtenir l'expulsion du bien immeuble indivis d'occupants sans droit ni titre et le paiement d'une indemnité d'occupation est une action ayant pour objet la conservation des droits des indivisaires et entre dans la catégorie des actes conservatoires que tout indivisaire peut accomplir seul. La cour estime qu'il n'est pas besoin de justifier d'un péril imminent[16]. De même, un indivisaire seul peut délivrer un commandement de payer, visant une clause résolutoire d'un bail commercial[17]. Cependant, les décisions prises dans un tel contexte doivent rester raisonnables et ne doivent pas mettre en danger les droits de chacun des coïndivisaires. La notion d'acte conservatoire est interprétée restrictivement. Cette qualification a été refusée à une action en suppression de poutres placées sur le mur indivis, non mitoyen, par le voisin. En effet, il n'y avait pas un péril imminent pour le bien et la prescription acquisitive ne trouvait pas à

16. Cass. 1re civ., 4 juill. 2012, n° 10-21967, F-P+B+I : D. 2012, p. 1886.
17. Cass. 1re civ., 9 juill. 2014, n° 13-21463.

s'appliquer. La suppression de toute référence à l'urgence devrait conduire à un assouplissement de la jurisprudence. Les frais engagés pour la conservation des biens indivis sont une charge de l'indivision et l'indemnité versée pour occupation du bien bénéficie à l'indivision. Si l'indivisaire actif dispose des fonds indivis, il est en droit de s'en servir. Si ce n'est pas le cas, il peut contraindre ceux qui détiennent les fonds indivis à lui fournir la provision nécessaire ; il peut également exiger des autres indivisaires qu'ils participent à proportion de leur part au financement des dépenses nécessaires.

En ce qui concerne les actes d'administration et de disposition, l'article 815-3 du Code civil a été profondément modifié par la loi de 2006. Depuis le 1er janvier 2007, date d'entrée en vigueur de la loi du 23 juin 2006 (sous réserve des dispositions transitoires, elle s'applique aux indivisions en cours) de très nombreuses décisions n'ont plus besoin d'être prises à l'unanimité, mais à la majorité des deux tiers des droits indivis. Le nouvel article 815-3 énonce que la majorité des 2/3 (au lieu de l'unanimité actuelle) est suffisante pour accomplir certains actes de gestion, pour :

- effectuer les actes d'administration relatifs aux biens indivis (travaux d'entretien par exemple) ;
- donner un mandat général d'administration à l'un des indivisaires (ou à plusieurs) ou à un tiers (sous réserve de l'application de textes spéciaux ; C. civ., art. 1844, al. 4) qui impose d'écarter l'article 815-3[18] ;
- vendre les biens meubles indivis pour payer les dettes et charges de l'indivision ;
- conclure et renouveler des baux autres que ceux portant sur un immeuble à usage agricole, commercial, industriel ou artisanal (bail d'habitation ou mixte habitation/professionnel).

Pour mesurer l'ampleur de la réforme, il faut simplement rappeler que l'ancien article 815-3 du Code civil posait comme principe l'unanimité en ces termes « *les actes d'administration et de disposition relatifs aux biens indivis requièrent le consentement de tous les indivisaires. Ceux-ci peuvent donner à l'un ou plusieurs d'entre eux un mandat général. Un mandat spécial est nécessaire pour tout acte qui ne ressortit pas à l'exploitation normale des biens indivis, ainsi que pour la conclusion et le renouvellement des baux* ». En revanche, on revient à la nécessité de l'unanimité pour tout acte qui ne ressortit pas à l'exploitation normale des biens indivis (c'est-à-dire tous les autres actes : vente des biens immeubles, bail portant sur un immeuble à usage agricole, agir en justice...).

Avant la réforme la règle de l'unanimité ne facilitait pas la gestion de l'indivision. Pour l'aménager, il était possible de recourir au mandat, cette option est conservée sous l'empire de la loi nouvelle loi puisque le dernier alinéa de l'article 815-3 reprend les dispositions de 1976 sur le mandat tacite. « Si un indivisaire prend en main la gestion des biens indivis, au su et au vu des autres et néanmoins sans opposition de leur part [...] ». La solution est particulièrement souple car aucun écrit n'est exigé, la connaissance des actes de l'indivisaire diligent par les autres est suffisante. La souplesse est d'un grand secours en la matière car elle implique qu'un indivisaire peut se charger de la gestion d'un bien et un autre d'autres biens. Ce mécanisme se justifie par la recherche de l'intérêt commun. Ce mandat vise les actes d'administration et non les actes de disposition. La jurisprudence s'associe au législateur pour aménager la mise en œuvre de

18. Cass. 1re civ., déc. 2010, n° 09-10140.

l'article 815-3 du Code civil. Indépendamment de la réforme de 2006, la Cour de cassation dans une décision du 12 janvier 2010 protège la promesse de vente annexée à un bail. Cette promesse, au moment d'être levée, révèle que la signature d'un seul des coïndivisaires était valable sur la promesse de vente. Une stricte application du texte conduit à l'annulation de l'acte. La Cour de cassation s'appuyant sur la validité de la cession de leur quote-part indivise par chaque indivisaire considère que « la vente d'un immeuble indivis faite par un seul des indivisaires est valable pour la portion indivise qui lui appartient ». Elle en a déduit à bon droit que la vente était parfaite entre lui et l'acheteur. La Cour passe de la faculté de céder à l'obligation de vendre[19].

Le dernier alinéa de l'article 815-4 non modifié par la loi de 2006 prévoit la gestion d'affaires. Elle ne joue qu'un rôle secondaire dans la mesure où les règles du mandat, notamment du mandat tacite, permettent d'organiser la gestion des biens indivis. Elle reste utile lorsqu'un indivisaire est intervenu à l'insu des autres, et a dépassé les pouvoirs exprès qui lui avaient été confiés dans le mandat.

La nouvelle loi a maintenu l'intervention possible du juge[20]. Elle présente des degrés différents. Elle permet de retrouver l'unanimité nécessaire dans le cadre de la représentation judiciaire (C. civ., art. 815-4, al. 1er) ou dans le cadre de l'autorisation judiciaire (C. civ., art. 815-5). La représentation judiciaire répond à une difficulté particulière : l'un des indivisaires est hors d'état de manifester sa volonté. L'article 815-4 du Code civil précise dans son alinéa 1er qu'un indivisaire peut se faire habiliter en justice pour le représenter de manière générale ou pour des actes particuliers. Le mécanisme, outre sa parenté avec le régime primaire des régimes matrimoniaux, constitue une sorte de mandat judiciaire[21]. Il n'y a pas de litige entre les indivisaires, mais seulement une impossibilité pour l'un d'entre eux de manifester sa volonté. L'autorisation judiciaire tend à régler une situation de crise dans la mesure où elle intervient en cas de désaccord entre les indivisaires[22]. L'un d'entre eux s'oppose à la conclusion d'un acte sur les biens indivis, bloquant la prise de décision en vertu de la règle de l'indivision. L'autorisation judiciaire permet de dépasser le conflit et d'obtenir l'autorisation de passer l'acte considéré. Les conditions de mise en œuvre de l'autorisation judiciaire sont strictement définies. Le refus d'un indivisaire doit mettre en péril l'intérêt commun. L'intérêt commun est une notion appréciée au cas par cas par les juges du fond. Il en va de même de la mise en péril. À la différence des actes conservatoires, qui visent le péril des biens indivis eux-mêmes, l'article 815-5 vise la mise en péril de l'intérêt commun. L'appréciation est laissée aux juges, qui ont une approche restrictive de la notion : par exemple, le refus de vendre un immeuble indivis ne met pas en péril l'intérêt commun. Le caractère avantageux d'une opération n'est pas une preuve suffisante. Le juge peut refuser d'ordonner la signature d'une vente en exécution d'une promesse parce que l'acte est considéré

19. Cass. 3e civ., 12 janv. 2010, n° 08-17186 : JCP G 2010, 1162, chron. Droit des biens, n° 10, obs. H. Périnet-Marquet.
20. C. Watine-Drouin, « Le rôle du juge relativement à la gestion et à l'utilisation des biens indivis », RTD civ. 1988, p. 267.
21. La source d'inspiration se trouve dans l'article 219 du Code civil relatif au régime primaire des régimes matrimoniaux.
22. La source d'inspiration se trouve dans l'article 217 du Code civil relatif au régime primaire des régimes matrimoniaux.

contraire à l'intérêt de l'indivision[23]. Pourtant, la cession est parfois autorisée par le juge car elle se présente dans des conditions particulièrement avantageuses. Il en va ainsi de la cession d'une parcelle indivise qui intervenait en même temps que la vente de la parcelle contiguë. L'acte passé dans ces conditions est opposable à l'indivisaire dont le consentement a fait défaut (C. civ., art. 815-5, al. 3). La loi du 12 mai 2009 rompt la règle de l'unanimité en introduisant un article 815-5-1 dans le Code civil. L'obtention de l'unanimité est un problème fréquent en pratique et un obstacle à la vente du bien indivis. C'est pourquoi, la loi n° 2009-526 du 12 mai 2009 de simplification et de clarification du droit et d'allégement des procédures a créé un nouvel article 815-5-1 dans le code permettant la vente de biens en indivision, même si un ou plusieurs indivisaires s'y opposent ou ne font pas connaître leur position. Une telle vente peut avoir lieu avec une autorisation du tribunal de grande instance. L'initiative de la vente appartient aux indivisaires titulaires d'au moins deux tiers des droits indivis qui peuvent « *exprimer devant un notaire (...) leur intention de procéder à l'aliénation du bien indivis* ». Le notaire, dans le délai d'un mois, doit informer les autres indivisaires. Ceux-ci ont trois mois pour faire connaître leur position (à défaut, leur silence est considéré comme une opposition à la vente). Si aucun accord entre la totalité des indivisaires n'est obtenu, le notaire constate le conflit par procès-verbal. Le tribunal de grande instance sera saisi à la demande des indivisaires à l'origine de la procédure. Il pourra autoriser l'aliénation du bien indivis si « *elle ne porte pas une atteinte excessive aux droits des autres indivisaires* ». Cette aliénation s'effectuera par licitation.

De manière plus classique, un pas supplémentaire est franchi avec l'article 815-6 du Code civil qui donne compétence au président du tribunal de grande instance pour prescrire et autoriser toutes les mesures urgentes nécessaires à l'intérêt commun. L'autorisation permet de dépasser les dissensions divisant les indivisaires. La prescription permet au juge de confier à un tiers le soin de prendre des mesures nécessaires à la sauvegarde des biens indivis. Après débats et discussions, les actes visés par le texte peuvent être des actes conservatoires, d'administration et de disposition. Le juge doit apprécier l'équilibre entre les mesures d'urgence et l'intérêt général, à ce titre son pouvoir est proche de celui qui lui est reconnu dans le cadre de l'article 815-5 du Code civil. Le Code énonce, à titre indicatif, les mesures urgentes pouvant être ordonnées. Elles concernent le maniement des deniers indivis (C. civ., art. 815-6, al. 2), la nomination d'un administrateur (C. civ., art. 815-6, al. 2), l'interdiction du déplacement des meubles corporels (C. civ., art. 815-7).

2) Les droits de chaque indivisaire

Chacun d'entre eux dispose d'une part abstraite, égale ou non, dans l'indivision. Elle est abstraite car elle ne se rapporte pas à un bien particulier dans l'indivision ; elle représente une fraction de propriété dans le ou les biens indivis. Les indivisaires ont droit au capital de l'indivision, à l'actif indivis. Ils ont droit d'usage et droit aux fruits de l'indivision[24]. L'article 815-9 du Code civil précise que « *chaque indivisaire peut user et jouir des biens indivis conformément à leur destination, dans la mesure compatible avec le droit des autres indivisaires [...]* ». Cet article consacre un usage libre des biens indivis à la

---

23. Cass. 1re civ., 15 févr. 2012, n° 10-21457 : Bull. civ. I, n° 31 ; D. 2012, p. 553 ; Defrénois 2012, p. 569, obs. Lebond.
24. V. *supra*, l'actif de l'indivision, p. 154.

condition de respecter les droits des autres indivisaires. La Cour de cassation veille au respect de cette condition rappelant que tout indivisaire peut faire cesser les actes accomplis par un autre indivisaire qui ne respecte pas la destination de l'immeuble indivis ou les droits des autres indivisaires. La construction d'un des indivisaires empiétant sur une parcelle indivise n'interdit pas aux autres indivisaires à agir sous prétexte qu'il faut attendre le sort du bien indivis lors du partage. De même, les coïndivisaires peuvent demander une indemnisation pour un préjudice potentiel dès lors qu'il est évalué dans le respect de la valeur locative du bien[25]. Cette condition explique le versement d'une indemnité en cas de jouissance privative par un des indivisaires d'un bien indivis. La rupture matérielle d'égalité entre les indivisaires est compensée par l'indemnité.

Sur sa fraction, chaque indivisaire dispose d'un droit individuel et exclusif : il peut la vendre, la donner, constituer une hypothèque. En revanche, les droits des créanciers personnels des indivisaires sur cette quote-part abstraite sont limités par la reconnaissance d'un gage temporaire composé des biens indivis et offert aux créanciers de l'indivision[26]. Cette caractéristique de l'indivision entraîne un certain nombre de conséquences. Cependant, la libre disposition de la quote-part indivise soulève des difficultés particulières[27] qui sont prises en considération par la loi du 31 décembre 1976. Le Code civil prévoit un mécanisme protecteur de l'intégrité de l'indivision : le droit de préemption ou de substitution (C. civ., art. 815-14 à 815-16). Le droit de préemption est ouvert en présence d'une cession onéreuse de quote-part indivise à une personne étrangère à l'indivision. La Cour de cassation a fait application de ce principe dans le cadre d'une cession entre coïndivisaires d'une quote-part sur un fonds de terre ou bail rural. Une telle cession n'est pas une aliénation à titre onéreux et donc le droit de préemption du Code rural ne trouve pas à s'appliquer[28]. Dès lors que la cession de la quote-part indivise concerne un tiers, l'article 815-14 du Code civil joue. Le cédant doit notifier, par acte extrajudiciaire, aux autres indivisaires les conditions de la cession et les nom, domicile et profession de l'acquéreur (C. civ., art. 815-14, al. 1er). Dans le délai d'un mois après la notification, chacun des indivisaires peut faire connaître au cédant, par acte extrajudiciaire, sa volonté d'exercer son droit de préemption aux prix et conditions notifiés (C. civ., art. 815-14, al. 2). La cession doit intervenir dans un délai de deux mois à compter de la date d'envoi de sa réponse au cédant. Passé ce délai, la déclaration de préemption est nulle de plein droit après qu'une mise en demeure soit restée sans réponse pendant quinze jours (C. civ., art. 815-14, al. 3). Le droit de préemption peut être exercé par plusieurs indivisaires[29]. La jurisprudence a précisé que la notification faite au titulaire du droit de préemption ne vaut pas offre de vente. Par conséquent, même en cas d'acceptation de la cession par l'autre indivisaire cela n'interdit pas à l'auteur du projet de cession de renoncer à la cession. Globalement, la jurisprudence

---

25. Cass. 1re civ., 12 mai 2010, n° 09-65362 : JCP G 2010, 1162, chron. Droit des biens, n° 11, obs. H. Périnet-Marquet.
26. V. *supra*, le passif de l'indivision, p. 156.
27. Les indivisions sont souvent familiales et la cession d'une part à un tiers, souvent étranger à la famille, jette le trouble dans la gestion de l'indivision.
28. Cass. 3e civ., 24 nov. 2010, n° 09-69327 : JCP G 2011, 323, chron. Droit des biens, n° 9, obs. H. Périnet-Marquet.
29. L'article 815-14 alinéa 4 du Code civil précise que chacun des indivisaires doit une fraction du prix correspondant à sa quote-part dans l'indivision.

tend à atténuer les effets du droit de préemption. Ainsi l'indivisiaire peut retirer son projet si une intention d'exercer la préemption se manifeste[30]. Le 18 janvier 2012[31], la première chambre civile considère que la déclaration de préemption du coïndivisaire est nulle dès lors que la cession prévue au tiers est réalisée au comptant et que le coïndivisiaire ne mentionne pas dans son projet la condition suspensive de l'octroi d'un prêt. L'article 815-15 du Code civil aménage le droit de préemption en présence d'une adjudication de tout ou partie des droits d'un indivisaire dans les biens indivis. Ce droit de substitution permet à chaque indivisaire de se substituer à l'acquéreur dans un délai d'un mois à compter de l'adjudication par déclaration au greffe ou au notaire. Pour que ce droit puisse être exercé, l'avocat ou le notaire doit informer les indivisaires par notification un mois avant la date de la vente. L'article 815-16 du Code civil dispose que toute cession opérée au mépris des articles 815-14 et 815-15 du Code civil est nulle[32].

Ce droit de préemption ou de substitution s'applique dans toutes les indivisions, y compris conventionnelles. Pourtant, le régime conventionnel se différencie nettement du régime légal.

En résumé, la réforme du régime légal de l'indivision réalisée par la loi sur les successions n° 2006-728 du 23 juin 2006 ainsi que la loi n° 2009-526 du 12 mai 2009 de simplification et de clarification du droit ont modifié sur certains points le régime de l'indivision :

- facilitation de la gestion des biens en indivision avec assouplissement de la règle de l'unanimité ;
- les actes conservatoires peuvent être réalisés par tout indivisaire (art. 815-2) ;
- les actes de gestion requièrent une majorité des deux tiers des droits indivis (art. 815-3) et les indivisaires doivent informer tous les indivisaires des décisions prises afin qu'elles leur soient opposables (art. 815-3, 4°, al. 2) ;
- les actes les plus graves (comme la vente non justifiée par le paiement de dettes) continueront de réclamer l'unanimité (art. 815-3, 4°, al. 3) sous réserve de l'application de l'article 815-5-1 qui permet la vente du bien indivis en dépit de l'opposition ou du silence de certains coïndivisaires avec l'autorisation du tribunal de grande instance ;
- l'article 815-10 est modifié en ce qui concerne la subrogation réelle, il est désormais précisé que « sont de pleins droits indivis, par effet d'une subrogation réelle, les créances et les indemnités qui remplacent les biens indivis, ainsi que les biens acquis, avec le consentement de l'ensemble des indivisaires, en emploi ou en remploi des biens indivis ». Pour être clairement dites, ces règles ne susciteront plus l'hésitation.

---

30. Cass. 1re civ., 9 février 2011, n° 10-10759 : D. 2011, p. 494.
31. Cass. 1re civ., 18 janv. 2012 : D. 2012, p. 282, obs. V. Da Silva.
32. La prescription extinctive est de cinq ans et l'action ne peut être exercée que par les indivisaires concernés ou leurs héritiers.

B - Le régime conventionnel

L'article 1873-1 du Code civil autorise les conventions d'indivision. Il est prévu à l'article 1873-2 alinéa 1er du Code civil, qui précise que les indivisaires à l'unanimité peuvent décider de rester en indivision. Les articles suivants décrivent les conditions et les effets de la convention d'indivision.

1) *Les conditions de la convention d'indivision*

La loi du 31 décembre 1976 exige que la convention soit rédigée par écrit à peine de nullité (C. civ., art. 1873-2, al. 2). L'acte sous seing privé n'est suffisant que si l'indivision ne comprend pas de biens immobiliers. Dans le cas contraire, l'acte authentique est rendu indispensable par les formalités de publicité foncière[33]. À peine de nullité, l'écrit doit préciser les quotes-parts appartenant à chaque indivisaire en plus de la désignation des biens indivis. Pour pouvoir conclure une telle convention, il faut avoir la capacité et le pouvoir de disposer des biens indivis (C. civ., art. 1873-4).

L'intérêt premier d'une convention d'indivision est de tempérer le caractère précaire de l'indivision légale. L'article 1873-3 du Code civil précise la durée de l'indivision. La convention peut être conclue à durée déterminée, elle ne peut pas dépasser cinq ans, elle est renouvelable par une décision expresse des indivisaires et par tacite reconduction pour une durée déterminée ou indéterminée. Dans ce cas, le partage ne peut pas intervenir avant le terme convenu. C'est une dérogation au principe classique rappelé par l'article 815 du Code civil : nul ne peut être contraint à rester dans l'indivision. La convention peut être conclue pour une durée indéterminée. Le partage retrouve la place qui est la sienne, il peut être demandé à tout moment, à condition que ce ne soit pas à contretemps ou de mauvaise foi (C. civ., art. 1873-3, al. 2). La demande en partage n'est plus discrétionnaire en présence d'une convention d'indivision. Cette limite s'impose aux coïndivisaires comme aux tiers, quand la convention leur est opposable, accordant une plus grande stabilité à l'indivision. La règle est particulièrement précieuse à l'égard des créanciers personnels des coïndivisaires qui ne peuvent plus provoquer le partage sans discernement[34].

Le fonctionnement de l'indivision conventionnelle repose pour l'essentiel sur l'autonomie de la volonté. Les dispositions légales ne viennent que compléter les règles conventionnelles. Comme dans le cadre de l'indivision légale, chaque indivisaire peut jouir et user des biens indivis (C. civ., art. 1873-11). Il est également tenu de participer aux dépenses de conservation des biens indivis (C. civ., art. 1873-11, al. 2). La logique plaide en faveur de la nomination d'un gérant bien que la loi ne l'impose pas, même en présence d'une convention. Cette question relève déjà des effets de la convention d'indivision.

---

33. À défaut, la convention est inopposable aux tiers, tandis qu'elle reste valable entre les coïndivisaires.
34. Elle est un des moyens proposés pour protéger une entreprise indivise de l'action des créanciers, v. Lucet (F.), « L'entreprise indivise à la merci des créanciers personnels de chaque indivisaire », in *Mélanges Derruppé*, 1991, p. 315 et s.

2) *Les effets de la convention d'indivision*

Ils concernent les relations entre indivisaires, mais ont aussi des conséquences sur les créanciers.

L'article 1873-5 du Code civil prévoit que les indivisaires peuvent nommer un ou plusieurs gérants choisis ou non parmi eux. Tout est dit, la nomination du ou des gérants est soumise à la règle de l'unanimité, plus précisément, les indivisaires par un accord unanime peuvent fixer les modalités de désignation d'un ou de plusieurs gérants. La règle vaut pour la révocation du gérant. À défaut de dispositions contractuelles, la révocation d'un gérant coïndivisaire ne peut se faire que par une décision unanime. Si le gérant n'est pas un des indivisaires, sa révocation, dans le silence de la convention, se fait sur une décision de la majorité des indivisaires en parts et en nombre (C. civ., art. 1873-5, al. 3). La rémunération du gérant est prévue par l'article 1873-10 du Code civil. Les pouvoirs du gérant dépendent des dispositions insérées dans la convention d'indivision. Elle peut stipuler quelles sont les décisions soumises à la règle de la majorité, à celle de l'unanimité pour dépasser les pouvoirs confiés au gérant. Cependant, l'article 1873-6 du Code civil précise qu'il représente les indivisaires, dans la mesure de ses pouvoirs pour les actes de la vie civile. Il les représente en justice. Il administre l'indivision et exerce des pouvoirs comparables à ceux des époux sur les biens communs. L'article 1421 du Code civil doit donc servir de référence. Il énonce un principe de gestion concurrente : chaque époux a le pouvoir d'administrer les biens communs. Ce pouvoir de gestion concurrente vaut comme principe et n'est écarté qu'en présence d'un texte particulier le limitant. Les actes d'administration sont couverts par ce principe. Les actes de disposition n'en sont pas totalement exclus. En effet, les époux peuvent passer seuls des actes de disposition en cédant des meubles corporels, des valeurs mobilières et en disposant des deniers communs. Sur ce point, les pouvoirs du gérant de l'indivision sont moins importants que ceux des époux. L'article 1873-6 alinéa 2 précise qu'il ne peut disposer des meubles corporels que pour les besoins d'une exploitation normale des biens indivis, ou s'il s'agit de choses difficiles à conserver. Les indivisaires ne disposent pas de la possibilité de se réunir en assemblée générale, cependant, l'article 1873-8 du Code civil énonce que les décisions qui excèdent les pouvoirs du gérant sont prises à l'unanimité des indivisaires. Si le gérant est un indivisaire, il peut, en référence aux articles 815-4, 815-5-1 et 815-6 du Code civil, se prévaloir des règles de la gestion d'affaire ou de l'intervention judiciaire pour dépasser les blocages dommageables pour les intérêts de l'indivision.

Les effets de la convention d'indivision ne concernent pas que les indivisaires, mais aussi les créanciers. Leur situation reste normalement celle décrite par l'article 815-17 du Code civil dans le cadre de l'indivision légale. La distinction entre les créanciers de l'indivision et les créanciers personnels des indivisaires est donc reprise. Cependant, leur situation change, car la présence de la convention d'indivision limite leur droit de demander le partage. En effet, ils n'exercent ce droit que sur le fondement de l'action oblique, en lieu et place de leur débiteur, or ce dernier est lié par la convention d'indivision. Par conséquent, une convention à durée déterminée les oblige à attendre l'échéance du partage et une convention à durée indéterminée leur impose du discernement dans leur demande en partage qui ne peut pas être faite à contretemps ou de mauvaise foi. En présence d'une convention, ils ne peuvent plus provoquer le partage discrétionnairement, en contrepartie, l'article 1873-15 alinéa 2 du Code civil leur offre le droit de saisir et de vendre la part indivise de leur créancier indivisaire suivant les formes prévues par le Code de procédure civile. Ce droit est particulièrement précieux en présence d'une convention d'indivision à durée déterminée, hypothèse visée par le texte du Code civil. En présence d'une vente forcée, les coïndivisaires bénéficient du droit de substitution de l'article 815-15 du Code civil.

Le partage est au cœur du droit de l'indivision (C. civ., art. 815), il en exprime le caractère précaire et il fait l'objet d'un encadrement dans le cadre du régime conventionnel. Le Code civil consacre un droit au partage dont les limites sont strictement encadrées, la Cour de cassation confirme cette approche en refusant le tirage au sort des lots sans que la preuve soit apportée que la division en lots rendrait impossible l'usage et l'exploitation des fonds principaux[35].

3. LE PARTAGE

Le partage est l'acte par lequel il est mis fin à l'indivision. Il fait apparaître des droits divis là où l'indivision n'exprimait que des droits indivis, des quotes-parts sur les biens indivis. Les demandes en partage depuis la loi du 23 juin 2006 dépendent des articles 816 à 824 du Code civil. L'égalité est l'âme du partage, la loi du 23 juin 2006 généralise le principe de l'égalité en valeur (C. civ., art. 826), ce dernier impose donc que les comptes soient réglés entre les indivisaires. Les effets du partage méritent d'être mis en évidence pour être différents des effets translatifs attachés à la vente.

A - Les comptes d'indivision

Ils sont un préalable indispensable au partage. Les actes accomplis par les indivisaires pendant l'indivision sont susceptibles de faire naître des créances et des dettes à l'égard de l'indivision. Les comptes de l'indivision sont un mode de règlement simplifié de ces créances et de ces dettes. Chaque indivisaire dispose d'un compte d'indivision. Leurs différents comptes sont regroupés au sein d'un compte général d'indivision. Il est ainsi possible de déterminer les droits de chaque indivisaire dans le partage sur une masse nette, c'est-à-dire dont on a soustrait le passif.

Les articles du compte d'indivision sont variés. Certaines créances ou dettes peuvent être concomitantes à la naissance de l'indivision. Il s'agit, par exemple, des dettes que l'un des héritiers indivisaires avait contractées envers le défunt de son vivant. L'héritier est débiteur de la masse indivise de la dette contractée auprès du défunt. D'autres naissent en cours d'indivision. Un des indivisaires peut être créancier de l'indivision pour avoir réglé des dépenses de conservation des biens indivis sans se servir des fonds indivis. Inversement, un indivisaire peut devoir à l'indivision une indemnité de jouissance privative d'un bien indivis. Il peut devoir l'équivalent des fruits et revenus qu'il a perçus personnellement, si leur sort n'a pas été réglé pendant l'indivision. Des créances ou des

35. Cass. 3e civ., 27 oct. 2010, n° 09-13600 : JCP G 2011, 323, chron. Droit des biens, n° 8, obs. H. Périnet-Marquet.

dettes peuvent apparaître à l'occasion de la gestion de l'indivision, parmi ces dépenses figurent la rémunération du gérant de l'indivision, elles peuvent venir des améliorations apportées par un indivisaire. L'article 815-13 du Code civil précise les conditions de remboursement. L'indivisaire qui a apporté des améliorations par un financement personnel doit être indemnisé en équité en tenant compte de l'augmentation de la valeur du bien. Il convient également de tenir compte des impenses réalisées par un indivisaire pour la conservation des biens indivis[36]. Ce même article précise que réciproquement l'indivisaire répond des dégradations et détériorations subies par les biens indivis de son fait ou par sa faute. Ces créances et ces dettes constituent des articles du compte de l'indivision. La liquidation des intérêts se révèle souvent difficile, car il faut tenir compte de la variation dans le temps de la valeur des biens indivis. Les articles du compte de l'indivision permettent d'établir une balance qui établit un solde en faveur ou en défaveur de l'indivision. L'extinction du solde du compte se fait par une modification des droits de l'indivisaire dans la masse indivise. Si le solde est positif, l'indivisaire se paie par prélèvement sur la masse indivise. En d'autres termes, il prend davantage dans l'indivision. Il exerce son prélèvement prioritairement sur les liquidités, les meubles et subsidiairement sur les immeubles[37]. Une fois exercé le droit de prélèvement, les biens indivis restants sont partagés entre les indivisaires en proportion de leur quote-part respective. Si le solde du compte est négatif, l'indivisaire est débiteur à l'égard de l'indivision. L'indivisaire s'acquitte de sa dette par un rapport en moins prenant, c'est-à-dire en prenant moins lors du partage. Le rapport de dette consiste en théorie à allotir le débiteur de sa dette, et en pratique à soustraire la dette de la quote-part de l'indivisaire débiteur. Ces opérations interviennent en vue de la réalisation du partage.

B - Les effets du partage

La loi du 23 juin 2006 est venue modifier les articles du Code civil relatif au partage. Ce dernier met fin à l'indivision, il fait apparaître les droits divis de chacun dans l'indivision à travers l'attribution de sa quote-part. Si un des indivisaires souhaite provoquer le partage alors que les autres préfèrent rester en indivision, l'article 824 du Code civil prévoit l'attribution éliminatoire : sa quote-part lui est attribuée par le tribunal lui permettant de sortir seul de l'indivision. La Cour de cassation a étendu ce droit à l'indivision conventionnelle[38]. Dans le cadre de l'indivision légale, il peut être demandé à tout moment par les indivisaires ou leurs créanciers personnels. Les effets du partage sont spécifiques. Il est caractérisé par l'effet déclaratif (C. civ., art. 883). Le partage ne transfère pas aux copartageants la propriété des biens dont ils sont allotis. Ses effets rétroagissent au jour de la naissance de l'indivision : les copartageants sont propriétaires rétroactivement des biens reçus lors du partage, sous réserve des actes de gestion régulièrement passés pendant l'indivision. Certains actes passés pendant l'indivision risquent d'être rétroactivement anéantis : une hypothèque constituée par un des indivisaires seul, sans l'accord des autres indivisaires,

36. Le paiement des primes d'assurance habitation est un exemple de dépense de conservation de l'immeuble qui, si elle est engagée par un indivisaire, le rend créancier de l'indivision : Cass. 1re civ., 20 janv. 2004 : Bull. civ. I, n° 2. *http//www.legifrance.gouv.fr.*
37. F.-X. Testu, *Rép. civ.*, v° Indivision, n° 848 et s.
38. Cass. 1re civ., 3 déc. 2014, n° 13-27627.

c'est-à-dire en violation des règles de gestion de l'indivision, est rétroactivement anéantie si l'immeuble est alloti à un autre indivisaire que celui qui a constitué l'hypothèque. On évoque l'aléa du partage. Les conséquences méritent d'être mises en évidence. La plus importante est l'absence d'effet translatif de propriété. Le partage est différent d'une vente ; les garanties de la vente ne trouvent pas à s'appliquer[39]. Les règles de publicité du partage ne sont pas celles du droit de la vente. Le régime des nullités du partage est changé par la loi de 2006. L'action en rescision n'est plus, en présence d'une rescision, une action en complément de part reste possible (C. civ., art. 889). Les actions en nullité sont toujours possibles en cas de violence ou de dol. En outre, le partage, c'est nouveau, peut être annulé « pour cause d'erreur, si celle-ci a porté sur l'existence ou la quotité des droits des copartageants ou sur la propriété des biens compris dans la masse partageable » (C. civ., art. 887). La nullité est évitée le plus souvent possible par le législateur, ce qui explique que le dernier alinéa de l'article 887 du Code civil précise qu'en cas d'erreur, de violence ou de dol s'il est possible de réparer autrement que par l'annulation « le tribunal peut, à la demande de l'une des parties, ordonner le partage complémentaire ou rectificatif. ». Autre nouveauté de la loi de 2006 : l'omission d'un héritier peut entraîner l'annulation du partage (C. civ., art. 888), mais l'héritier peut demander sa part en nature ou en valeur sans que le partage soit annulé. La loi de 2006 prévoit une action en comblement de part (C. civ., art. 889 à 892) pour remplacer la rescision pour lésion. Désormais, en cas de lésion du plus du 1/4, l'action en comblement de part est ouverte, elle connaît une courte prescription de deux ans à compter du partage. Cette solution légale rompt avec les textes antérieurs qui conduisaient à des solutions manquant de souplesse. Ainsi dans un arrêt du 27 décembre 2008, la Cour de cassation rappelle qu'en application de l'ancien article 888 l'introduction d'une action en partage complémentaire est interdite.

L'indivision ordinaire n'est pas la seule du droit civil, il existe des indivisions spéciales, dérogatoires par rapport au droit commun de l'indivision.

Section 2

La mitoyenneté

Les indivisions forcées sont nombreuses et variées. La copropriété des immeubles bâtis en est une forme devenue autonome. Les marais salants en sont un exemple anecdotique. Le droit des propriétés intellectuelles laisse une place importante à la notion d'indivision spéciale dans le cadre des œuvres de collaboration[40]. Parmi les indivisions spéciales, l'indivision forcée que constitue la mitoyenneté mérite une attention particulière. Bien que le Code civil la place dans le chapitre des servitudes légales (art. 653 et s.), la qualification juridique acceptée par tous est la copropriété. Le projet de réforme consacre à la mitoyenneté un chapitre V dans le Titre V relatif aux relations de voisinage.

---

39. Il s'agit pour l'essentiel de la garantie d'éviction, de l'action résolutoire, de la lésion pour les immeubles. Il n'est pas une mutation en droit fiscal.
40. Voir l'article L. 113-3 du Code de la propriété intellectuelle : « *L'œuvre de collaboration est la propriété commune des coauteurs. Les coauteurs doivent exercer leurs droits d'un commun accord. En cas de désaccord, il appartiendra à la juridiction de statuer.* »

Il propose la définition suivante : « *la mitoyenneté est un droit de propriété transmis sur un mur, une clôture ou un fossé* » (art. 635). Cette forme d'indivision ne peut pas être soumise aux règles ordinaires de l'indivision, car aucun partage n'est envisageable. Pourtant, chacun des propriétaires des fonds contigus ne dispose pas de la propriété exclusive de la moitié située de son côté. La mitoyenneté a pu être décrite avec subtilité en ces termes : « La copropriété de chacun est au service de la copropriété de l'autre »[41]. Les voisins sont copropriétaires du mur, de la barrière ou du fossé mitoyen. Ils ont des droits égaux et réciproques sur la clôture mitoyenne. Pendant la période qui sépare l'établissement et la perte de la mitoyenneté, le régime de cette dernière s'applique.

1 • L'ÉTABLISSEMENT ET LA PERTE DE LA MITOYENNETÉ

Ils se distinguent des modes d'acquisition ou de disparition classique de la propriété. Cependant, l'établissement de la mitoyenneté n'est rien sans la preuve de cette dernière.

A - L'établissement de la mitoyenneté

Il dépend d'une part de son acquisition, et d'autre part de sa preuve.

1) L'acquisition de la mitoyenneté

Il existe plusieurs modes d'acquisition de la mitoyenneté. Le premier dépend de la ***convention*** : des voisins peuvent convenir de construire une clôture pour séparer leurs fonds, souvent un mur, en mettant les frais en commun. Cette convention contient une cession de mitoyenneté à titre onéreux ou à titre gratuit. La convention définit le partage des frais, le prix de cession s'il y a lieu. Le second mode d'acquisition est la ***prescription acquisitive***. La jurisprudence est aussi constante que nette : « *Le fait d'appuyer une construction contre un mur constitue un acte de possession caractérisée, car le propriétaire de ladite construction se comporte comme si le mur était sa propriété exclusive ou qu'il était mitoyen ; le maintien de cette situation pendant trente ans peut donner lieu acquisition de la mitoyenneté par prescription* »[42]. La Cour de cassation rappelle régulièrement qu'un empiétement fait obstacle à l'acquisition de la mitoyenneté. En la matière, l'originalité vient de ***la cession ou de l'acquisition forcée***. L'article 661 du Code civil précise que tout propriétaire du terrain contigu peut forcer son voisin à lui céder la mitoyenneté, à titre onéreux. Le mur doit être construit à la limite des deux fonds concernés et le propriétaire voisin doit pouvoir profiter de la cession forcée. Cette règle est générale et absolue, elle s'applique même si le terrain est indivis et que le terrain voisin contigu appartient en propre à l'un des coïndivisaires. D'aucuns voient

41. Carbonnier (J.), *Droit civil, Les biens,* 19e éd., 2000, PUF, n° 42.
42. Cass. 3e civ., 8 déc. 1971 : Bull. civ. III, n° 619 ; Gaz. Pal. 1972.2.492 ; RTD civ. 1972, p. 618, obs. J.-D. Bredin. Dans le même sens : Cass. 1re civ., 10 mai 1965 : D. 1965, p. 820 ; JCP G 1965.II.14367, note Bulté ; RTD civ. 1966, p. 110, obs. J.-D. Bredin. L'arrêt de principe : Cass. civ., 8 nov. 1905 : *DP* 1906.1.52.

dans ce texte l'expression d'un droit d'expropriation pour utilité privée[43]. L'article 661 du Code civil a fait l'objet d'une question prioritaire de constitutionnalité[44] transmise au Conseil constitutionnel. La question soumise au Conseil estimait que la disposition du Code civil méconnaissait la Convention européenne des droits de l'homme et le droit de propriété protégé par les articles 2 et 17 de la Déclaration de 1789. La réponse du Conseil constitutionnel est intervenue le 12 novembre 2010 : la cession forcée de l'article 661 du Code civil n'est pas contraire aux dispositions de la Déclaration de 1789 car elle ne s'analyse pas comme une privation de propriété. Elle restreint le droit de propriété pour assurer la conciliation des droits des voisins[45]. Aucune explication ni justification ne sont imposées par le Code civil, la seule obligation est celle de payer le prix. La cession forcée peut ne concerner que la partie du mur en longueur et en hauteur qui lui est nécessaire. L'acquisition forcée concerne les hypothèses de construction d'un mur séparatif. Le constructeur peut imposer au voisin propriétaire du fonds contigu de partager par moitié les frais de construction et d'en acquérir la mitoyenneté. Les conditions d'une telle acquisition sont particulièrement strictes et ne concernent que trois hypothèses. La première est celle des clôtures forcées visées à l'article 663 du Code civil dans les villes et les faubourgs[46]. La deuxième est celle de la construction d'un mur en fer à cheval, c'est-à-dire à cheval sur une ligne séparative, on parle de mitoyenneté de naissance. La troisième hypothèse d'acquisition forcée est celle de l'usage d'un mur qui ne lui appartient pas par un voisin comme support pour des constructions[47]. Ce mode d'acquisition de la mitoyenneté est prétorien, car l'article 661 du Code civil ne vise pas cette hypothèse. L'accession est le mécanisme inspirateur de ces solutions prétoriennes. La mise en œuvre est délicate car il convient de distinguer entre mitoyenneté et empiétement.

Le prix de la cession est une dette de valeur. La jurisprudence a voulu tenir compte de la dépréciation monétaire et souligne que l'opération s'apparente à une vente. Le prix est celui de la moitié de la valeur du mur et du sol au jour de l'acquisition de la mitoyenneté, en application de l'article 661 du Code civil. Le rapprochement avec la vente n'est tempéré que par l'influence du droit de l'expropriation. Ceci se vérifie pour l'évaluation du prix de la cession et pour la nature de l'opération, qui est translative de propriété. Cependant, l'influence de l'expropriation se retrouve dans le fait que le cédant n'est pas tenu d'une obligation de garantie. Le mur est cédé dans l'état où il se trouve. En revanche, le privilège du vendeur d'immeuble et l'action résolutoire trouvent à s'appliquer, et l'acquisition de propriété doit être publiée conformément aux règles de la publicité foncière.

Le complément à l'acquisition de la mitoyenneté en ce qui concerne son établissement est la preuve de la mitoyenneté.

---

43. Terré (Fr.) et Simler (Ph.), *Droit civil, Les biens*, 9e éd., 2014, Dalloz, n° 746.
44. Cass. QPC, 15 sept. 2010, n° 10-12840.
45. Cons. const., 12 nov. 2010, n° 2010-60 QPC : D. actualité, 23 nov. 2010, obs. G. Forest ; JCP G 2011, 323, chron. Droit des biens, n° 4, obs. H. Périnet-Marquet.
46. V. *supra*, les clôtures, p. 73.
47. Sur le fait d'appuyer une construction sur le mur voisin pour obliger le voisin fautif à acquérir la mitoyenneté : Req., 9 mai 1939, DH 1939, p. 388 ; JCP G 1939.II.1240. Cependant, si le juge l'estime opportun, le propriétaire du mur peut exiger la destruction de la construction.

2) *La preuve de la mitoyenneté*

Elle est essentielle en cas de désaccord entre les voisins. Trois modes de preuve sont envisageables : le titre, la prescription et les présomptions légales.

Le titre peut apporter la preuve de la mitoyenneté du mur. C'est une preuve péremptoire, à défaut, il ne constitue qu'une présomption. Ce n'est pas une preuve parfaite. Il n'est pas exigé qu'elle émane des deux propriétaires, même si une telle circonstance en renforce la valeur.

La prescription acquisitive trentenaire est une preuve certaine de la mitoyenneté. Dans ce cas, il importe peu de disposer d'un titre ou de l'avoir perdu.

Les présomptions légales ont pour but de faciliter la preuve de la mitoyenneté. La première est posée par l'article 666 du Code civil : « *Toute clôture qui sépare des héritages est réputée mitoyenne.* » Il s'agit d'une présomption simple, ce même article prévoit la preuve contraire. Elle est générale, et la corrélation est faite avec l'article 653 du Code civil, qui présume mitoyens dans les villes et les campagnes les murs de séparation des fonds.

B - La perte de la mitoyenneté

Forme de propriété, la mitoyenneté ne se perd pas par non-usage. La Cour de cassation l'a rappelé très clairement : « La mitoyenneté constitue un droit de propriété indivise, lequel ne se perd pas par le non-usage [...] »[48]. Mieux, si un des immeubles contigus disparaît, elle est remplacée par une indivision, comme l'a précisé la Cour de cassation après la destruction d'un des immeubles contigus reconstruit en recul : « *La mitoyenneté supposant l'existence de deux immeubles contigus, lorsque l'un d'eux disparaît, les effets attachés par la loi à la mitoyenneté cessent ; laissant seuls subsister ceux résultant de l'indivision.* »[49]. La Cour de cassation dans une décision du 28 janvier 2009 rappelle à propos de deux pavillons mitoyens que la réunion en un seul entraîne la disparition de la copropriété.

La perte de la mitoyenneté résulte, en général, de la faculté d'abandon que le Code civil laisse aux propriétaires. Les articles 656 et 667 du Code civil précisent que si les charges de la mitoyenneté apparaissent excessives par rapport à son utilité, son abandon est possible. C'est un moyen d'échapper à des charges lourdes et disproportionnées. Cet abandon est discrétionnaire, mais il est écarté par le Code civil dans plusieurs hypothèses.

L'article 656 du Code civil prive le propriétaire de sa faculté de déguerpir quand il retire un avantage particulier du mur mitoyen, notamment quand ce mur soutient un bâtiment lui appartenant. Dans une telle hypothèse, l'abandon, s'il était admis, permettrait au propriétaire de tirer profit de la mitoyenneté sans en supporter les charges.

L'article 667 du Code civil introduit une autre exception en présence d'un fossé qui sert à l'écoulement des eaux. Enfin, et la jurisprudence récente y fait référence, le

48. Cass. 3e civ., 19 février 1985 : Bull. civ. III, n° 37 ; RDI 1985, p. 339, obs. J.-L. Bergel.
49. Cass. 3e civ., 18 mai 1994 : Bull. civ. III, n° 107.

déguerpissement n'est pas envisageable lorsque la dégradation du mur mitoyen est le fait du propriétaire désireux d'abandonner le mur et qu'il ne l'a pas réparé.

À défaut de pouvoir déguerpir, les copropriétaires du mur ou de la clôture mitoyenne doivent en supporter les conséquences juridiques.

2. LE RÉGIME DE LA MITOYENNETÉ

Il précise les droits et les obligations des copropriétaires.

A - Les prérogatives des copropriétaires

Ils ont d'abord le droit d'usage du mur et en plus ils disposent d'un droit d'exhaussement.

1) Le droit d'usage

Il confère à chaque copropriétaire l'usage exclusif de la face du mur située du côté de sa propriété. Ils peuvent, chacun de leur côté, appuyer des constructions contre le mur mitoyen (C. civ., art. 657). Le principe est le même pour les plantations, à condition qu'elles ne dépassent pas la crête du mur (C. civ., art. 671). Ils peuvent placer dans l'épaisseur du mur des poutres ou solives, à condition qu'elles ne portent pas préjudice au copropriétaire (C. civ., art. 657). Ils peuvent pratiquer des enfoncements dans le mur (C. civ., art. 662). En revanche, les ouvertures dans le mur mitoyen ne sont pas envisageables (C. civ., art. 675), sous réserve du consentement de l'autre copropriétaire. Pour éviter les conflits, le Code civil prévoit l'obtention de l'autorisation du copropriétaire concerné pour une construction s'appuyant sur le mur mitoyen ou pour pratiquer des enfoncements dans le mur. Cette précaution mérite d'être prise si les travaux sont importants.

La séparation entre les fonds peut être réalisée par une haie composée d'arbustes ou d'arbres. Les articles 669 et 670 du Code civil précisent que leurs fruits ou produits éventuels quand ils sont prélevés reviennent par moitié à chacun des copropriétaires. L'article 673 précise que les végétaux peuvent être coupés par le voisin s'ils avancent sur son fonds et que ce droit est imprescriptible. La troisième chambre civile a refusé de transmettre une question prioritaire de constitutionnalité considérant que ces dispositions n'ont ni pour objet, ni pour effet de priver le propriétaire de son droit de propriété sur ses arbres, elles ne font qu'en limiter l'exercice[50]. L'article 668 du Code civil prévoit la destruction possible d'une haie ou d'un fossé, sous réserve qu'il permette l'écoulement des eaux, jusqu'à la limite de la propriété, à charge de construire un mur.

2) Le droit d'exhaussement

L'article 658 du Code civil précise que chaque copropriétaire peut exhausser librement le mur mitoyen. Le consentement du voisin n'est pas requis, en application des articles 658

50. Cass. 3e civ., 3 mars 2015, n° 14-40051.

à 660 du Code civil. Une jurisprudence ancienne reconnaît même que cette surélévation peut porter préjudice au voisin[51]. Les charges afférentes à une telle opération pèsent sur le copropriétaire auteur des travaux. La partie supérieure du mur devient privative tandis que le mur d'origine reste mitoyen. Le voisin garde la possibilité d'acquérir la mitoyenneté de l'exhaussement.

B - Les obligations des copropriétaires

L'article 655 du Code civil pose le principe : la réparation et la reconstruction du mur mitoyen sont à la charge des copropriétaires à proportion de leurs droits, c'est-à-dire pour moitié chacun. Pour échapper à leurs obligations, ils ne peuvent que déguerpir. Cette règle confirme le caractère réel de ces obligations.

La jurisprudence a précisé les contours de ces charges. Si les réparations nécessaires sont le fait de travaux réalisés par un seul des copropriétaires, il en supporte seul la charge[52]. Dans la même logique, le propriétaire qui détruit et reconstruit le mur mitoyen dans son propre intérêt s'acquitte seul des frais, il en est ainsi lorsque le mur mitoyen fait l'objet de travaux réalisés sans prendre de précaution.

BIBLIOGRAPHIE

Bouyssou (F.), « La copropriété horizontale sans division en jouissance : mythe, réalité ou fraude », RDI 1996, p. 329.

Delrieu (S.), « Indivision et procédures collectives », Defrénois 2010, n° 311, p. 191.

Jestaz (Ph.), « La mitoyenneté » in *Mélanges Aubert*, Dalloz 2005, p. 471.

Leblond (N.), « La crise dans l'indivision », Defrénois 30 nov. 2010, n° 20, art. 39171, p. 2173.

Sauvage (F.), « Le rôle du notaire dans la mise en œuvre de la vente du bien indivis à la demande des indivisaires majoritaires », AJ fam. 2010, p. 309.

51. Req., 18 avril 1866 : DP 1966.1.336 ; S. 1966.1.430, cité par Aynès (L.) et Malaurie (Ph.), *Droit civil, Les biens,* 2007, Defrénois, n° 1018, notes n° 38 et 39.

52. Cass. 3e civ., 23 janvier 1991 : Bull. civ. III, n° 37 – Cass. 2e civ., 12 février 2004, inédit, les voisins demandent l'abattage des plantations et la réparation du mur mitoyen dégradé par des travaux. Des dommages-intérêts sont en outre demandés par les voisins victimes des désordres. Cass. 3e civ., 28 sept. 2005 : Bull. civ. III, n° 185, à propos de travaux réalisés par la seule volonté d'un des propriétaires sur le mur mitoyen – Cass. 3e civ., 19 oct. 2005 : Bull. civ. III, n° 200.

CHAPITRE 9

La copropriété des immeubles bâtis

Forme moderne de la propriété, la copropriété des immeubles repose sur la combinaison d'une indivision forcée et d'une propriété privée exclusive. L'urbanisation, l'industrialisation, la crise du logement sont autant de facteurs favorables à la copropriété.

Le Code civil était hostile à la copropriété, il n'abordait cette notion que dans l'article 664 qui prenait acte de la division de la propriété et répartissait les dépenses et les charges entre les copropriétaires. Les difficultés dues à la coexistence de plusieurs copropriétaires furent telles qu'il a fallu légiférer. La première intervention législative date de 1938. La loi comportait douze articles, elle était supplétive, et définissait la dualité des droits des copropriétaires ; ils pouvaient se regrouper en syndicat et le syndic était l'organe exécutif. Cependant, la paralysie guettait le système, car l'unanimité des copropriétaires était nécessaire pour toute amélioration et la répartition des charges n'était pas suffisamment équitable. Une réforme s'imposait.

La loi du 10 juillet 1965 corrige les imperfections précédemment dénoncées. Elle est pour l'essentiel impérative. Elle se caractérise en deux points :

– elle renforce les pouvoirs des organes collectifs, le syndicat est doté de la personnalité morale. La règle de la majorité est généralisée, y compris pour modifier le règlement de copropriété. Le syndicat peut aliéner ou acquérir des parties communes, voire privatives ;
– en contrepartie, elle renforce les garanties offertes aux copropriétaires. Ils sont protégés des clauses abusives du règlement et des délibérations abusives. Le droit de propriété est protégé par le principe de l'intangibilité de la destination de l'immeuble et des parties privatives.

Cependant, le contentieux en matière de copropriété reste important. Certains en concluent à la nécessité d'une réforme véritable. En réalité, le texte de 1965 et son décret du 17 mars 1967 ont été souvent amendés. La loi du 31 décembre 1985 ne remet pas en cause les équilibres et les principes de la loi de 1965. Elle permet aux copropriétaires d'avoir accès aux pièces justificatives des charges, elle renforce le contrôle de la gestion de la copropriété, et les dispositions relatives au syndic sont qualifiées d'ordre public. Les règles de fonctionnement des assemblées sont modifiées. La loi du 21 juillet 1994 relative à l'habitat a apporté également des changements à la loi de 1965, notamment en matière de recouvrement des charges, de mutations des lots, et en ce qui concerne les copropriétés en difficulté. D'autres lois, en 1995 et en 1996 (deux lois dans cette seule année) ont retouché les textes. Enfin, la loi du 13 décembre 2000 sur la solidarité et le renouvellement urbain, dite loi SRU, a modifié la loi relative à la copropriété. Le mode de calcul des tantièmes de copropriété doit figurer dans les nouveaux règlements de copropriété à compter du 31 décembre 2002. Des mesures sont prises pour faciliter le recouvrement des charges, le vote d'un budget provisionnel devient obligatoire, la tenue de la comptabilité du syndicat est soumise à une nouvelle réglementation, le mode de calcul de la majorité de l'article 24 de la loi de 1965 est changé[1]. La loi n° 2006-872 du 13 juillet 2006 portant engagement national pour le logement – loi ENL (112 art.) – la loi n° 2006-1772 du 30 décembre 2006, loi sur l'eau – ainsi que la loi « *Boutin* », loi n° 2009-323 du 25 mars 2009 de mobilisation pour le logement et la lutte contre l'exclusion ont encore modifié la loi de 1965. La dernière loi s'attache notamment à la réglementation des honoraires du syndic. La loi *Warsmann II* du 22 mars 2012 relative à la simplification est intervenue pour sécuriser et faciliter les emprunts contractés par les syndicats de propriétaires. Elle simplifie le recours à l'emprunt pour financer les travaux sur les parties communes ou d'intérêt collectif sur les parties privatives ou encore pour financer les acquisitions conformes à l'intérêt du syndicat. L'emprunt est souscrit au nom du syndicat des copropriétaires, mais il ne bénéficie qu'aux copropriétaires qui le désirent[2].

La loi *ALUR* (pour l'accès au logement et un urbanisme rénové) n° 2014-366 du 24 mars 2014[3] contient de nombreuses dispositions relatives à la copropriété que l'on peut regrouper en trois axes : la lutte pour la transparence de la gestion pour éviter que les copropriétaires soient abusés par des gestions opaques (nouvelles obligations du syndic, règles de gouvernance et de gestion de la copropriété, obligation de comptes séparés pour chaque syndicat) ; la lutte contre la dégradation des copropriétés (obligations d'information des obligations qui pèseront sur les nouveaux acquéreurs, création d'un fonds de travaux destiné au financement des travaux, création du diagnostic technique global...) et la lutte pour le redressement des copropriétés en difficulté. La loi n° 2015-990 du 6 août 2015 affecte à la marge la loi sur la copropriété pour prévoir qu'en présence d'un syndicat sans syndic tout copropriétaire peut convoquer une assemblée pour le désigner, permettant d'éviter la nomination d'un administrateur provisoire. Elle aménage également la mise en concurrence du contrat syndic instauré par la loi *ALUR* de 2014. La loi n° 2015-992 du 17 août 2015 sur la transition énergétique impose quant à elle de nouvelles contraintes. Enfin la loi n° 2017-86 du 27 janvier 2017 concernant la copropriété des immeubles bâtis modifie les articles L. 711-1 du Code de la construction et de l'habitation en imposant l'immatriculation des syndicats.

L'article 1er alinéa 1er de la loi du 10 juillet 1965 est resté inchangé et définit son champ d'application. Elle régit « *tout immeuble bâti ou groupement d'immeubles bâtis dont la propriété est répartie entre plusieurs personnes, par lots comprenant chacun une partie privative et une quote-part de parties communes* ». L'analyse de ce texte est précieuse pour définir les conditions d'application de la loi.

La première condition concerne les immeubles bâtis : ils sont les seuls concernés par la loi. Par conséquent, en sont exclus les terrains non construits et en cours de construction Pour que la loi s'applique, il faut que l'immeuble soit, au moins en partie, habitable. La formulation est assez large pour qu'elle englobe, soit un immeuble unique, l'expression

---

1. J. Néret et D.-C. Jaffuel, « Copropriété, historique et généralités », J.-Cl. Civil, art. 544 à 577, fasc. 10.
2. Cette énumération n'est pas exhaustive pour écarter des lois moins emblématiques de la copropriété, par exemple, la loi n° 2009-526 du 12 mars 2009 de simplification et de clarification du droit et d'allégement des procédures...
3. D. Tomasin, « La copropriété après la loi *ALUR* », AJDI 2014, p. 414.

consacrée est celle de copropriété verticale, soit un groupe d'immeubles, il s'agit alors d'une copropriété horizontale.

La seconde condition vise la division des lots. Pour qu'elle s'applique, il faut une division en lots composés d'une partie privative et de droits indivis dans les parties communes. La nécessité de parties communes pour entrer dans le champ d'application de la loi sur la copropriété est régulièrement rappelée par la jurisprudence. Par conséquent, en présence d'une toiture-terrasse qui jouxte celle d'un autre immeuble et permet aux occupants de l'immeuble surplombant ayant accès au toit d'y entreposer différents matériaux, la demande d'enlèvement des matériaux ne peut pas dépendre de la loi relative à la copropriété à défaut de parties communes[4].

Si ces deux conditions sont vérifiées, la loi s'applique de plein droit[5], même en l'absence de règlement de copropriété. Elle impose l'existence de la division des lots ainsi que leur composition. L'article 6 précise que la partie privative et la quote-part dans les parties communes sont indissociables. Une conception unitaire du lot de copropriété est donc consacrée, en dépit de la rédaction des articles 2 et 4 qui décrivent distinctement les parties privatives et les parties communes. En revanche, la loi ne dit rien du nombre de propriétaires. Il convient d'en conclure qu'elle s'applique en présence de deux lots appartenant à deux propriétaires différents. Il est clair que « *l'événement déclencheur de l'application du régime de la copropriété* » est « *l'appropriation des lots par des propriétaires différents* »[6].

La loi relative à la copropriété s'applique aux ensembles immobiliers, sauf convention contraire (art. 1er al. 2). Ces ensembles immobiliers sont qualifiés d'hétérogène, c'est-à-dire que la totalité des terrains d'assiette des constructions n'est pas placée sous un régime unique d'indivision forcée entre les bâtiments. Par une décision du 11 février 2009, la Cour de cassation confirme qu'à défaut de convention contraire la loi du 10 juillet 1965 s'applique aux ensembles immobiliers qui, outre des terrains, des aménagements et des services communs, comportent des parcelles bâties ou non faisant l'objet de droits de propriété privatifs. Le critère de distinction réside donc dans le régime juridique du sol : certains copropriétaires ont des droits réels exclusifs sur certaines parties du terrain, il y a distinction de la copropriété du sol et de la propriété ou de la copropriété des bâtiments.

La copropriété n'existe pas pendant la construction, le régime de la copropriété n'est donc pas applicable. La jurisprudence le rappelle régulièrement qui refuse d'appliquer le statut de copropriété pour des constructions futures. L'application de ce régime est également exclue en présence de biens meubles, comme un fonds de commerce, en présence d'immeuble par destination, en présence de terrains nus et en présence d'immeubles frappés d'une interdiction d'habiter.

Le régime de la copropriété tel que défini par la loi de 1965 met en place une organisation de la copropriété d'une part (section 1) et assure le fonctionnement des organes de la copropriété d'autre part (section 2).

---

4. Cass. 3e civ., 8 sept. 2010, n° 09-1554.
5. Une difficulté particulière apparaît pour les divisions en volumes. Elles s'accompagnent souvent d'une organisation du groupement des propriétaires, mais l'immeuble divisé en volume, d'après la Cour de cassation, ne serait pas soumis au statut de la copropriété, Cass. 3e civ., 19 sept. 2012 : Defrénois, 30 oct. 2012, n° 10, p. 1003, note C. Atias.
6. Terré (Fr.) et Simler (Ph.), *Droit civil, Les biens*, 9e éd., 2014, Dalloz, n° 621.

Section 1

L'organisation de la copropriété

Elle repose sur le règlement de copropriété sur le syndicat et sur les organes de la copropriété.

1• LE RÈGLEMENT DE COPROPRIÉTÉ

Il est rendu obligatoire par l'article 8 de la loi du 10 juillet 1965. Sa nature juridique, objet de discussions doctrinales, est complexe. Il peut être qualifié d'acte mixte tenant à la fois du contrat et du statut. En effet, il est un document contractuel liant tous les copropriétaires, mais il est obligatoire et certaines de ses clauses sont imposées par le législateur. La jurisprudence semble favorable à la qualification contractuelle[7] ; elle en déduit qu'il est opposable à tout copropriétaire, que la violation du règlement ouvre droit aux autres copropriétaires de demander la destruction des ouvrages réalisés, et que l'interprétation du règlement est calquée sur celle des contrats (C. civ., art. 1165 et s.). L'ambiguïté de sa nature se retrouve dans les modes d'établissement du règlement de copropriété[8]. Ce dernier peut être établi conventionnellement ou par une décision de justice. En pratique, il est souvent rédigé unilatéralement par le promoteur, en cas de vente en état futur d'achèvement, ou par le propriétaire qui divise son immeuble avant la division et la vente des lots[9]. Le caractère obligatoire du règlement rend possible son établissement par un acte judiciaire[10]. En dépit du silence de la loi, le règlement doit être établi en la forme authentique en raison de sa publication nécessaire à la conservation des hypothèques. Le contenu du règlement de copropriété est partiellement imposé par la loi, tandis que sa portée est le reflet de sa nature juridique hybride.

A - Le contenu du règlement de copropriété

Ce contenu se caractérise par des dispositions impératives et par la liberté laissée aux rédacteurs.

---

7. Cass. 3e civ., 22 mars 2000 : Bull. civ. III, n° 64 ; Defrénois 2000, art. 37196, p. 779, note Ch. Atias. Dans cet arrêt, la Cour précise : « Le règlement de copropriété ayant la nature d'un contrat, chaque copropriétaire a le droit d'en exiger le respect par les autres. »
8. C. Atias, « Le règlement de copropriété avant la copropriété », Defrénois, 30 sept. 2012, n° 18, p. 871.
9. Il peut être adopté par l'assemblée à la majorité, mais son objet est alors limité, ses dispositions ne peuvent concerner que la jouissance, l'usage et l'administration des parties communes (L. du 10 juillet 1965, art. 26).
10. Cass. 3e civ., 15 nov. 1989 : « À défaut d'accord entre les parties, le règlement de copropriété peut résulter d'un acte judiciaire » : Bull. civ. III, n° 214 ; D. 1990, p. 195, note P. Capoulade et Cl. Giverdon ; Defrénois 1990, art. 34802, obs. Souleau.

1) *Les dispositions impératives*

Elles sont prévues par les articles 8 et 10, alinéas 3 et 4 de la loi du 10 juillet 1965 et par les articles 1 et 2 du décret n° 67-223 du 17 mars 1967.

a) *L'article 8 de la loi du 10 juillet 1965*

Il énonce les dispositions devant nécessairement figurer dans le règlement de copropriété.

Les premières concernent ***la destination et la jouissance des parties privatives et des parties communes***. Pour ces dernières, le règlement doit préciser leur affectation à tel ou tel usage, par exemple : espaces verts, terrains de jeux, stationnement de véhicules, circulation des véhicules... Les conditions de jouissance découlent de l'affectation des parties communes. Elles peuvent être limitées pour assurer le respect des droits concurrents des autres copropriétaires, en application de l'article 9 de la loi. Le règlement peut interdire, dans le dessein de protéger l'aspect général de l'immeuble, l'apposition d'enseignes, plaques ou autres panneaux sur les murs extérieurs de l'immeuble, le stationnement des véhicules à certains emplacements, le séchage du linge sur les balcons. Les exemples pourraient être multipliés. Inversement, le règlement peut prévoir d'attribuer la jouissance exclusive de parties communes à un ou plusieurs copropriétaires : terrasses, jardins... Il organise aussi l'utilisation de locaux communs comme les locaux techniques, les buanderies, les lieux de réunions...

En ce qui concerne les parties privatives, elles font l'objet d'un droit de propriété exclusif. Cependant, le règlement de copropriété détermine la destination des parties privatives, c'est-à-dire spécifie l'usage qui leur est réservé : stationnement, cave, habitation, commerce. Le règlement fixe également les conditions de jouissance des parties privatives, c'est-à-dire les modalités pratiques de leur utilisation par les copropriétaires. Certes, le principe posé par les articles 2 et 9 de la loi est celui de la liberté des copropriétaires. Cependant, les clauses restrictives de leurs droits sont une pratique courante. En principe, ces clauses sont valables dans la mesure où elles sont justifiées par la destination de l'immeuble. Elles sont d'interprétation stricte et leur corrélation avec la destination de l'immeuble fait l'objet d'une interprétation *in concreto* par la jurisprudence. Les exemples sont variés : l'interdiction de diviser les lots en vue de leur location, les clauses d'habitation bourgeoise, les clauses limitant ou interdisant certaines activités génératrices de troubles et nuisances.

Pour toutes ces clauses, la référence est ***la notion de destination de l'immeuble*** qui n'est pas définie par le législateur. Pourtant, elle sert de guide dans l'application des règles relatives à la copropriété. L'usage donné aux parties privatives dans le règlement de copropriété permet de définir la destination de l'immeuble. Il en va ainsi lorsque toute activité commerciale ou professionnelle libérale est interdite dans l'immeuble. La notion de destination de l'immeuble est composée d'un nombre variable d'éléments, dont les plus importants se trouvent dans le règlement de copropriété : consistance des lots, des parties communes, leur usage, les clauses restrictives des droits des copropriétaires, l'état descriptif de division. L'interdiction figurant dans le règlement de copropriété de vendre des lots annexes (garage, chambres de service) à un non-copropriétaire s'impose, mais elles ne peuvent pas se déduire de la présence de la qualification d'immeuble à destination bourgeoise, de standing ou de luxe[11]. Ces éléments juridiques ne sont pas les seuls à être pris en compte, des éléments matériels sont également utiles : la situation géographique de l'immeuble, le « *standing* » de l'immeuble, c'est-à-dire la qualité de la construction, mais aussi la présence de chauffage, ascenseurs, espaces verts, installations sportives. Ces éléments ont conduit à la proposition de définition suivante : « *la destination de l'immeuble est une notion d'ensemble liée à l'environnement de l'immeuble, à ses caractères et à son mode d'occupation* »[12]. Toute modification de la destination de l'immeuble doit être votée à l'unanimité.

Les deuxièmes sont des dispositions relatives à ***l'administration des parties communes***, sous réserve des dispositions de la loi de 1965 qui sont impératives. Sur ce point, le règlement assure une application concrète de la loi, voire la paraphrase. L'article 22 précise que les règles de fonctionnement du syndicat et les pouvoirs de l'assemblée générale sont déterminés par le règlement. Ce constat explique les dispositions de l'article 24, II, f permettant l'adaptation du règlement de copropriété aux lois et règlements postérieurs à leur établissement (L. 65, anc. art. 49 modif. L. 25 mars 2009, abrogé par la loi du 24 mars 2014).

b) L'article 10 alinéas 3 et 4 de la loi du 10 juillet 1965

Il comporte les troisièmes dispositions impératives du règlement de copropriété, qui intéressent ***la répartition des charges***. L'article 10 a été modifié par la loi *SRU* du 13 décembre 2000 pour ajouter une nouvelle clause impérative au règlement de copropriété. La loi n° 2014-366 du 24 mars 2014 ajoute aux charges relatives à la conservation, à l'entretien et à l'administration de l'immeuble l'obligation d'abonder au fonds de travaux prévus à l'article 14-2 visant à éviter la dégradation des copropriétés. La question de la répartition des charges est une des plus « sensible » du régime de la copropriété. Les enquêtes menées démontrent l'augmentation régulière et non négligeable du poids des charges. L'alinéa 3 de l'article 10 de la loi énonce que le règlement de copropriété fixe la quote-part afférente à chaque lot dans chacune des catégories de charges. Il faut distinguer entre les charges générales et les charges spéciales définies par l'article 1er du décret du 17 mars 1967. Les premières visent à la conservation, l'entretien et l'administration de l'immeuble. Elles sont dues par chaque copropriétaire et sont réparties en fonction de tantièmes de charges déterminées conformément à l'article 5 de la loi qui précise que « *la quote-part de chaque partie commune afférente à chaque lot est proportionnelle à la valeur de chaque partie privative par rapport à l'ensemble des valeurs desdites parties* »[13]. En bref, la participation des copropriétaires est proportionnelle à la valeur relative des lots.

Le contenu de ces charges dites générales[14] est difficile à cerner avec précision. Les charges concernant la conservation de l'immeuble en font partie, elles visent la réfection

---

11. Cass. 3e civ., 9 juin 2010, n° 09-14206 : D. actualité, 25 juin 2010, obs. Y. Rouquet.
12. H. Charliac, actualisation C. Masson-Daum, J.-Cl. Civil, art. 544 à 577, fasc. 21, « Statut de la copropriété, Destination de l'immeuble », n° 24.
13. L'article 5 est supplétif en ce qui concerne la détermination des tantièmes de parties communes, il est impératif dès lors qu'il s'agit de fixer les tantièmes de charges. H. Charliac, actualisation C. Masson-Daum, J.-Cl. Civil, art. 544 à 577, fasc. 22, « Statut de la copropriété, règlement de copropriété », n° 30.
14. Cette qualification est relative car elle n'est pas introduite par la loi.

du gros œuvre du bâtiment, les dépenses d'entretien et de réparation des escaliers, les frais d'éclairage, les dépenses afférentes à un digicode, à l'entretien des espaces verts... Les charges concernant l'entretien de l'immeuble se composent, par exemple, des frais de nettoyage des parties communes, de l'entretien d'un système de vidéo-surveillance et interphones. Les charges relatives à l'administration de l'immeuble concernent les dépenses en eau et électricité, les primes d'assurance souscrites dans l'intérêt de la copropriété, les honoraires du syndic de copropriété, les indemnités et les frais de procédure, etc. Les charges relatives aux services collectifs et aux éléments d'équipement commun sont réparties en fonction du critère d'utilité (art. 10 de la loi)[15]. La notion d'équipement commun vise les installations qui ne sont pas immobilières par nature et qui sont destinées à l'utilité, au confort des copropriétaires. Les exemples le plus souvent cités concernent : les ascenseurs, les installations de chauffage central, les systèmes d'air conditionné, les installations de production et de distribution d'eau chaude, les éléments de vide-ordures, etc. Pour ces charges, la répartition se fait par rapport à l'utilité des services à l'égard des copropriétaires. Ainsi les charges d'ascenseurs peuvent être réparties *au prorata* des droits des propriétaires dans les parties communes à condition que cette répartition soit conforme à l'utilité pour chaque lot de l'élément d'équipement en cause[16].

Des charges communes spéciales peuvent être prévues. Elles sont supportées par les seuls copropriétaires concernés (art. 24, modif. L. n° 2105-992 du 17 août 2015). Ce cas de figure se présente en présence de partie commune n'ayant d'utilité que pour certains lots, car elle est affectée à l'usage exclusif de certains copropriétaires, par exemple un escalier réservé à l'usage exclusif de certains copropriétaires[17]. De même, lorsque la copropriété comporte plusieurs bâtiments, il faut prévoir une répartition des charges par bâtiment. La distinction entre charges générales et spéciales doit logiquement se retrouver dans les comptes même si le texte légal ne l'impose pas. C'est cette conclusion que retient la troisième chambre civile de la Cour de cassation le 9 février 2011 (n° 09-70951).

La loi dite *SRU* du 13 décembre 2000 ajoute un alinéa 4, impératif, à l'article 10 de la loi. Les règlements de copropriété publiés après le 31 décembre 2002 doivent indiquer les éléments pris en considération et les méthodes de calcul permettant de fixer les quotes-parts de parties communes et la répartition des charges.

La répartition des charges, une fois réalisée par le règlement de copropriété, est en principe immuable, puisque l'article 11 de la loi précise que la répartition des charges ne peut être modifiée qu'à l'unanimité de tous les copropriétaires[18]. Toutefois, la Cour de cassation par une décision du 28 janvier 2016 a précisé, à la suite de la division de quatre lots provenant des parties communes, que : « Vu les articles 5, 10, alinéa 2, et 43 de la loi du 10 juillet 1965 ; Attendu qu'il résulte de ces textes que tout copropriétaire peut, à tout moment, faire constater l'absence de conformité aux dispositions de l'article 10, alinéa 2, de la loi du 10 juillet 1965, de la clause de répartition des charges, qu'elle

15. Il n'y a pas de critère légal pour la détermination des charges entrant dans cette catégorie.
16. Cass. 3e civ., 23 juin 2010 : JCP G 2010, 1162, chron. Droit des biens, n° 16, obs. H. Périnet-Marquet ; sur la nécessité de la distinction, Cass. 3e civ., 21 janv. 2014, n° 12-27514.
17. Cependant, la Cour de cassation a rendu des décisions contradictoires sur cette question.
18. L'article réserve un droit de révision prévu par l'article 12 de la loi et la jurisprudence a créé une action en nullité de la répartition des charges.

résulte du règlement de copropriété, d'un acte modificatif ultérieur ou d'une décision d'assemblée générale et faire établir une nouvelle répartition conforme à ces dispositions. »[19].

D'autres clauses sont facultatives, leur importance n'est pas négligeable pour autant.

2) Les clauses facultatives

Parmi elles, la plus importante concerne l'état descriptif de division. Il peut figurer dans le règlement de copropriété (art. 8 de la loi et art. 2 du décret). Il est imposé par les textes relatifs à la publicité foncière et doit permettre l'identification précise de chaque partie de l'immeuble dans le fichier immobilier et attribuer un numéro à chaque lot. L'article 3 du décret précise que la distinction doit être clairement faite entre le règlement de copropriété et l'état descriptif de division. La jurisprudence va dans le même sens en précisant qu'il constitue un document « neutre » dépourvu de valeur contractuelle et établi pour les seuls besoins de la publicité foncière[20]. D'aucuns estiment que l'état descriptif de division a une valeur contractuelle comme le règlement de copropriété. Ces deux positions tranchées méritent sans doute d'être nuancées. En effet, l'état descriptif peut faciliter l'interprétation du règlement de copropriété lorsque certaines de ses dispositions se révèlent obscures.

Le règlement de copropriété peut également contenir des clauses relatives à l'exercice de droits accessoires aux parties communes. Le plus souvent, le règlement prévoit des règles de fonctionnement du syndicat, des dispositions relatives à l'organisation et aux pouvoirs de l'assemblée générale, à l'organisation, au fonctionnement et aux pouvoirs du conseil syndical. Le règlement peut aussi prévoir les modalités de représentation d'un syndicat secondaire auprès du conseil syndical principal en présence de copropriété d'une taille certaine. Il peut également contenir des clauses relatives à la conclusion des contrats comme les contrats d'assurance.

La modification du règlement de copropriété est possible mais difficile, car c'est un acte grave. La majorité est donc celle de l'article 26 de la loi du 10 juillet 1965, à savoir la majorité des copropriétaires représentant au moins les deux tiers des voix pour toute modification concernant la jouissance, l'usage et l'administration des parties communes. Pour les autres modifications, comme le changement de destination de l'immeuble ou de l'usage des parties privatives, l'article 26 alinéa 2 impose l'unanimité.

Document complexe, le règlement de copropriété sert de charte commune organisant le quotidien des copropriétaires ; ses effets sont particulièrement importants à leur égard.

B - Les effets du règlement de copropriété

Il convient de distinguer ses effets à l'égard des copropriétaires et à l'égard des ayants cause à titre particulier.

---

19. Cass. 3e civ., 28 janv. 2016, n° 14-26921.
20. H. Charliac, actualisation C. Masson-Daum, J.-Cl. Civil, art. 544 à 577, fasc. 22, « Statut de la copropriété, règlement de copropriété », n° 32.

1) Les effets à l'égard des copropriétaires

Le règlement de copropriété a force obligatoire pour ce qui est de ses clauses licites à l'égard des copropriétaires et de leurs ayants cause universels ou à titre universel, quelle que soit la manière dont il a été établi. La publicité n'est pas nécessaire pour qu'il leur soit opposable. Par conséquent, chaque copropriétaire est en droit de demander son application : fourniture des prestations prévues, respect de ses dispositions par les autres copropriétaires.

Il entre en vigueur à la date d'acquisition du lot par le copropriétaire, cette dernière vaut adhésion au règlement. S'il est adopté par une décision d'assemblée générale, il est applicable après l'expiration du délai de contestation de l'assemblée générale.

Il est analysé comme un contrat et, par conséquent, il ne peut pas remettre en cause des droits acquis, il n'a pas d'effet rétroactif.

2) Les effets à l'égard des ayants cause à titre particulier

L'article 13 de la loi du 10 juillet 1965 et l'article 4 du décret du 17 mars 1967 fixent la date d'opposabilité du règlement à leur égard : après la publication à la conservation des hypothèques[21], plus précisément publication au fichier immobilier. La situation du locataire mérite attention. En principe, il est étranger au syndicat. Pourtant, il dispose de la jouissance des parties privatives et peut utiliser les parties communes comme le ferait son propriétaire. Par conséquent, la jurisprudence a admis que le règlement de copropriété est opposable au locataire. Les justifications sont nombreuses : le propriétaire ne peut pas transmettre plus de droit que ceux qu'il a lui-même ; le règlement de copropriété comporte une stipulation pour autrui au profit des locataires. Les lois du 22 juin 1982, du 23 décembre 1986 et du 6 juillet 1989 sont venues confirmer la jurisprudence. L'article 3 de la loi du 6 juillet 1989 tendant à améliorer les rapports locatifs précise que « *lorsque l'immeuble est soumis au statut de la copropriété, le copropriétaire bailleur est tenu de communiquer au locataire les extraits du règlement de copropriété concernant la destination de l'immeuble, la jouissance et l'usage des parties privatives communes et précisant la quote-part afférente au lot loué dans chacune des catégories de charges* ».

Le règlement de copropriété ne s'applique pas aux tiers qui ne sont ni ayants cause universels, à titre universel ou à titre particulier, ni locataires.

Le règlement de copropriété peut apporter des précisions sur les organes de la copropriété, mais il ne peut le faire que dans les limites des dispositions, souvent impératives, introduites par la loi.

2. LE SYNDICAT ET LES ORGANES DE LA COPROPRIÉTÉ

L'article 14 de la loi de 1965 précise que « *la collectivité des copropriétaires est constituée en un syndicat qui a la personnalité juridique* »[22]. Ce syndicat qui est une création

21. La règle est la même pour les actes modifiant le règlement de copropriété.
22. Cass. 3e civ., 4 oct. 2011, n° 10-25043, L'essentiel du droit de l'immobilier et urbanisme (EDUC), 1er nov. 2011, n° 10, p. 4, obs. J.-M. Roux.

sui generis de la loi a des pouvoirs qui lui sont dévolus par la loi. Il incarne la collectivité des copropriétaires et en assure l'autonomie, il exerce ses pouvoirs à travers des organes.

A - Le syndicat des copropriétaires

L'article 14 de la loi organise le groupement des copropriétaires en un syndicat. Cet article est impératif. Le syndicat naît automatiquement en vertu de la loi. Le syndicat est doté de la personnalité morale. Elle est une technique de représentation et de défense des intérêts communs des copropriétaires. Elle lui permet de détenir un patrimoine (art. 16, al. 2 de la loi) composé le plus souvent des fonds avancés par les copropriétaires à travers le paiement de leurs charges, des dettes afférentes aux charges de la copropriété, des emprunts qu'il peut éventuellement contracter. Un registre d'immatriculation des syndicats de copropriétaires est instauré (CCH, art. 711-2, II et III) pour permettre aux pouvoirs publics de mieux connaître l'état des copropriétés et surveiller d'éventuels dysfonctionnements. Les syndics doivent effectuer les déclarations d'immatriculation initiales et assurer les mises à jour annuelles des données. Pour l'essentiel, le registre comporte les informations suivantes : le nom, l'adresse, la date de création du syndicat, le nombre et la nature des lots, qui composent la copropriété, le cas échéant le nom du syndic, l'état des comptes. Il est également précisé si le syndic fait l'objet d'une procédure propre aux copropriétés en difficulté, etc. Il existe plusieurs formes de syndicat. Les ***syndicats secondaires*** sont caractéristiques des grands ensembles immobiliers comprenant plusieurs bâtiments. L'article 27 de la loi prévoit la possibilité de créer des syndicats secondaires chargés de la gestion de chacun des immeubles. Chaque syndicat a son propre syndic, sa personnalité morale, il est représenté au conseil syndical du syndicat principal. Il est facultatif et correspond à une sorte de décentralisation. ***L'union de syndicats*** est un groupement permettant d'assurer la création, la gestion et l'entretien d'éléments d'équipement communs à plusieurs syndicats et d'assurer la satisfaction de l'intérêt commun de ces différents syndicats (L., art. 29 ; D. 17 mars 1967, art. 44). En principe, l'adhésion à une union de syndicat dépend d'une décision de l'assemblée générale votée à l'article 26 de la loi de 1965. La Cour de cassation a rappelé cette prérogative de l'assemblée écartant implicitement les adhésions *a priori* par des documents de copropriété[23]. L'article 14 de la loi (D., art. 45) prévoit que le syndicat peut prendre la forme ***d'un syndicat coopératif***. Deux objectifs sont poursuivis, le premier est de permettre au syndicat de recourir aux organismes de crédit coopératif, le second est d'inciter les copropriétaires à gérer eux-mêmes leur immeuble sans passer par un syndic professionnel. Il n'a pas connu un grand succès en pratique et la loi *SRU* a introduit des modifications à l'article 17-1 de la loi.

Le syndicat est un sujet de droit, par conséquent, il a des droits et des obligations. Il doit veiller à la ***conservation et à l'administration de l'immeuble*** ; à ce titre, il ***perçoit les charges*** et est débiteur des prestations effectuées sur les parties communes. Il a la ***qualité pour agir en justice*** (art. 15, al. 1). Dans le cadre de la copropriété, il convient de distinguer entre l'action collective du syndicat et celle, individuelle, de chaque copropriétaire. La jurisprudence distingue soigneusement ces deux actions. Ainsi, le

---

23. Cass. 3e civ., 3 mars 2010, n° 09-11709 : JCP G 2011, 1162, chron. Droit des biens, n° 20, obs. H. Périnet-Marquet.

copropriétaire doit démontrer l'existence d'un préjudice propre pour pouvoir agir en cas d'atteinte aux parties communes. Réciproquement, le syndicat de copropriétaires a qualité pour agir en réparation des dommages ayant leur origine dans les parties communes et qui affectent des parties privatives. En ce qui concerne l'action collective, elle concerne généralement trois domaines. D'abord, la sauvegarde des droits afférents à l'immeuble (art. 15, al. 1) vise une sauvegarde juridique, comme la protection possessoire ou la revendication, mais aussi la sauvegarde pratique, réparation des vices affectant l'immeuble (la prescription est de dix ans à compter de l'apparition du vice de construction), exercice de la garantie des entrepreneurs. Ensuite, ***le respect des dispositions du règlement de copropriété*** est le deuxième domaine d'intervention, il s'agit alors de faire cesser toute violation du règlement, de rétablir la situation antérieure et encore de réclamer des dommages-intérêts. En la matière, le syndicat n'a pas de compétence exclusive, il la partage avec les copropriétaires qui peuvent agir individuellement (L. 1965, art. 15). Son troisième domaine d'intervention concerne ***l'administration des parties communes***, il peut mener les actions en recouvrement des charges contre les copropriétaires, exiger l'exécution des contrats conclus avec des entrepreneurs. La Cour de cassation a interprété pour la première fois l'article 19-2 de la loi du 10 juillet 1965 en décidant qu'en cas de non-paiement d'une provision, seules les provisions de l'année en cours sont exigibles. Il détient diverses attributions, l'établissement ou la modification du règlement de copropriété, l'acquisition, l'aliénation ou la constitution de droits réels immobiliers au bénéfice ou à la charge du syndicat. Ces pouvoirs sont étendus, mais sont limités par l'objet du syndicat en application du principe de spécialité des personnes morales. Le syndicat est également responsable, comme le prévoit le dernier alinéa de l'article 14. Il encourt une responsabilité de droit commun, c'est-à-dire une responsabilité du fait des choses, du fait de ses préposés, mais aussi une responsabilité pour faute envers les copropriétaires s'il néglige de prendre les mesures conservatoires et d'administration des parties communes qui s'imposent[24]. L'article 14 prévoit une responsabilité spéciale qui n'existe que dans les limites de ce texte, c'est-à-dire les vices de construction et le défaut d'entretien des parties communes.

B - L'assemblée générale

L'assemblée générale se réunit au moins une fois par an. En ce sens, elle peut être considérée comme un organe de la copropriété ; elle est surtout le mode de fonctionnement du syndicat, dont elle exerce les pouvoirs. Elle est l'organe délibératif du syndicat et s'identifie avec lui.

Elle est composée de tous les copropriétaires, qui sont libres d'y assister ou pas. La tenue de la feuille de présence, l'élection du président de l'assemblée (pour tenir compte des syndicats en difficulté) et le calcul des votes sont des dispositions du décret de 1967 modifiées. La convocation de l'assemblée est strictement et impérativement organisée par le décret du 17 mars 1967 modifié par les décrets du 20 avril 2019 et 30 décembre

24. Les exemples sont aussi nombreux que variés : l'exécution tardive de travaux alors que des infiltrations sont supportées par un copropriétaire, ne pas prendre en temps voulu les mesures nécessaires pour s'assurer du fonctionnement du chauffage, etc.

2015[25]. L'assemblée est dotée de larges pouvoirs, mais elle ne peut se prononcer que sur les questions portées à l'ordre du jour. Après la suppression critiquée par le décret du 17 mai 2004 du pouvoir des copropriétaires de demander l'inscription d'une question à l'ordre du jour, le décret n° 2010-391 du 20 avril 2010 rétablit ce pouvoir en modifiant l'article 10 du décret de 1967. Elle vote le budget, choisit le syndic en fonction du contrat qu'il propose, décide des travaux. Elle dispose de pouvoirs exclusifs ; elle seule peut autoriser la réalisation des travaux sur les parties communes. Elle doit néanmoins respecter la destination de l'immeuble et les droits exclusifs de chacun des copropriétaires. Le règlement de copropriété détermine les règles de fonctionnement de l'assemblée générale dans les limites des dispositions impératives de la loi. Une disposition du règlement ne peut pas priver par avance l'assemblée générale de ses pouvoirs. La Cour de cassation a rappelé le principe de l'application immédiate des décisions de l'assemblée générale[26].

Le syndicat disparaît en même temps que l'immeuble, par une décision unanime des copropriétaires qui mettent fin à la copropriété, par la réunion des lots entre les mains d'une même personne. Le syndicat incarne la collectivité des copropriétaires, le syndic, quant à lui, est l'exécutif du syndicat.

C - Le syndic et le conseil syndical

Le *syndic* est la personne physique ou morale sur laquelle repose la gestion effective de la copropriété. Le principe est celui de la liberté en ce qui concerne la personne du syndic. Il peut être un professionnel ou un non-professionnel, la loi impose une seule obligation : l'ouverture d'un compte bancaire ou postal spécial au nom du syndicat. Le syndic non-professionnel est souvent bénévole, pourtant, la loi prévoit la possibilité d'une rémunération. Le syndic professionnel est soumis à des obligations prévues par la loi. Il doit détenir une carte professionnelle portant mention de la gestion immobilière, il doit fournir une garantie financière et doit être assuré pour répondre des conséquences pécuniaires de sa responsabilité civile.

Les modes de ***désignation*** du syndic sont variées. Il peut être nommé par le règlement de copropriété, souvent cette nomination est alors le fait du promoteur, cette nomination doit être ratifiée dans l'année qui suit par une décision de l'assemblée générale des copropriétaires. La voie normale de nomination du syndic est celle du vote en assemblée générale, dans les conditions de l'article 25 de la loi. Il est désigné par l'assemblée générale à la majorité des voix de tous les copropriétaires (art. 25 c)). Si cette majorité absolue n'est pas atteinte lors du premier vote, en application de l'article 25-1 de la loi modifiée par la loi *SRU* du 13 décembre 2000 puis par la loi n° 2014-366 du 24 mars 2014, une seconde délibération est possible immédiatement si le projet a recueilli le tiers des voix des copropriétaires du syndicat. Le vote est alors soumis à l'article 24 de la loi, la majorité simple. À défaut d'avoir obtenu le tiers des voix, il faut convoquer une nouvelle

25. Le formalisme est important (par lettre recommandée ou par remise contre récépissé ou émargement), le délai est fixé à vingt et un jours, au moins, avant la date de l'assemblée (D. 1967 modif. D. 2007, art. 9). Voir recommandation n° 1 de la commission relative à la copropriété mis à jour 2007.
26. Cass. 3e civ., 9 juin 2010, n° 08-19696 : JCP G 2010, chron. Droit des biens, 1162, n° 15, obs. H. Périnet-Marquet.

assemblée générale qui statue à la majorité de l'article 24. En cas d'annulation de la décision nommant le syndic, la Cour de cassation permet la régularisation de sa nomination par une assemblée générale ultérieure. Exceptionnellement, il peut être nommé par une décision de justice en cas d'impossibilité de l'assemblée générale de le nommer ou en cas de vacances du poste de syndic, à la suite de la démission de ce dernier, par exemple. La Cour de cassation veille au respect du vote de l'assemblée pour désigner le syndic. Dans une décision du 27 mars 2013, elle a affirmé la nécessité de respecter l'article 17 de la loi en écartant la nomination d'un syndic provisoire sans intervention de l'assemblée[27]. La durée des fonctions de syndic ne peut excéder trois ans (art. 28 al. 2 du décret modifié par le décret n° 2010-391 du 20 avril 2010). Il peut être renouvelé dans ses fonctions. Il peut être décidé de soumettre tous les ans au vote de l'assemblée le renouvellement du mandat du syndic.

Professionnel ou non, il a droit à une ***rémunération***. L'article 29 du décret (modifié par le décret n° 2015-342 du 26 mars 2015) précise que les conditions de rémunération du syndic sont fixées par l'assemblée générale. Les syndics professionnels présentent un contrat qui définit la durée du mandat, l'existence d'un compte séparé au nom de la copropriété, la gestion de la copropriété et sa rémunération. La rémunération du syndic est fixée de manière forfaitaire, mais une rémunération complémentaire, spécifique, peut être perçue à l'occasion de prestations particulières dont la liste limitative est fixée par décret (L n° 65-557, 10 juill. 1965, mod. L. n° 2014-366 du 24 mars 2014, art. 18-1 A). Il doit être fourni à l'assemblée générale un décompte détaillé des honoraires et il faut souligner le montant total des honoraires. En ce qui concerne les travaux votés en assemblée, le syndic a droit à des honoraires spécifiques. Ces honoraires sont votés expressément lors de la même assemblée générale que les travaux concernés et à la même majorité (L. n° 65-557, 10 juill. 1965, mod. L. n° 2014-366 du 24 mars 2014, art. 18-1 A).

Les fonctions du syndic prennent *fin* avec son décès, avec la disparition de la société désignée comme syndic, par la constatation du défaut de carte professionnelle, ou par la survenance de l'échéance du terme du contrat de syndic. Le syndic peut également présenter sa démission, cette dernière ne doit pas être constitutive d'un abus de droit sous peine d'engager la responsabilité du syndic. Le syndic est un mandataire, il peut donc être révoqué à tout moment, ce principe s'explique par la nécessaire confiance qui doit caractériser les relations entre le syndic et le syndicat. La question de la révocation du syndic doit être portée à l'ordre du jour de l'assemblée générale afin de permettre son remplacement et d'éviter toute discontinuité dans la gestion de la copropriété.

Longtemps facultatif, le ***conseil syndical*** existe de plein droit en vertu de l'article 21 alinéa 1er de la loi modifiée par la loi n° 2015-990 du 6 août 2015. Il énonce : « *Dans tout syndicat de copropriétaires, un conseil syndical assiste le syndic et contrôle sa gestion* ». Cependant, l'article 21, avant dernier alinéa, prévoit que l'assemblée générale peut, par une délibération spéciale, voter à la majorité de l'article 26 de la loi de ne pas instituer un conseil syndical.

Sa composition peut être précisée par le règlement de copropriété. Dans le silence du règlement, ce qui est la situation la plus courante, l'assemblée générale peut alors statuer, ce qui est également très rare. La loi et le décret précisent les personnes éligibles

---

27. Cass. 3e civ., 27 mars 2013, n° 12-13328.

et leur mode de désignation. Sont éligibles les copropriétaires et les associés d'une société civile immobilière copropriétaire, les conjoints, les partenaires (pacs), les usufruitiers. En revanche, le concubin du copropriétaire ne peut pas être élu membre du conseil syndical.

Le nombre des membres du conseil syndical n'est pas fixé par la loi. Dans le silence du règlement de copropriété, la jurisprudence considère que ce nombre ne peut pas être inférieur à trois, il ne peut pas être composé d'une seule personne. La Cour de cassation a précisé le 6 octobre 2010 (n° 09-15248) à l'occasion de la démission des membres du conseil syndical que ce dernier n'est plus régulièrement constitué si plus d'un quart des sièges devient vacant pour quelque cause que ce soit. Les membres non démissionnaires ne sont pas concernés par la réélection des nouveaux membres du conseil syndical.

La désignation des membres du conseil syndical est individuelle. Pour être élu, il faut faire acte de candidature. Un ou plusieurs suppléants peuvent être désignés. Si l'assemblée générale n'a pas écarté l'existence d'un conseil syndical et si elle ne parvient pas à désigner ses membres, le président du tribunal de grande instance peut être saisi par le syndic ou par plusieurs copropriétaires pour désigner les membres du conseil syndical. Le ***fonctionnement*** du conseil syndical est libre. Il élit souvent en son sein un président. Les membres du conseil syndical sont bénévoles. Cependant, les honoraires des techniciens auxquels le conseil fait appel et ses frais de fonctionnement sont à la charge du syndicat.

Le mandat des membres du conseil syndical, nommés par l'assemblée générale, ne peut pas excéder trois années, il est renouvelable. Ils peuvent être révoqués dans les mêmes conditions qu'ils sont nommés.

Ces organes remplissent chacun des fonctions nécessaires au bon fonctionnement de la copropriété.

Section 2
Le fonctionnement de la copropriété

L'assemblée générale qui représente le syndicat se réunit une fois par an, le reste du temps la gestion de la copropriété est assurée par le syndic avec l'assistance du conseil syndical. Cependant, le fonctionnement de la copropriété dépend aussi des droits et des obligations des copropriétaires.

1 • LES FONCTIONS DES ORGANES DE LA COPROPRIÉTÉ

La gestion quotidienne est de la responsabilité du syndic et du conseil syndical tandis que le syndicat se réunit en assemblée générale une fois par an, au moins. Elle est la véritable détentrice des pouvoirs car elle exprime la volonté du syndicat.

A - La gestion de la copropriété

Le syndic est le dépositaire du pouvoir exécutif, il est assisté dans ses fonctions et contrôlé dans sa gestion par le conseil syndical.

1) *Les fonctions du syndic*

Pour l'essentiel, elles sont fixées par l'article 18 de la loi du 10 juillet 1965 modifié par la loi n° 2017-86 du 27 janvier 2017, rendu d'ordre public par la loi du 31 décembre 1985. L'assemblée générale peut renforcer ses pouvoirs mais elle ne peut pas les diminuer.

Sa première fonction consiste en l'exécution du règlement de copropriété. À ce titre, il doit mettre en demeure les copropriétaires de payer leurs charges, contraindre le copropriétaire menant une activité interdite par le règlement de l'arrêter, mettre fin à des travaux irréguliers, à l'usage abusif des parties communes, etc. En l'espèce, ses initiatives ne sont pas très étendues, par exemple, pour faire cesser le stationnement irrégulier de véhicules, il peut envoyer des courriers aux copropriétaires concernés, faire placer des panneaux, donner des instructions au gardien, adresser une mise en demeure au contrevenant, mais il ne peut pas condamner sous astreinte un médecin locataire des locaux à interdire à ses clients de se garer dans la copropriété. Il doit également veiller à l'exécution des décisions prises en assemblée générale. Il n'est pas juge de la régularité des décisions votées, cependant, il doit prévenir les copropriétaires du caractère illicite de la décision projetée. En principe, les décisions votées sont immédiatement exécutoires en dépit du délai de contestation de deux mois à compter de la notification des décisions ouvert par l'article 42 alinéa 2 de la loi.

Il dispose, ensuite, de pouvoirs propres définis par l'article 18. Il est responsable de l'administration de l'immeuble, de sa conservation et de son entretien. En cas d'urgence, il doit faire procéder à des travaux nécessaires à sa sauvegarde. Les exemples ne manquent pas : travaux d'étanchéité, remise en l'état des canalisations d'eau ayant éclaté, travaux de chauffage, lutte contre les insectes, xylophages, etc. Pour exercer ces pouvoirs, il n'a pas besoin d'une décision votée par l'assemblée, ce qui ne l'autorise pas pour autant à empiéter sur les prérogatives de cette dernière, il doit tenir compte des décisions votées si elles existent. L'article 31 du décret précise les fonctions du syndic à l'égard du personnel du syndicat : il l'engage et le congédie, il fixe les conditions de travail. En revanche, l'assemblée générale est seule compétente pour fixer le nombre et la catégorie des emplois. Le syndic est donc le seul à avoir autorité sur le personnel du syndicat. Cependant si le règlement de copropriété prévoit une procédure d'autorisation préalable par l'assemblée générale avant le licenciement du personnel, cette disposition doit être respectée et les salariés licenciés peuvent s'en prévaloir[28].

Il est chargé de représenter le syndicat. Il le fait dans les actes de la vie civile qui concernent la commande des travaux d'entretien, mais aussi les travaux urgents et l'engagement ou le licenciement du personnel. Les actes conclus par le syndic obligent le syndicat à l'égard des contractants (fournisseurs, personnels...). Si le syndic est allé au-delà de ses pouvoirs, les cocontractants pourront se réclamer de la théorie du mandat apparent, mais le syndic engage sa responsabilité vis-à-vis du syndicat. Il représente le

28. Cass. ass. plén., 5 mars 2010, n° 08-42843 : JCP G 2010, chron. Droit des biens, 1162, n° 19, obs. H. Périnet-Marquet.

syndicat en justice. L'article 55 du décret pose alors le principe d'une habilitation nécessaire, votée en assemblée.

Une autorisation du syndicat, votée en assemblée n'est pas nécessaire pour les actions en défense.

Le syndic supporte des obligations au plan administratif et au plan comptable et financier. Ses obligations administratives ne sont pas négligeables. Il doit convoquer l'assemblée générale des copropriétaires. Elle doit se tenir au moins une fois par an. Il établit la liste des copropriétaires et la tient à jour en application de l'article 32 du décret de 1967 (mod. D. 20 avril 2010 et 21 oct. 2015). Il détient les archives du syndicat, notamment les procès-verbaux des assemblées, l'état descriptif de division, le règlement de copropriété, documents de justice relatifs au syndicat... Sur ce point l'article 33 du décret est réécrit par le décret du 20 avril 2010 puis modifié par le décret du 21 octobre 2015, ce texte d'ordre public ne peut pas souffrir de clause contraire. Au plan comptable et financier, il règle les dettes du syndicat, il recouvre les charges de copropriété. Il n'est pas tenu de faire des avances de fonds pour le syndicat, il doit donc prévoir des provisions pour les travaux. Il tient la comptabilité du syndicat. Il a l'obligation d'ouvrir d'un compte bancaire ou postal séparé au nom du syndicat sur lequel sont versées sans délai toutes les sommes ou valeurs perçues au nom ou pour le compte du syndicat. Il présente les comptes à l'assemblée (art. 18-1 de la loi). Il tient à jour le carnet d'entretien de l'immeuble (L. mod. L. n° 2017-86, 27 janv. 2017, art. 18). Cette dernière vote l'approbation des comptes à la majorité simple de l'article 24. Le quitus voté en assemblée est différent de l'approbation des comptes ; il constitue l'approbation de la gestion du syndic, il est alors déchargé de toute responsabilité dans l'accomplissement de sa fonction.

2) Les fonctions du conseil syndical

Le conseil syndical est investi de deux fonctions, la première est l'assistance au syndic, la seconde est le contrôle du syndic. La mission d'assistance est variée, le conseil syndical doit scrupuleusement vérifier qu'il ne sort pas de son rôle. Il n'est pas un organe de gestion, ni un organe de décision. L'article 21 de la loi énonce qu'il donne son avis au syndic et à l'assemblée générale sur toutes les questions concernant le syndicat. Il aide à la préparation de l'assemblée générale lors de l'élaboration de l'ordre du jour, de la préparation du budget prévisionnel. La loi du 31 décembre 1985 a rendu obligatoire la consultation du conseil syndical dans deux hypothèses : la passation des marchés et des contrats[29] et les provisions pour travaux urgents. La mission de contrôle s'étend à l'ensemble de la gestion du syndic. Un contrôle spécifique concernant la comptabilité du syndic est prévu. La loi du 6 août 2015 a modifié l'article 21 pour prévoir que le conseil syndical procède à une mise en concurrence de plusieurs projets de contrats de syndic avant la tenue de l'assemblée générale appelée à se prononcer sur la désignation d'un syndic.

29. La consultation du conseil syndical est obligatoire au-delà d'une certaine somme votée en assemblée générale.

Le conseil syndical dispose de quelques pouvoirs annexes. Il peut recevoir de l'assemblée une délégation de pouvoirs[30], il peut demander au syndic la convocation d'une assemblée générale, en cas de carence de ce dernier, le président du conseil syndical peut convoquer une assemblée générale.

B - Les fonctions de l'assemblée générale des copropriétaires

Chaque copropriétaire dispose d'un nombre de voix correspondant à sa quote-part dans les parties communes[31]. Les règles de majorité sont définies par la loi et varient selon les questions mises au vote. Les majorités ont été modifiées par la loi *ALUR* du 24 mars 2014 qui prévoit un abaissement des seuils de majorité pour permettre plus facilement la réalisation de travaux et éviter la dégradation des copropriétés :

- l'article 24 de la loi vise la majorité simple, c'est-à-dire que la décision est prise à la majorité des copropriétaires présents ou représentés en assemblée. Cette majorité concerne les délibérations ordinaires, l'administration courante, approbation des comptes, quitus, l'entretien de l'immeuble, travaux nécessaires à la conservation de l'immeuble ainsi qu'à la préservation de la santé et de la sécurité physique des occupant ; travaux d'accessibilité aux personnes handicapées ; adaptations du règlement de copropriété rendues nécessaires par les modifications législatives et réglementaires intervenues depuis son établissement ; décision d'engager le diagnostic technique global... ;
- l'article 25 (mod. L. n° 2015-990 du 6 août 2015) définit la majorité absolue en visant la majorité des voix de tous les copropriétaires de l'immeuble même s'ils ne sont ni présents, ni représentés. La loi *SRU* atténue la sévérité de cette majorité en prévoyant que si le projet soumis à l'article 25 a recueilli le tiers des voix de tous les copropriétaires, la même assemblée peut voter ce projet à la majorité de l'article 24. S'il n'a pas recueilli le tiers des voix des copropriétaires, le projet ne pourra être voté à l'article 24 que lors d'une nouvelle assemblée. La loi *ALUR* maintient cette possibilité de passerelle mais l'a exclue pour deux catégories de décisions : l'ensemble des travaux comportant transformation, addition ou amélioration (art. 25 n) et la demande d'individualisation des contrats de fourniture d'eau (art. 25 o).

  Les décisions soumises à l'article 25 dépassent les limites des actes de pure administration. Il s'agit de la délégation de pouvoir, de l'autorisation donnée à certains propriétaires de réaliser des travaux sur des parties communes à leurs frais, la nomination du syndic, sa révocation, la nomination des membres du conseil syndical, la modification de la répartition des charges visées à l'alinéa 1er de l'article 10 L. 1965 (charges entraînées par les services collectifs et les éléments d'équipement commun) rendue nécessaire par un changement de l'usage d'une ou plusieurs parties

---

30. Le vote est soumis à la majorité de l'article 25, la délégation de pouvoirs peut concerner certains travaux.
31. La loi du 28 décembre 1966 a introduit un mécanisme de réduction des voix du propriétaire majoritaire qui est en situation de décider seul à la majorité simple, v. J.-Cl. Organisation des assemblées générales, fasc. 41-1, n° 33 et s. Pour une application de cette règle : Cass. 3e civ., 25 sept. 2002 : Bull. civ. III, n° 179 ; JCP G 2003.I.117, n° 12, obs. H. Périnet-Marquet.

privatives (sinon l'unanimité est exigée par l'article 11), la suppression des vide-ordures pour des impératifs d'hygiène, l'installation ou la modification d'une antenne collective, l'ensemble des travaux comportant transformation, addition ou amélioration et la demande d'individualisation des contrats de fourniture d'eau ;

– l'article 26 prévoit une double majorité pour les décisions particulièrement graves. Le vote n'est alors acquis que s'il obtient la majorité des membres du syndicat, décompte par tête (majorité en nombre), et représentant au moins la majorité des deux tiers des voix des copropriétaires du syndicat (majorité en voix). Cette majorité a été allégée avec la loi ALUR par la réduction des hypothèses qui lui étaient antérieurement soumises (par exemple (art. 25 n) les travaux d'amélioration soumis désormais à la majorité absolue). Elle concerne les décisions graves comme les actes d'acquisition immobilière et les actes de disposition autres que ceux visés à l'article 25 d, la modification ou l'établissement du règlement de copropriété dans la mesure où il concerne la jouissance, l'usage et l'administration des parties communes ou l'aliénation des parties communes, les modalités d'ouverture des portes d'accès aux immeubles, la suppression du poste de concierge ou de gardien et l'aliénation du logement alors que si cette suppression porte atteinte à la destination de l'immeuble ou aux modalités de jouissance des parties privatives, la suppression du poste et l'aliénation du logement ne peuvent être décidées qu'à l'unanimité. L'article 26 de la loi de 1965 précise que l'aliénation des parties communes dont la conservation est nécessaire au respect de la destination de l'immeuble impose un vote unanime des copropriétaires. Il en va de même pour imposer à un copropriétaire la modification à la destination de ses parties privatives ou aux modalités de jouissance.

Les copropriétaires ne sont pas démunis en présence des décisions votées en assemblée. L'article 42 alinéa 2 de la loi précise que la contestation des décisions votées en assemblée doit être introduite par les copropriétaires opposants ou défaillants dans un délai de deux mois à compter de la notification de ces décisions par le syndic. Les dispositions de ce texte ferment ce recours aux abstentionnistes. Le délai de deux mois est préfix. Afin de ne pas entraver la gestion de la copropriété, ces recours n'ont pas d'effet suspensif. Pour éviter que tout copropriétaire insatisfait d'une décision votée en assemblée générale n'invoque l'abus de majorité pour attaquer la décision, la Cour de cassation précise que l'assemblée n'a pas à motiver ses décisions et que le demandeur doit apporter la preuve de cet abus[32].

L'exercice du droit de vote en assemblée générale figure parmi les droits et les obligations des copropriétaires.

2. LES DROITS ET LES OBLIGATIONS DES COPROPRIÉTAIRES

Ils participent au fonctionnement de la copropriété en exerçant leurs droits, mais aussi en assumant leurs obligations.

32. Cass. 3e civ., 17 déc. 2014, n° 13-25134.

A - Les droits des copropriétaires

Ils sont le reflet de leur participation à la vie de la copropriété. Ils témoignent de leur droit de propriété sur les parties communes et de la reconnaissance de leur droit de propriété exclusif sur leur partie privative. Ils peuvent exercer des actes de disposition. Le premier d'entre eux consiste dans la vente de leurs lots dans le respect des dispositions du règlement de copropriété. La constitution d'une hypothèque sur le lot est possible, toujours dans le respect de la structure de la copropriété. Le copropriétaire est en droit de louer son lot en application de l'article 9 de la loi, qui lui reconnaît un droit d'usage et de jouissance libre des parties privatives et des parties communes sous réserve des droits des autres copropriétaires. Le locataire est en droit de demander le respect du règlement de copropriété, mais il doit aussi le respecter. L'article 15 de la loi précise que les copropriétaires gardent le droit d'exercer seuls les actions concernant la propriété ou la jouissance de leurs lots, à condition d'en informer le syndic. Le copropriétaire participe à la vie du syndicat, à travers sa présence et ses votes aux assemblées. L'article 9 de la loi consacre les droits du copropriétaire sur son lot tandis que l'article 2 précise que les parties privatives sont la propriété exclusive du copropriétaire. Il supporte des limites propres à la copropriété car il convient de respecter l'aspect extérieur de l'immeuble, la destination de l'immeuble, de ne pas commettre des troubles anormaux du voisinage. Le copropriétaire ne dispose que d'un droit d'usage et de jouissance sur les parties communes, dans le respect des droits des autres copropriétaires. Toutefois, certains copropriétaires peuvent bénéficier de la jouissance exclusive de certaines parties communes, en contrepartie, ils en supportent seuls la charge.

Le règlement de copropriété ne peut imposer aucune restriction aux droits des copropriétaires en dehors de celles qui seraient justifiées par la destination de l'immeuble, telle qu'elle est définie aux actes, par ses caractères ou sa situation (L. 13 juillet 1965 mod. L. n° 2014-1090, 26 sept. 2014, art. 8 al. 2). Cependant le règlement doit être respecté. Ainsi l'exercice d'une religion dans l'immeuble en copropriété (construction en végétaux sur le balcon à l'occasion de la fête juive des cabanes) ne peut justifier la violation des dispositions du règlement de copropriété : « *la liberté religieuse, pour fondamentale qu'elle soit (valeur constitutionnelle et protocole 1er CEDH), ne pouvait avoir pour effet de rendre licite les violations des dispositions d'un règlement de copropriété* ».

Deux arguments justifient cette décision. Le premier est l'adhésion conventionnelle de chaque copropriétaire au règlement de copropriété qui interdit les atteintes à l'harmonie générale de l'immeuble (constructions, dépôts, visibles de la rue). Le second rappelle que les parties communes et les parties privatives visibles de l'extérieur constituent un espace d'intérêt collectif dont l'usage doit être encadré par le règlement. C'est toujours le règlement de copropriété qui détermine l'étendue des droits des copropriétaires. À propos de la jouissance privative d'un jardin : si elle est déterminée par le règlement de copropriété, elle ne peut se voir opposer ni la renonciation, ni une simple convention entre un des copropriétaires et le constructeur, ni la situation matérielle (jardin utilisé pour compléter l'accès aux garages).

B - Les obligations des copropriétaires

Pour l'essentiel, elles se résument au paiement des charges. L'article 10 de la loi définit deux catégories de charges : celles relatives à la conservation, à l'entretien et à l'administration des parties communes, et celles entraînées par les services collectifs et les éléments d'équipement commun. Le règlement de copropriété fixe la quote-part afférente à chaque lot dans chacune des catégories de charges. Le paiement des charges est lié à la propriété du lot. L'inoccupation d'un appartement est sans incidence sur l'obligation du règlement des charges. La cause du paiement des charges ne réside pas seulement dans le vote d'une assemblée générale approuvant les comptes, fixant les appels de fonds et rendant la créance du syndicat liquide et exigible. Elle se trouve dans le règlement de copropriété, dans le statut même de la copropriété, l'article 10 de la loi a été interprété en ce sens par la Cour de cassation. La répartition des charges se fait en application de trois critères : la valeur relative des parties privatives en ce qui concerne les charges communes générales, le degré d'utilité à l'égard du lot en ce qui concerne les charges afférentes aux services collectifs et équipements communs, certaines charges font l'objet de dispositions particulières.

L'article 10-1 de la loi de 1965 modifiée introduit des dérogations au principe de l'article 10. Il met à la charge du seul copropriétaire concerné les frais de poursuite pour le paiement d'une créance justifiée et les honoraires du syndic concernant les prestations effectuées à l'occasion d'une mutation à titre onéreux.

Le recouvrement des charges soulève de nombreuses difficultés, et les garanties de recouvrement se sont multipliées. L'article 19-1 de la loi prévoit un privilège spécial immobilier. L'article 19 alinéa 1 prévoit quant à lui une hypothèque légale concernant les créances de toutes natures du syndicat contre un copropriétaire. L'alinéa 5 de ce même article introduit un privilège mobilier.

La loi du 10 juillet 1965 offre un cadre juridique au domaine d'application à circonscrire. Elle ne concerne ni les lotissements, ni la multipropriété. En revanche, elle s'applique aux résidences du troisième âge, alors que les copropriétaires ne sont pas seulement logés, mais bénéficient aussi d'un certain nombre de prestations de services et de commodités dont la fourniture caractérise la résidence du troisième âge. L'application du statut de la copropriété laisse pourtant subsister des difficultés. Les prestations nécessaires aux copropriétaires peuvent incomber au syndicat, certes une telle charge excède son objet légal, cependant cette constatation n'a pas semblé soulever de problème en jurisprudence. Elles peuvent être confiées à un organisme extérieur ; il convient alors de lier les copropriétaires à cette organisation, soit par le moyen d'un contrat, soit par une obligation d'adhésion. Si la jurisprudence a souvent entériné la pratique en la matière, il n'en demeure pas moins que cette application de la loi de 1965 est source de contentieux et une partie de la doctrine appelle de ses vœux le vote d'un statut particulier. Les résidences-services peuvent s'organiser en association syndicale telle que prévue par l'ordonnance du 1er juillet 2004[33]. Elles peuvent donc échapper au statut de la copropriété comme le précise la Cour de cassation[34], ce qui leur permet de définir une

33. Ord. 2004-632, JO 2 juill. 2004, p. 12046.
34. Cass. 3e civ., 14 nov. 2012, n° 11-23807, n° 11-23808, n° 11-24450, « Résidences-services en associations syndicales de propriétaires », Defrénois 15 janv. 2013, n° 1, p. 1, note Ch. Atias.

organisation plus adaptée aux spécificités de chaque résidence. Il reste qu'elles ne disposent toujours pas de statut propre.

La loi du 13 juillet 2006, réformée par la loi n° 2015-1776 du 28 décembre 2015 relative à l'adaptation de la société au vieillissement, tente de répondre à cette attente en introduisant un chapitre IV*bis* à la loi du 10 juillet 1965 intitulé « résidence-services ». L'article 41-1 de la loi énonce que « *Le règlement de copropriété peut étendre l'objet d'un syndicat de copropriétaires à la fourniture aux résidents de l'immeuble de services spécifiques dont les catégories sont précisées par décret et qui, du fait qu'ils bénéficient par nature à l'ensemble de ses résidents, ne peuvent être individualisés.* » Les modalités de gestion de ces services sont précisées par le décret n° 2016-1446 du 26 octobre 2016, l'assemblée générale peut voter la suppression des services, elle peut décider de déléguer la gestion de ces services au conseil syndical à la majorité absolue des voix. La jurisprudence a également apporté sa pierre à l'édification d'un statut des résidences services. Ainsi la troisième Chambre civile de la Cour de cassation, le 20 décembre 2006, confirmant des décisions prises en assemblée plénière en 1991[35] protège la liberté des copropriétaires en précisant : « *qu'hormis les cas où la loi en décide autrement, nul n'est tenu d'adhérer à une association régie par la loi du 1er juillet 1901, ou y ayant adhéré, d'en demeurer membre* »[36]. La Cour de cassation protège la liberté d'association et, par là même, démontre que le recours à la loi de 1901 pour organiser les services n'est pas une solution et que le montage n'est pas satisfaisant. Il faut espérer que les dispositions du nouvel article 41-1 de la loi du 13 juillet 2006 apportent une amélioration au droit positif.

BIBLIOGRAPHIE

Capoulade (P.), « De quelques incidences de l'application de la loi ALUR sur la pratique de la copropriété », Defrénois, 30 mai 2015 n° 10, p. 554.

35. Cass. ass. plén., 9 février 2001 : Defrénois 2001, art. 37376, n° 52, obs. Ch. Atias.
36. Cass. 3e civ., 20 déc. 2006, n° 5-10689 : JCP G 2007.I.117, n° 8, obs. H. Périnet-Marquet.

TITRE 2

La propriété démembrée

Le droit réel de propriété est susceptible de division : ses trois attributs peuvent être répartis entre plusieurs personnes. Ainsi, il est possible que deux droits réels concurrents s'exercent sur une même chose : le droit de propriété et un autre droit réel, de telle sorte que le droit du propriétaire est limité. Au contraire de la propriété collective, il y a dissociation juridique des attributs du droit de propriété.

Plusieurs démembrements sont prévus par le Code civil : l'usufruit (art. 578 et s.), la servitude (art. 637 et s.), l'usage (art. 625 et s.) et l'habitation (art. 625 et s.). D'autres s'y sont ajoutés, comme l'emphytéose, le droit de superficie, le bail à construction, le bail à réhabilitation ou les concessions immobilières, la liste n'étant pas close.

Ces démembrements du droit de propriété sont tous des droits réels : à ce titre, et sous réserve des règles relatives à la publicité foncière, ils sont opposables à tous et emportent droit de préférence, c'est-à-dire le droit d'obtenir par préférence paiement sur le produit de la vente du bien saisi, et droit de suite, ce qui signifie la possibilité pour le créancier de saisir le bien qui en est le support en quelque main qu'il se trouve. Ils sont aussi cessibles et susceptibles d'hypothèques et ils peuvent en principe être acquis par prescription acquisitive.

Il reste possible de classer ces différents démembrements en deux catégories de droits réels :

– les uns sont créés en faveur de tout propriétaire d'une chose, ils existent dans l'intérêt du fonds lui-même et bénéficient au propriétaire de ce fonds, quel qu'il soit : ce sont les servitudes ou services fonciers (Chapitre 10) ;

– les autres sont accordés à une personne déterminée et disparaissent avec elle. Cet attachement à la personne a conduit autrefois à les appeler des servitudes personnelles. Ce sont principalement l'usufruit, et les droits d'usage et d'habitation qui en constituent deux variétés d'étendue plus restreinte (Chapitre 11). D'autres démembrements, non prévus par le Code civil, se sont ajoutés à ceux-ci. Ce sont l'emphytéose, le droit de superficie, les baux à construction et à réhabilitation et les concessions (Chapitre 12).

CHAPITRE 10

Les servitudes

Il existe plusieurs variétés de servitudes, ce qui implique d'en déterminer la notion (section 1), mais elles obéissent à un même régime (section 2).

Section 1
La notion de servitude

La servitude est un droit réel démembré de la propriété qui permet au propriétaire d'un fonds d'exercer sur un fonds appartenant à un autre, des prérogatives de propriétaire. Ainsi, une personne peut disposer d'un droit d'usage *(usus)*, tel un droit de passage ou de puisage, sur un fonds ne lui appartenant pas.

L'article 637 du Code civil définit la servitude comme « *une charge imposée sur un héritage pour l'usage et l'utilité d'un héritage appartenant à un autre propriétaire* ». Cette définition met l'accent sur le caractère foncier de la servitude.

D'une part, seuls les « héritages », c'est-à-dire les fonds, sont concernés. La servitude ne peut porter que sur des immeubles par nature, à l'exclusion de tout autre bien, notamment mobilier. Sont également exclus du champ des servitudes tous les droits ainsi que tous les immeubles par destination en raison de leur mobilité.

D'autre part, l'article 637 du Code civil impose l'existence de deux fonds : un fonds dominant et un fonds servant. Plusieurs précisions sont nécessaires .

- ***les fonds doivent appartenir à deux propriétaires différents*** : non seulement ils ne doivent pas appartenir à la même personne, mais ils ne peuvent donner naissance à une servitude que s'ils font l'objet d'un droit de propriété. De cette condition découle l'impossibilité de constituer une servitude entre un usufruitier et un nu-propriétaire ou de reconnaître à des propriétaires indivis d'un fonds un droit de passage sur ce même fonds[1]. En revanche, après l'avoir refusé, la jurisprudence admet que les servitudes puissent exister entre les parties privatives de deux lots de copropriété mais pas entre une partie privative et une partie commune ;
- ***le fonds servant est celui qui supporte la servitude***, c'est-à-dire celui auquel la « charge » est imposée (par exemple, celui sur lequel s'exerce le droit de passage) ;
- ***le fonds dominant est celui pour l'utilité duquel la servitude a été établie***, celui qui en profite (par exemple, celui dont le propriétaire peut passer sur le fonds

1. Cass. 3e civ., 27 mai 2009, n° 08-14376 : D. 2009, pan.2300, obs. B. Mallet-Bricout ; Dr. & patr. janv. 2010, p. 71, obs. J.-B. Seube et T. Revet.

voisin pour accéder aux voies publiques). La Cour de cassation a rappelé qu'il ne peut y avoir de servitude sans véritable fonds dominant[2]. Toutefois, cette règle ne s'applique qu'aux servitudes conventionnelles : l'article 649 du Code civil précise que les servitudes établies par la loi ont pour objet l'utilité publique ou communale ou l'utilité des particuliers. De telles servitudes peuvent donc exister sans fonds dominant.

Hormis leur caractère foncier, toutes les servitudes, quelle qu'en soit la classification retenue, présentent plusieurs caractéristiques juridiques.

1 • LES CARACTÈRES JURIDIQUES DES SERVITUDES

La servitude est un droit réel, accessoire du fonds, perpétuel et indivisible.

A - Le caractère réel de la servitude

La servitude portant sur un immeuble par nature est un droit réel immobilier. Pourtant, ce caractère réel a été contesté par la doctrine, donnant lieu à une opposition doctrinale.

La doctrine classique y voit un démembrement de la propriété, la servitude se transmettant en même temps que le fonds.

Une autre vision a été proposée : à travers les fonds servant et dominant, ce sont bien leurs propriétaires qui sont visés, les servitudes font peser sur les propriétaires de véritables obligations personnelles qui contredisent son caractère réel.

D'autres auteurs ont eu recours à une nouvelle notion, celle des « obligations réelles » (ou *propter rem*)[3], pour montrer que les servitudes étaient à mi-chemin entre le « réel » et le « personnel ». La servitude est alors définie comme une obligation impliquant un rapport juridique entre les personnes. Il s'agit donc d'une obligation pesant sur une personne, mais cette obligation est réelle car elle découle d'un droit réel : le droit de propriété. Le débiteur n'est tenu que parce qu'il est détenteur d'un fonds avec lequel la charge se transmet.

Par peur de résurgence des vieilles servitudes du système féodal pesant sur la personne, le Code civil, dans son article 637, a posé le caractère réel de la servitude : la servitude n'est pas une obligation personnelle mais une charge réelle. La jurisprudence considère alors que la concession d'un droit de chasse, profitant à des personnes et ne conférant aucune utilité au fonds, ne peut être qualifiée de servitude. La servitude est une charge imposée au fonds servant (aucune obligation positive personnelle ne pèse sur le propriétaire), quel que soit son propriétaire. Si le fonds est vendu, la servitude est transmise avec lui. La servitude est transmise à tous les propriétaires successifs du fonds. Ce lien est si

2. Cass. 3e civ., 13 juin 2012, n° 10-21788 : H. Périnet-Marquet, « Chronique droit des biens », JCP 2012, 1186.
3. Ce sont les obligations qui pèsent sur le détenteur d'un fonds en cette qualité : obligations de l'usufruitier, obligations du détenteur d'un fonds grevé de servitude ou redevance tréfoncière due au propriétaire du sol par le concessionnaire d'une mine.

fort entre la servitude et le fonds que pour se défaire de cette servitude le propriétaire du fonds doit abandonner la propriété de son fonds !

L'article 686 du Code civil confirme ce caractère réel de la servitude en précisant que les servitudes peuvent toujours être établies, à condition « que les services établis ne soient imposés ni à la personne, ni en faveur de la personne, mais seulement à un fonds et pour un fonds ». La servitude profite au fonds dominant, l'avantage qu'elle confère concerne l'usage ou l'utilité du fonds servant. La jurisprudence interdit d'imposer des obligations impératives à un propriétaire : la servitude pèse sur le fonds.

B - Le caractère accessoire de la servitude

La servitude est un accessoire du fonds. Elle ne peut pas être cédée, transmise, saisie ou hypothéquée indépendamment du fonds.

Ce caractère accessoire se manifeste aussi bien à l'égard du fonds servant que du fonds dominant :

- du point de vue du fonds servant, puisque la servitude se transmet passivement en tant que charge du fonds ;
- du point de vue du fonds dominant, puisqu'elle se transmet activement avec la propriété du fonds dominant et ne peut en être séparée.

C - Le caractère perpétuel de la servitude

Contrairement aux autres démembrements qui sont en principe temporaires, la servitude est perpétuelle car le droit de propriété est perpétuel. N'étant qu'un accessoire de la propriété, elle en présente les caractères. Elle n'est pas limitée dans sa durée, tant qu'existe la propriété du fonds dont elle est l'accessoire. Notamment, le propriétaire du fonds servant ne peut pas s'en libérer, sauf si le propriétaire du fonds dominant y consent.

Il existe cependant deux hypothèses dans lesquelles la servitude n'est pas perpétuelle :

- lorsqu'elle a été constituée par titre et que celui-ci a prévu un terme. À l'échéance, la servitude disparaît ;
- le non-usage pendant trente ans entraîne l'extinction de la servitude (C. civ., art. 706).

D - Le caractère indivisible de la servitude

La servitude profite au fonds dominant en entier et grève le fonds servant en entier. Cela entraîne deux conséquences :

- en cas de division du fonds servant en plusieurs parcelles, chaque parcelle subit la charge de la servitude, sauf si la nature de celle-ci s'y oppose ou si son titre constitutif écarte ce principe ;
- en cas de division du fonds dominant en plusieurs parcelles, la servitude profite à chaque parcelle. L'alinéa premier de l'article 700 du Code civil dispose en effet que « si l'héritage pour lequel la servitude a été établie vient à être divisé, la servitude

reste due pour chaque portion ». Pour reprendre un exemple à propos du droit de passage, si une personne ayant un droit de passage sur un fonds voisin vend son terrain en dix parts, dix personnes pourront passer sur le fonds voisin. L'article 700 du Code civil tempère cette règle en introduisant une limite : la condition du fonds servant ne doit pas être aggravée, en précisant : « ainsi, par exemple, s'il s'agit d'un droit de passage, tous les propriétaires seront obligés de l'exercer par le même endroit ». Dans notre exemple, les dix personnes devront passer au même endroit sans pouvoir exiger dix passages différents à leur convenance.

2. LES CLASSIFICATIONS DES SERVITUDES

Deux critères principaux sont retenus pour classer les servitudes : leur nature ou leur mode d'établissement.

A - Les classifications en fonction de leur nature

Le Code civil distingue en premier lieu, en son article 687, les servitudes urbaines (établies pour l'usage des bâtiments, et ce qu'ils soient situés en ville ou à la campagne) et les servitudes rurales (établies pour l'usage des terrains, des « fonds de terre ») sans que cette présentation n'entraîne de conséquences juridiques particulières. Il en est de même de la distinction entre les servitudes actives (ou positives) qui donnent droit au propriétaire du fonds dominant d'établir quelque chose, de faire certains actes positifs sur le fonds servant (comme le passage), et les servitudes passives (ou négatives) qui permettent de bénéficier d'une simple abstention du propriétaire du fonds servant (par exemple ne pas construire). En revanche, d'autres classifications sont utiles car elles déterminent le régime juridique applicable aux différentes servitudes. Ce sont les distinctions entre les servitudes continues et discontinues, les servitudes apparentes ou non apparentes et les servitudes d'intérêt privé et celles d'intérêt public.

1) Servitudes continues et discontinues

En vertu de l'article 688 du Code civil, la servitude est continue si elle s'exerce sans intervention humaine (sans le « fait actuel de l'homme »), discontinue dans le cas contraire (c'est-à-dire avec l'intervention de l'homme). L'article précise que :

– les servitudes de vue et d'aqueduc ou d'égouts sont continues, de même que les servitudes imposant une abstention (par exemple, la servitude *non aedificandi*) ;
– les servitudes de passage, puisage et pacage sont des servitudes discontinues.

La qualification relève des circonstances de chaque espèce. Ainsi, une servitude d'écoulement d'eau peut être soit continue, lorsqu'il s'agit de l'écoulement d'eau naturelle, soit discontinue, s'il s'agit de l'écoulement d'eaux usées.

2) Servitudes apparentes et non apparentes

Selon l'article 689 du Code civil, les « *servitudes apparentes sont celles qui s'annoncent par des ouvrages extérieurs, tels qu'une porte, une fenêtre, un aqueduc* ». Inversement, la servitude est non apparente lorsqu'il n'y a pas de signe extérieur de son existence. C'est le cas par exemple de la servitude *non aedificandi* (de ne pas bâtir) qui ne se manifeste pas de façon visible extérieurement. Rien ne permet de savoir si un fonds non bâti est frappé d'une telle servitude ou si tout simplement son propriétaire n'a pas souhaité ériger de construction.

Certaines servitudes sont toujours non apparentes, celles qui imposent une abstention (comme la servitude de ne pas bâtir). Certaines sont tantôt apparentes (par exemple, un droit de passage matérialisé par un ouvrage), tantôt non apparentes (lorsque le passage n'est pas matérialisé).

La combinaison de ces deux critères des servitudes, apparentes ou non et discontinues ou non, conduit à plusieurs situations. Les servitudes peuvent être :

– ***apparentes et continues*** : par exemple la servitude de vue ou d'aqueduc (écoulement d'eau naturel matérialisé) ;
– ***apparentes et discontinues*** : par exemple, le droit de passage matérialisé par des ouvrages ;
– **non apparentes et continues** : par exemple, la servitude *non aedificandi* ;
– ***non apparentes et discontinues*** : par exemple, le droit de puisage ou de pacage.

Ces deux distinctions entre servitudes continues et discontinues et servitudes apparentes et non apparentes sont importantes car les servitudes continues non apparentes et les servitudes discontinues apparentes ou non ne peuvent s'établir que par titres (C. civ., art. 691). Seules les servitudes continues et apparentes peuvent être acquises par prescription (C. civ., art. 690).

3) Servitudes d'intérêt public et servitudes d'intérêt privé

L'article 649 du Code civil prévoit l'existence de servitudes d'« *utilité publique ou communale* », et de servitudes ayant pour objet « *l'utilité des particuliers* ». À l'origine prévues pour assurer l'exploitation des rivières et la construction d'ouvrages publics et communaux, les servitudes d'utilité publique, ou servitudes administratives, n'ont cessé de se développer, ce qui ne permet que d'en présenter les principales. Elles ont en commun de présenter des caractères spécifiques distincts de ceux des servitudes d'utilité privée.

a) La détermination des principales servitudes d'utilité publique

Toutes régies par différentes lois ou règlements particuliers (C. civ., art. 650), elles interviennent dans de nombreux domaines, comme la circulation, le transport et la distribution d'énergie ou les télécommunications.

1. Les servitudes concernant les voies de communication

Ces servitudes de voirie sont des restrictions imposées aux propriétés privées dans l'intérêt des voies publiques et plus généralement pour faciliter la circulation. L'article 650 du Code civil cite les servitudes de « *marchepied le long des rivières navigables ou flottables, la construction ou réparation des chemins et autres ouvrages publics ou communaux* », c'est-à-dire aujourd'hui les servitudes concernant les voies de communication, qu'il s'agisse des routes, des voies navigables ou ferroviaires :

– ***les servitudes concernant les routes*** : on peut citer, à titre d'exemple, la servitude de reculement pour alignement ou les servitudes d'ancrage ou de support pour les appareils d'éclairage public ou de signalisation, ainsi que la servitude d'essartement, qui oblige les propriétaires de forêts franchies par des voies publiques à tailler et nettoyer leurs bois autour de ces voies sur une largeur de 20 mètres ;

- ***les servitudes concernant les voies navigables*** (cours d'eau domaniaux) : la servitude de marchepied de l'article 650 du Code civil impose de respecter sur chaque propriété riveraine un espace de terrain sur lequel il est interdit de construire ou planter pour faciliter le sauvetage des trains de bois ou pour constituer un chemin de halage. Les textes réglementent la largeur des passages et l'étendue de la servitude. D'autres servitudes imposent le curage et l'entretien des cours d'eau non domaniaux ;
- ***les servitudes concernant les chemins de fer*** : la loi établit une zone de sûreté le long des voies pour empêcher les incendies ou les éboulements de la voie. Une servitude *non aedificandi* interdit d'y réaliser certaines constructions, excavations ou dépôts. La loi n° 2015-992 du 17 août 2015 relative à la transition énergétique pour la croissance verte[4] établit une servitude d'utilité publique en tréfonds qui constitue un nouvel outil au profit des maîtres d'ouvrage des infrastructures souterraines de transports publics ferroviaire.

Cette nécessité de garantir le passage de tous et l'accès aux lieux les plus variés a trouvé des extensions diverses.

La loi a instauré une servitude destinée à assurer le passage des piétons sur les propriétés privées riveraines du domaine public maritime. Elle impose de respecter une distance de trois mètres pour permettre le passage des piétons. La loi « littoral » du 3 janvier 1986 a précisé ces règles.

L'installation des remontées mécaniques, le passage des pistes de ski ainsi que l'accès aux voies d'alpinisme et d'escalade en zone de montagne sont aussi garantis par des servitudes.

La loi du 11 juillet 1985 relative à l'urbanisme au voisinage des aéroports et à la protection contre le bruit réglemente les constructions autour des aéroports (servitude de dégagement pouvant contraindre les propriétaires riverains à démolir leurs biens nuisant à la circulation aérienne, servitude de balisage imposant d'équiper les biens pouvant gêner la navigation de systèmes permettant de les détecter...).

2. Les servitudes concernant le transport et la distribution d'énergie

Ces servitudes sont instituées sur les fonds privés pour permettre le passage des canalisations de transport et de distribution de chaleur ou les ouvrages d'électricité et de gaz. Il existe ainsi une servitude d'ébranchage, autorisant le distributeur à couper lui-même les arbres qui gênent la pose ou constituent des « risques ».

3. Les servitudes concernant les télécommunications

Certaines servitudes ont été instituées pour permettre l'installation et l'exploitation sur les toits, terrasses et superstructures des édifices publics et privés, des ouvrages nécessaires à la diffusion par voie hertzienne et l'installation et l'entretien des réseaux câblés de télévision.

---

4. JO 2 déc. 2015, p. 22401 ; N. Boukheloua, « Une nouvelle servitude d'utilité publique : la servitude en tréfonds », AJDA 2016, p. 661.

D'autres servitudes ont pour objectif la protection de l'environnement, telle la servitude de passage et d'aménagement établie par l'État pour assurer la continuité des voies de défense des bois et forêts contre l'incendie ou les servitudes au voisinage des installations classées.

b) Les caractères des servitudes d'utilité publique

Les servitudes d'utilité publique n'ont pas tout à fait les caractères des servitudes d'utilité privée :

- elles ne comportent pas de fonds dominant. Elles sont établies dans l'intérêt collectif et non dans l'intérêt d'un fonds particulier ;
- alors qu'avec les servitudes d'utilité privée, le propriétaire du fonds servant n'a pas d'obligation positive (il est seulement tenu de ne pas empêcher l'exercice de la servitude), l'État peut exiger une prestation d'un propriétaire. Les servitudes d'utilité publique peuvent être des obligations de faire (servitudes actives ou « *in faciendo* »). Ainsi, diverses servitudes obligent le propriétaire à effectuer certains travaux d'aménagement de son fonds ou à démolir une construction. Les servitudes administratives peuvent aussi être des obligations de ne pas faire (servitudes négatives ou « *non in faciendo* », telle principalement la servitude « *non aedificandi* »). Elles se rapprochent des servitudes passives ou « *in patiendo* », qui imposent au propriétaire du fonds grevé de laisser faire, sur ce fonds, des actes que normalement son droit de propriété lui confère le droit de refuser (par exemple, la servitude de passage) ;
- elles ont un caractère administratif : même si le plus souvent la loi pose le principe de la servitude, son établissement découle d'un acte administratif dont seuls les tribunaux administratifs peuvent juger de la validité. Il ne peut pas exister de servitudes publiques conventionnelles ;
- elles sont d'ordre public, aucune dérogation ne peut être accordée à un propriétaire. De même, parce qu'elles sont instituées dans l'intérêt de tous, elles sont inaliénables et imprescriptibles ;
- en principe, si la convention est légale (elle peut résulter d'une convention avec l'administration fixant éventuellement une indemnisation), la jurisprudence décide que les servitudes d'utilité publique ne donnent pas droit à indemnité. Contrairement à l'article 545 du Code civil, qui prévoit une indemnisation juste et préalable en cas d'expropriation, l'article 650 ne prévoit rien. L'argument invoqué réside dans le constat que les propriétaires peuvent tantôt souffrir, tantôt profiter de la servitude.

  Toutefois, un texte formel peut accorder une telle indemnité (par exemple, pour les servitudes au profit des sociétés de distribution d'énergie). De même, la règle de l'indemnisation du dommage spécial résultant de travaux publics reste applicable. Si la constitution de la servitude cause un préjudice (direct, certain et spécial), il ouvre droit à réparation ;
- elles ne s'éteignent pas par le non-usage prolongé.

Quant aux servitudes d'utilité privée, leur régime est précisé dans les nombreuses dispositions du Code civil.

B - La classification en fonction de leur mode d'établissement

L'article 639 du Code civil énonce trois modes de constitution des servitudes permettant de distinguer celles qui dérivent de la situation naturelle des lieux, celles qui sont établies par la loi et celles établies par le fait de l'homme. Il existe une quatrième catégorie de servitudes, celle des servitudes judiciaires.

1) *Les servitudes qui dérivent de la situation des lieux*

Le Code civil, dans le chapitre premier du titre IV, relatif aux servitudes ou services fonciers, du deuxième livre, recense différentes servitudes qui dérivent de la situation des lieux.

Ce sont principalement des servitudes d'écoulement (le fonds inférieur est obligé de recevoir les eaux qui s'écoulent du fonds supérieur) et d'utilisation des eaux de pluie, de source ou courantes (C. civ., art. 640 à 645) et la servitude de bornage, l'article 646 du Code civil permettant à tout propriétaire d'obliger son voisin au bornage de leurs propriétés contiguës, et ce « à frais communs ». De même, tout propriétaire a le droit de se clore[5] , sous réserve de ne pas porter atteinte au droit de passage dont son fonds peut être grevé et de ne pas en rendre l'exercice plus incommode.

Ces servitudes constituent dans le Code civil une catégorie à part alors qu'elles sont instituées par la loi. En revanche, le droit de passage, qui découle également de la situation des lieux, est expressément classé dans la catégorie des servitudes établies par la loi.

2) *Les servitudes établies par la loi*

Ces servitudes sont établies par la loi ou par les règlements, indépendamment de toute convention (C. civ., art. 651). Elles sont précisément décrites dans le deuxième chapitre du titre IV relatif aux servitudes (C. civ., art. 649 à 685). Il ne s'agit ici que des servitudes d'utilité privée, tantôt réciproques, c'est-à-dire instituées à la charge et au profit des deux fonds servant et dominant, tantôt unilatérales, lorsqu'elles ne constituent qu'une charge pour le fonds servant sans lui profiter.

La loi a imposé de nombreuses servitudes dans les relations de voisinage. Ainsi trouve-t-on dans ce chapitre des dispositions concernant, hormis la mitoyenneté qui constitue en réalité une forme de copropriété (C. civ., art. 653 à 670[6]), les servitudes énoncées par l'article 652 du Code civil, qui imposent pour la plupart des distances à respecter entre voisins pour la réalisation de plantations, de constructions ou d'ouvertures. On trouve aussi des dispositions relatives à la servitude d'égout des toits et surtout la servitude de passage.

a) Les distances à respecter entre voisins pour les plantations

L'article 671 du Code civil prévoit que la distance entre la plantation et le fonds voisin est réglementée par les usages locaux et les règlements. À défaut de règlements ou d'usage, les plantations de plus de deux mètres ne peuvent être réalisées qu'à une

5. V. *supra*, p. 73.
6. V. *supra*, p. 168.

distance de deux mètres de la ligne séparant les deux fonds. La loi prévoit une dérogation si ces arbres sont plantés en espalier. Les autres arbres, quant à eux, peuvent être plantés plus près, mais pas à moins de 0,50 m du fonds voisin. La jurisprudence a eu l'occasion de préciser que la distance se mesure entre la ligne séparative des fonds et l'axe médian des troncs des arbres[7]. En vertu de l'article 672, le voisin peut exiger que les arbres plantés à une distance moindre que la distance légale soient arrachés ou réduits à la hauteur de 2 mètres.

Pour faire respecter ces distances, l'article 673 du Code civil prévoit la possibilité pour le voisin de contraindre le propriétaire de l'arbre à couper les branches dépassant sur son fonds ou de couper lui-même les racines qui avancent sur son fonds. Dans une décision du 30 juin 2010, la Cour de cassation a fait primer le droit absolu de faire couper les branches avançant sur son fonds quand bien même la beauté du site et la qualité de l'environnement seraient atteintes et a précisé que ce droit est imprescriptible[8]. Mais l'article 673 du Code civil n'est pas d'ordre public et il peut y être dérogé. Ainsi, les sorts des branches et des racines peuvent être aménagés contractuellement. Les documents contractuels (par exemple le cahier des charges d'un lotissement[9]) organisant les relations entre les fonds voisins doivent faire ressortir une volonté certaine de déroger au droit de contraindre à l'élagage des branches. Rien n'empêche de réserver un sort différent conventionnellement aux branches et aux racines (en tenant compte notamment des effets sur la plantation).

b) Les distances à respecter entre voisins pour les constructions et dépôts produisant des nuisances particulières

Le Code civil, destiné à l'origine à régir un monde rural, traite peu des constructions. Celles-ci doivent respecter les règles de distance édictées par l'administration, échappant ainsi largement au droit privé. Le code ne traite que des distances à respecter pour certaines constructions ou dépôts susceptibles d'être dangereux ou de causer des nuisances particulières aux voisins. L'article 674 du Code civil vise ainsi les puits ou fosse d'aisance, cheminée, forge, étable ou autre amas de matière corrosive. Le propriétaire du fonds qui souhaite y établir telle construction est obligé de respecter les distances prévues par les règlements et usages particuliers, « pour éviter de nuire au voisin ».

c) Les distances à respecter entre voisins pour réaliser des ouvertures

Ces distances sont imposées par des servitudes dites « de vue » sur le fonds voisin (C. civ., art. 675 à 680). L'objectif du législateur est de garantir la vie privée des individus. Il prévoit ainsi de façon très précise les conditions dans lesquelles il est possible de pratiquer des ouvertures dans un mur donnant sur le fonds voisin. La loi distingue plusieurs hypothèses selon que le mur est mitoyen (C. civ., art. 675) ou non (C. civ., art. 676), selon la nature des ouvertures (« jours » à verre dormant, c'est-à-dire ne pouvant s'ouvrir, ou « vues », c'est-à-dire fenêtres ordinaires pouvant être ouvertes et permettant de ce fait de voir plus facilement chez le voisin) et leur localisation.

---

7. Cass. 3e civ., 1er avr. 2009, n° 08-11876 : D. 2009, pan. 2303, obs. N. Reboul-Maupin ; JCP 2009.I.337, n° 16, obs. H. Périnet-Marquet ; AJDI 2010, p. 69, obs. S. Prigent.
8. Cass. 3e civ., 30 juin 2010, n° 09-16257 : JCP 2010.I.1162, n° 22, obs. H. Périnet-Marquet
9. Cass. 3e civ., 13 juin 2012, n° 11-18791 : G. Chantepie et N. Leblond, Defrénois, 15 oct. 2012, n° 19, p. 943.

Les distances à respecter varient alors selon les circonstances : les jours au rez-de-chaussée ne peuvent être établis qu'à 26 décimètres du plancher, ceux en étage à 19 décimètres (C. civ., art. 677). Quant aux vues, la loi distingue selon qu'elles sont droites (réalisées sur un mur parallèle à celui du voisin) ou obliques. Les premières, permettant plus facilement les indiscrétions, ne sont autorisées que si elles sont établies à plus de 19 décimètres de distance entre le mur où on les pratique et le fonds voisin (C. civ., art. 678). Les balcons et autres saillies sur le fonds voisin sont soumis à cette même contrainte. Les secondes, les vues obliques, moins dangereuses pour la vie privée, ne sont soumises qu'à une obligation de respecter 6 décimètres de distance entre les deux fonds (C. civ., art. 679).

En cas de violation de ces distances, le propriétaire du fonds voisin peut réclamer la suppression ou la modification de l'ouverture, sauf dans trois cas :

- l'auteur de l'ouverture peut se prévaloir d'une servitude de vue acquise par prescription, par titre ou par destination du père de famille ;
- le fonds est grevé d'une servitude de passage ;
- les deux fonds sont séparés par un terrain appartenant à un tiers, tel un chemin par exemple.

d) La servitude d'égout des toits

L'article 681 du Code civil impose l'obligation pour tout propriétaire d'établir ses toits « *de manière que les eaux pluviales s'écoulent sur son terrain ou sur la voie publique* » et non sur le fonds voisin.

e) La servitude du droit de passage

Le droit de passage est la servitude la plus célèbre et certainement celle qui donne lieu au plus grand nombre de contentieux. Pourtant, elle est décrite par l'article 682 du Code civil, qui en fixe les conditions. En cas d'enclave, c'est-à-dire en l'absence d'issue sur la voie publique ou d'issue insuffisante « *soit pour l'exploitation agricole, industrielle ou commerciale de sa propriété, soit pour la réalisation d'opérations de construction ou de lotissement* », tout propriétaire peut « *réclamer sur le fonds de ses voisins un passage suffisant pour assurer la desserte complète de ses fonds* ». Ainsi, le propriétaire d'un fonds, qui devient un fonds servant, doit laisser passer ses voisins chez lui. Ce passage constitue potentiellement une atteinte très importante à son droit de propriété. C'est pourquoi les tribunaux sont amenés à vérifier si les conditions en sont respectées : ils apprécient selon les lieux et les circonstances si le fonds est enclavé, si l'état d'enclave n'a pas été le fait volontaire du propriétaire du fonds (auquel cas il n'a plus le droit au passage sur le fonds voisin), si l'utilisation normale du fonds exige un passage ou non et de quelle ampleur. La jurisprudence considère ainsi que l'habitation d'une maison nécessite le passage d'une automobile, compte tenu des conditions actuelles de la vie et de la nécessité de permettre un secours rapide en cas d'incendie, ou que le chemin sur lequel s'exerce le droit de passage peut être utilisé par le propriétaire du fonds enclavé pour la pose de canalisations.

Le législateur lui-même a prévu des dispositions qui permettent de tempérer les nuisances causées au fonds servant :

- l'article 682 du Code civil prévoit une indemnité proportionnée au dommage causé par cette servitude ;

- le passage « *doit être fixé dans l'endroit le moins dommageable à celui sur le fonds duquel il est accordé* » (C. civ., art. 683, al. 2). Même si pour le fonds enclavé le trajet doit être le plus court pour accéder à la voie publique (C. civ., art. 683, al. 1er), il doit surtout être le moins gênant pour le propriétaire du fonds servant. Pour fixer l'assiette de la servitude légale, les juges judiciaires doivent aussi tenir compte de toutes les contraintes susceptibles de s'appliquer au fonds servant choisi, y compris les contraintes d'urbanisme et environnementales applicables à la parcelle concernée (par exemple la nécessité d'obtenir une autorisation des architectes des bâtiments de France). L'accès peut être jugé impossible en présence d'une route départementale dont l'accès est totalement interdit par le certificat d'urbanisme, le propriétaire ne peut pas être contraint d'exercer un recours contre cet acte[10] ;
- si l'enclave résulte de la division d'un fonds par suite d'une vente, d'un échange, d'un partage ou de tout autre contrat, le passage ne peut être demandé que sur les terrains qui ont fait l'objet de ces actes (C. civ., art. 684, al. 1er). C'est à celui qui est la cause de l'enclavement d'en subir les conséquences en priorité. Cependant, le droit de passage reste possible sur un fonds non concerné par l'acte si un passage suffisant ne peut être établi sur les fonds divisés (C. civ., art. 684, al. 2) ;
- dès que l'enclave cesse, la servitude s'éteint. Cette extinction s'opère de plein droit, même si la servitude a été établie conventionnellement. À défaut d'accord amiable, elle est constatée par une décision de justice (C. civ., art. 685-1).

3) Les servitudes établies par le fait de l'homme

Trois modes de constitution permettent au propriétaire d'établir, par sa volonté, des servitudes.

a) Le titre

Il constitue le mode normal d'établissement de n'importe quelle servitude (C. civ., art. 690 et 691, al. 1er). Il s'agit de tout acte (convention, testament...) par lequel le propriétaire d'un fonds servant concède ou reconnaît la servitude.

Le Code civil, en son article 686, garantit une grande liberté d'établissement des servitudes en permettant « *aux propriétaires d'établir sur leurs propriétés, ou en faveur de leurs propriétés, telles servitudes que bon leur semble* ». Hormis la publicité de l'acte, qui doit être publié à la conservation des hypothèques pour être opposable aux tiers, aucune condition de forme de l'acte n'est exigée, ni même une contrepartie financière de la charge imposée au fonds servant. Les seules limites à un tel établissement sont les limites habituelles dues à l'ordre public et dues au fait qu'on ne peut pas établir des charges personnelles mais seulement des charges réelles.

Le titre précise l'usage et l'étendue des servitudes qu'il établit. À défaut, les dispositions du Code civil, qui sont donc supplétives, s'appliquent.

---

10. Cass. 3e civ., 14 janv. 2016, n° 14-26640.

b) La possession trentenaire

Le Code civil prévoit que ce mode d'établissement n'est valable que pour les servitudes continues et apparentes (C. civ., art. 690), de surcroît seulement établies par le fait de l'homme et non légales. Il confirme la règle en disposant que « *les servitudes continues non apparentes, et les servitudes discontinues apparentes ou non apparentes, ne peuvent s'établir que par titres* » (C. civ., art. 691). Parce que la servitude est continue et apparente, elle contredit ouvertement le droit du véritable propriétaire et peut ainsi s'y opposer. Dans les autres hypothèses, le propriétaire peut être surpris par l'établissement d'une servitude qu'il n'a pu percevoir pendant trente ans. Or on assiste à un paradoxe : le droit refuse d'établir une servitude de passage (discontinue) par prescription au profit d'une personne qui passe sur le fonds voisin pendant plus de trente ans. Pourtant, par le même phénomène de la prescription, cette même personne peut acquérir la propriété de l'assiette de ce passage, c'est-à-dire la bande de terrain utilisée pour le passage.

Le Code civil précise également qu'il ne peut s'agir que d'une « prescription de trente ans », ce qui exclut, sans réelle explication, toute possibilité de prescription abrégée.

c) La destination du père de famille

Le père de famille visé ici est le propriétaire d'un fonds (ou de deux fonds contigus) qui l'a aménagé de telle sorte que si le fonds était divisé (ou les deux fonds séparés), une servitude existerait. Le propriétaire initial a affecté une partie d'un fonds au service d'une autre partie de ce fonds ou un fonds au service d'un autre fonds dont il est aussi propriétaire (route matérialisant un passage, fenêtre...). Cette situation de fait se transformera en servitude si la propriété des fonds est divisée. Cette division permet l'apparition d'un fonds servant et d'un fonds dominant entre lesquels la servitude est établie.

La destination du père de famille exige plusieurs conditions :

- une unité de propriétaire : les deux fonds, ou l'unique fonds ensuite divisé, doivent avoir appartenu au même propriétaire ;
- l'aménagement du fonds doit avoir été réalisé par ce propriétaire, ou il doit l'avoir maintenu, antérieurement à la division ;
- l'aménagement doit traduire l'idée d'un fonds au service de l'autre fonds.

La servitude n'apparaît qu'à la division du fonds (et si elle n'a pas été exclue par l'acte de division), et ce quelle qu'en soit la cause, qu'elle émane du propriétaire ou non. En revanche, le domaine d'application des servitudes par destination du père de famille est délicat. L'article 692 ne vise que les servitudes continues et apparentes, à l'égard desquelles la destination du père de famille « vaut titre », alors que l'article 694 semble également admettre ce type de constitution pour les servitudes discontinues[11]. Les servitudes doivent en tout état de cause être apparentes. Si elle est continue, l'article 692 dispense d'en faire la preuve par le titre à l'origine de la séparation puisque la destination du père de famille vaut titre. C'est donc à celui qui conteste l'existence de la servitude de prouver que le titre, à produire, contient une disposition qui l'exclut. En revanche, si la servitude est discontinue, celui qui s'en prévaut doit produire le titre. S'il

---

11. C. civ., art. 694, : « *La servitude continue d'exister activement ou passivement en faveur du fonds aliéné ou sur le fonds aliéné.* »

ne contient aucune convention relative à la servitude, la servitude existe (C. civ., art. 694). La destination du père de famille est confortée par l'absence dans le titre de mention contraire.

La Cour de cassation a précisé qu'il ne peut y avoir création d'une servitude par destination du père de famille à la suite d'une indivision au motif que la servitude exige deux fonds distincts alors que l'indivision suppose l'existence d'un seul fonds et de plusieurs propriétaires indivis.

4) Les servitudes constituées par le juge

Le décret du 4 décembre 1958 a prévu un cas particulier de création de servitude par le juge. L'article L. 451-1 du Code de l'urbanisme permet au juge du tribunal de grande instance d'instituer, par ordonnance et moyennant indemnité, une servitude de cour commune. Celle-ci vise à permettre la réalisation d'ensembles immobiliers en garantissant un espace entre les constructions. Elle consiste en une interdiction, pour les propriétaires voisins de ces ensembles, de bâtir ou de bâtir au-delà d'une certaine hauteur (servitude *non aedificandi* sur les fonds voisins). Elle reste aujourd'hui la seule servitude d'origine judiciaire.

Section 2

Le régime des servitudes

Les servitudes sont soumises à des règles communes relatives aussi bien à leur exercice qu'à leur extinction.

1• L'EXERCICE DES SERVITUDES

Droit d'usage de la chose d'autrui, la servitude a des conséquences aussi bien sur le propriétaire du fonds dominant que sur celui du fonds servant, dont il faut analyser les situations respectives.

A - La situation du propriétaire du fonds dominant

Le propriétaire du fonds dominant dispose du droit d'usage de la servitude et d'actions.

1) Le droit d'usage de la servitude

L'établissement d'une servitude accorde tous les droits qui sont nécessaires pour user de cette servitude (C. civ., art. 696). Le propriétaire du fonds dominant a le plein usage de la servitude. Il a également le droit de faire tous les ouvrages nécessaires pour l'usage et la conservation de la servitude C. civ., (art. 697), mais en principe ces ouvrages sont à ses frais, sauf disposition contraire du titre d'établissement (C. civ., art. 698).

Cette plénitude d'exercice de la servitude connaît toutefois quelques limites :

- selon l'article 702 du Code civil, « celui qui a un droit de servitude ne peut en user que suivant son titre, sans pouvoir faire, ni dans le fonds qui doit la servitude, ni dans le fonds à qui elle est due, de changement qui aggrave la condition du premier ». Le propriétaire du fonds dominant doit non seulement user de la servitude suivant son titre mais, en vertu du ***principe de la fixité des servitudes***, il ne doit ni l'aggraver, ni la modifier. Les juges du fond apprécient souverainement s'il y ou non-aggravation de la servitude. Ainsi, selon les circonstances, le passage de véhicules automobiles aggrave ou non une servitude ;
- la servitude ne doit être exercée que dans l'intérêt du fonds dominant.

2) Les actions du propriétaire du fonds dominant

Pendant longtemps deux types d'action ont été offerts au propriétaire pour défendre l'existence même de la servitude ou son exercice :

- pour faire reconnaître et respecter son droit de servitude, le propriétaire du fonds dominant dispose d'une action confessoire de servitude qui est une action de caractère pétitoire ;
- pour l'exercice de la servitude, il était admis à exercer les actions possessoires, sans restriction pour les servitudes continues et apparentes (qui sont susceptibles de possession) et à la condition qu'il y ait un titre pour les autres, jusqu'à leur abrogation par la loi n° 2015-177 du 16 février 2015 relative à la modernisation du droit.

B - La situation du propriétaire du fonds servant

1) L'obligation de respecter la servitude

En principe, le propriétaire du fonds servant n'est tenu que d'une obligation passive et d'aucune prestation positive. La plupart du temps, il doit seulement s'abstenir de tout ce qui pourrait gêner la servitude (C. civ., art. 701). Par application du principe de la fixité de la servitude, il ne peut ni en modifier l'usage, ni la rendre plus incommode. La sanction de la violation de cette règle réside dans la démolition des ouvrages qui entravent l'exercice de la servitude. Toutefois, un conflit risque de surgir entre l'exercice d'une servitude de passage du propriétaire du fonds dominant et le droit de se clore du propriétaire du fonds servant. La loi prévoit que le droit de passage constitue une exception au droit de tout propriétaire de clore son héritage (C. civ., art. 647). La jurisprudence apprécie en fonction des circonstances, considérant parfois que la pose d'une porte avec remise des clefs ne constitue aucune gêne à l'exercice de la servitude, et d'autres fois qu'elle en rend l'exercice plus incommode. La même incertitude se retrouve à propos de la pose d'une chaîne cadenassée à l'entrée d'un chemin : tantôt elle ne diminue pas l'usage de la servitude, tantôt elle en rend l'exercice plus difficile.

Par exception, si le titre le prévoit, la servitude peut être assortie d'obligations actives. L'article 698 du Code civil précise que les frais des ouvrages nécessaires à l'usage ou la conservation de la servitude reviennent au propriétaire du fonds dominant, « *à moins que le titre d'établissement de la servitude ne dise le contraire* ». Or ces frais d'ouvrages constituent des obligations positives. On en trouve beaucoup d'exemples dans la jurisprudence, qui justifie ces obligations par le fait qu'elles sont l'accessoire d'une charge réelle, la servitude. Les frais ne sont dus que s'ils sont la conséquence du non-respect, par le propriétaire du fonds servant, de son obligation de ne rien faire, qui diminue l'usage de la servitude ou la rend plus incommode. En cas de faute, les articles 697 et 698 ne s'appliquent pas, sa responsabilité relevant du droit commun.

L'article 699 du Code civil prévoit que dans le cas où le propriétaire du fonds servant est chargé de faire des ouvrages nécessaires au maintien de la servitude, il peut s'affranchir de cette charge en abandonnant le fonds asservi au propriétaire du fonds dominant.

2) L'interdiction de modifier l'état des lieux ou de déplacer l'assiette de la servitude

Le propriétaire du fonds servant ne doit pas non plus modifier l'état des lieux, ni l'assiette de la servitude (C. civ., art. 701, al. 2), sauf lorsqu'il y a aggravation de sa charge, c'est-à-dire si l'assignation primitive devient plus onéreuse pour lui. Dans cette dernière hypothèse, il doit en effet imposer au propriétaire du fonds dominant un autre endroit aussi commode pour l'exercice de sa servitude (C. civ., art. 701, al. 3). En revanche, si le propriétaire du fonds dominant sollicite pour sa seule commodité la modification de l'assiette de la servitude de passage, il doit seul supporter les frais de la nouvelle implantation.

3) L'action du propriétaire du fonds servant

Le propriétaire du fonds servant dispose également (par opposition à l'action confessoire) d'une action négatoire de servitude qui lui permet de faire démontrer que son fonds n'est pas grevé d'une servitude. Il doit prouver son droit de propriété et l'autre propriétaire devra prouver l'existence de la servitude.

2. L'EXTINCTION DES SERVITUDES

À côté de la perte de la chose (quand le fonds servant ou dominant est incorporé au domaine public), de la disparition des conditions prévues par la loi pour les servitudes légales[12] et de la renonciation à la servitude par le propriétaire du fonds dominant, les articles 703, 705 et 706 du Code civil prévoient trois grandes causes d'extinction des servitudes : l'impossibilité d'exercice de la servitude, la confusion et le non-usage trentenaire.

A - L'impossibilité d'exercice de la servitude

L'article 703 du Code civil prévoit que si un changement de l'état des choses en rend l'exercice impossible, la servitude s'éteint. Peu importe la cause du changement (cause naturelle, démembrement...), il suffit qu'elle conduise à une impossibilité absolue

12. Par exemple la cessation de l'état d'enclave entraîne l'extinction de la servitude de passage établie conformément à l'article 682 du Code civil.

d'user de la servitude. Malgré les tentatives de la doctrine, la jurisprudence refuse en effet d'assimiler la simple inutilité à l'impossibilité.

L'article 704 du Code civil précise que les servitudes « *revivent si les choses sont rétablies de manière qu'on puisse (à nouveau) en user* », si un délai de trente ans ne s'est pas écoulé, auquel cas la prescription extinctive jouerait son rôle. Tout le temps de l'impossibilité, la servitude est suspendue.

B - La confusion

En vertu de l'article 705 du Code civil, la servitude s'éteint dès lors que les deux fonds servant et dominant sont réunis dans une même main. Cette disparition de la servitude s'explique simplement par le fait que la présence de deux fonds en est une condition d'existence. Que cette condition de pluralité ne soit plus remplie et la servitude ne peut plus exister. Dans la même suite logique, la servitude peut réapparaître dans deux cas :

- si la confusion cesse avec rétroactivité (par exemple, en cas d'annulation de l'acte d'achat qui a réalisé la confusion) ;
- si les conditions de la destination du père de famille sont remplies lorsqu'une servitude découle de la situation des fonds, à l'occasion d'une revente, par exemple.

C - Le non-usage trentenaire

L'article 706 du Code civil énonce clairement que « *la servitude est éteinte par le non-usage pendant trente ans* ». La jurisprudence a précisé que le délai ne pouvait être abrégé quand bien même le propriétaire du fonds servant serait de bonne foi et titulaire d'un juste titre. Elle a également indiqué qu'il doit s'agir d'un non-usage total. Dans l'hypothèse où le non-usage ne serait que partiel, il réduirait simplement d'autant l'étendue de la servitude.

Toutes les servitudes établies par le fait de l'homme sont visées, y compris celles qui ne peuvent être constituées par la possession trentenaire. Il faut seulement faire une distinction entre les servitudes continues et les servitudes discontinues pour le calcul du délai et plus précisément le jour de son départ. Si la servitude est continue, puisqu'elle n'a pas besoin de l'intervention de l'homme pour exister, le délai de trente ans commence à courir du jour où a été fait un acte contraire à la servitude. Si la servitude est discontinue, puisqu'elle a besoin de l'intervention de l'homme, le délai commence à courir du jour où a été fait le dernier de ses actes.

En revanche, les servitudes légales, comme les servitudes d'utilité publique, ne sont pas soumises à ce mode d'extinction.

BIBLIOGRAPHIE

Lochouarn (D.), « Les servitudes légales de voisinage dans le droit civil et les usages locaux », Rev. huissiers 1998, p. 841.

Perinet-Marquet (H.), Servitudes, J-Cl. Notariat, fasc. 10, n° 58 à 67.

Robert (A.), *Rép. civ.*, v° Servitudes.

Romeu-Poblet (A.), *Comment s'exercent les servitudes en droit privé*, 1990, Litec.

CHAPITRE 11

L'usufruit, le droit d'usage et d'habitation

Le troisième titre du deuxième livre du Code civil relatif aux biens traite de l'usufruit, de l'usage et de l'habitation. Cette présentation témoigne de la similitude des notions. En effet, l'usage et l'habitation sont des usufruits à portée réduite ou des « diminutifs » de l'usufruit[1] : ce sont des droits réels qui permettent d'user et de jouir de la chose dont une autre personne est propriétaire. L'analyse de la notion d'usufruit (section 1) et de son régime (section 2) est donc le préalable à celle de ses déclinaisons que constituent le droit d'usage et le droit d'habitation (section 3).

Section 1

La notion d'usufruit

L'article 578 du Code civil définit l'usufruit comme « *le droit de jouir des choses dont un autre a la propriété comme le propriétaire lui-même, mais à la charge d'en conserver la substance* ».

Ainsi, sur un même bien des droits parallèles et même concurrents sont exercés :

- une personne, l'usufruitier, à la jouissance du bien, c'est-à-dire l'*usus* et le *fructus* ;
- une autre personne, le nu-propriétaire, détient seulement l'*abusus*. Le titulaire initial du droit, « nu » puisque dépouillé de l'*usus* et du *fructus*, n'a plus qu'un droit diminué, la nue-propriété.

Cette répartition des prérogatives du droit de propriété entre l'usufruitier et le nu-propriétaire conduit traditionnellement à présenter l'usufruit comme un démembrement de ce droit. L'usufruit et la nue-propriété sont deux droits réels concurrents. En principe, les titulaires des deux droits s'ignorent, car ils n'ont pas d'obligation positive l'un envers l'autre. Toutefois, cette coexistence sur une même chose de deux droits réels de nature différente n'est pas sans conséquences. Non seulement, les deux titulaires ont un intérêt commun à la conservation de la chose, mais encore pour certains actes leur consentement respectif est même exigé[2]. De même la conclusion de conventions d'indivision

1. Terré (F.) et Simler (Ph.), *Droit civil, Les biens,* 9e éd., 2014, Dalloz, n° 859.
2. Telle la conclusion de baux commerciaux ou ruraux ou d'habitation pour une durée supérieure à 9 ans (C. civ., art. 595). De même, l'échange d'un bien par l'usufruitier nécessite l'accord du nu-propriétaire sous peine de nullité relative : Cass. 3e civ., 23 mai 2002 : D. 2002. IR, p. 1882.

est-elle devenue possible entre eux (C. civ., art. 1873-16). La loi n° 2001-1135 du 3 décembre 2001 relative aux droits du conjoint survivant admet en matière successorale que l'usufruitier aussi bien que le nu-propriétaire puisse demander la conversion de l'usufruit du conjoint survivant en une rente viagère (C. civ., art. 759). Ces évolutions ont conduit la doctrine moderne à concevoir les droits issus de l'usufruit comme des droits égaux et non de natures différentes. Le doyen Carbonnier voit ainsi dans l'usufruit plus une limitation de la propriété dans ses attributs et sa durée, une propriété temporaire limitée aux fruits, qu'un véritable démembrement de la propriété.

Cette répartition des droits a une justification sociale qui ne suffit pas à effacer tous ses inconvénients, notamment économiques.

L'usufruit correspond à un mode de vie : constituant une source de revenus, il assure à son bénéficiaire un moyen d'existence. Cette fonction alimentaire apparaît dans le droit de la famille. L'usufruit permet en effet de régler les droits du conjoint survivant : dans la succession *ab intestat*, la loi confère au conjoint survivant un droit d'usufruit sur les biens du défunt ; fréquemment aussi un ascendant (père ou mère) fait de son vivant le partage de ses biens entre ses enfants, mais se réserve l'usufruit.

La même fonction sécuritaire apparaît, en dehors des arrangements familiaux, quand le propriétaire d'un immeuble cède celui-ci, en se réservant jusqu'à la fin de sa vie l'usufruit de son bien. Sous la forme de vente en viager, l'usufruit est une réponse aux problèmes du troisième âge et un exemple de sa fonction sociale. Un autre exemple est donné par l'usufruit locatif social qui permet à des investisseurs privés, nu-propriétaires, de financer une construction sans prêt aidé par l'État[3].

Les critiques de l'institution :

- l'usufruit est une institution qui vient du droit romain : conçu pour une société agraire et pastorale, il s'adapte mal à une société industrielle, aux nouveaux biens industriels et financiers ;
- économiquement aussi l'usufruit est critiquable : l'usufruitier a tendance à essayer de profiter au maximum du bien sans se soucier de l'épuiser, d'autant qu'il ne sera pas indemnisé s'il l'a amélioré au cours de l'usufruit. Quant au nu-propriétaire, il se désintéresse du bien dont il ne jouit pas (de plus il s'agit bien souvent de personnes âgées, sans grands moyens). Dès lors, s'il y a de grosses réparations à faire, ni l'un ni l'autre ne veut s'en charger, au risque de nuire à la chose. Ce constat peut être tempéré dans la mesure où il existe toutefois une certaine union d'intérêts : les deux parties ont un intérêt commun à la conservation de la chose ;
- juridiquement, l'usufruit bloque l'échange : il est beaucoup plus difficile de vendre un bien sur lequel s'exercent deux droits ;
- enfin, l'usufruit est parfois frauduleux, destiné, par exemple, à déguiser un bail pour éviter le droit au maintien dans les lieux du locataire.

L'usufruit est un droit réel temporaire, le plus souvent viager, conférant à son titulaire le pouvoir d'user et de jouir de biens appartenant à une autre personne à charge d'en conserver la substance. Ses caractères ainsi que ses modes de constitution permettent d'en cerner mieux la notion.

3. CCH, art. L. 253-1 et s.

1• LES CARACTÈRES DE L'USUFRUIT

L'usufruit est un droit réel et temporaire

A - Un droit réel

La nature réelle du droit d'usufruit s'impose quel qu'en soit l'objet.

1) La nature réelle du droit d'usufruit

À la différence d'un locataire qui ne dispose que d'un droit personnel, l'usufruitier est investi d'un droit qui s'exerce directement sur la chose, sans l'intermédiaire d'une personne. Il a un pouvoir immédiat et direct sur elle.

Le caractère réel de l'usufruit emporte plusieurs conséquences :

– il bénéficie d'un droit de suite et comme tout droit réel est susceptible de possession et d'hypothèque ;
– l'usufruit est judiciairement sanctionné par une action réelle : l'usufruitier est protégé contre les usurpations des tiers par une action en revendication ;
– l'usufruitier ne peut être contraint de recevoir le rachat de son droit, ni se voir imposer la conversion de son droit en une créance de somme d'argent ;
– l'usufruit est susceptible de possession et d'hypothèque.

2) L'objet de l'usufruit

Les biens susceptibles d'usufruit sont très variés :

– selon l'article 581 du Code civil, l'usufruit « *peut être établi sur toute espèce de **biens meubles ou immeubles*** ». Ainsi, l'usufruit est un droit tantôt mobilier, tantôt immobilier, selon la nature du bien qu'il grève ;
– il peut également porter sur des ***biens corporels ou incorporels*** (créances, valeurs mobilières, brevets d'invention, rente viagère, sous-location...). Il peut même porter sur un autre usufruit (par exemple, dans le cas où un parent exerce son droit de jouissance légale sur un usufruit donné ou légué à son enfant mineur) ;
– l'usufruit peut encore porter sur des ***biens consomptibles ou non***. Il présente toutefois une particularité quand il porte sur des biens consomptibles. Selon l'article 578 du Code civil, l'usufruitier exerce son droit sur le bien « *à charge d'en conserver la substance* », il semble donc qu'il ne devrait s'agir que de biens non consomptibles. C'était la solution du droit romain et pourtant le Code a prévu, dans son article 587, la possibilité d'un usufruit sur des biens consomptibles « *comme l'argent, les grains, les liqueurs* ». On parle dans ce cas de *quasi-usufruit* : le quasi-usufruitier peut utiliser le bien et le consommer, à charge de rendre à l'expiration de son droit « *soit les choses de même quantité et qualité, soit leur valeur estimée à la date de la restitution* ». Le quasi-usufruit est généralement l'accessoire d'un usufruit plus vaste, portant sur l'ensemble d'une succession par exemple. Le nu-propriétaire cesse d'être un propriétaire pour devenir un simple créancier du quasi-usufruitier qui est devenu propriétaire et peut disposer librement des biens contenus dans le quasi-usufruit ;

- enfin, l'usufruit peut porter sur des ***biens isolés ou sur une universalité*** (de fait, comme un fonds de commerce, ou de droit, comme une succession). Le Code civil a prévu le cas de l'usufruit d'un troupeau (C. civ., art. 616) et celui, en cas de succession, d'un patrimoine (conjoint survivant ; C. civ., art. 757) ou d'une quote-part de patrimoine. L'usufruit est alors qualifié d'usufruit universel ou à titre universel.

La situation économique la plus intéressante est celle de l'usufruit d'un fonds de commerce. Le fonds de commerce est une universalité de fait composé d'éléments corporels (marchandises, outillage, matériel) et d'éléments incorporels (clientèle, droit au bail, nom, droits de propriété intellectuelle). L'usufruitier a la jouissance de tous ces biens et la propriété des biens consomptibles, comme les marchandises ou les matières premières, dont il peut librement faire le commerce. En revanche, il ne peut disposer du fonds, qu'il devra restituer à l'expiration de l'usufruit.

L'usufruitier est tenu de jouir de la chose « comme le propriétaire lui-même », il est donc tenu en principe d'exploiter le fonds, soit directement, et dans ce cas il devient commerçant, soit en le donnant en location-gérance.

B - Un droit temporaire

L'usufruit est généralement viager. Une durée plus brève peut lui être fixée par la convention qui l'a établi, cette durée ne pouvant excéder trente ans lorsque l'usufruit est accordé à une personne morale (C. civ., art. 619). En moyenne, la durée de l'usufruit est de vingt ans.

Ce caractère temporaire s'oppose à la perpétuité de la propriété et se justifie par la crainte de voir réapparaître la distinction de l'ancien droit entre domaine éminent (nue-propriété) et domaine utile (usufruit).

2. LA CONSTITUTION DE L'USUFRUIT

Il existe plusieurs modes de constitution de l'usufruit. Des obligations sont à la charge de l'usufruitier dès l'ouverture de celui-ci.

A - Les modes de constitution de l'usufruit

L'article 579 du Code civil énonce deux modes d'établissement de l'usufruit : la loi et la volonté de l'homme. Il en existe un troisième : la prescription acquisitive.

1) L'usufruit légal

L'usufruit peut être institué par la loi, le plus souvent en matière successorale dans 3 cas :

- ***l'usufruit du conjoint survivant*** : l'article 757 du Code civil, issu de la loi du 3 décembre 2001 opérant réforme des successions, prévoit, lorsque le défunt n'a pris aucune disposition testamentaire et laisse un conjoint et des enfants issus du couple, une option pour le conjoint survivant. Il peut choisir entre recueillir le quart des biens en pleine propriété ou la totalité des biens en usufruit. Ce choix disparaît lorsque le défunt laisse des enfants qui ne sont pas issus du couple, le conjoint recevant alors un quart en pleine propriété.

Le Code civil précise les modalités d'exécution du choix et celles de la conversion de l'usufruit en rente viagère (C. civ., art. 759 et s.) ;

- ***l'usufruit*** de la prestation compensatoire : en cas de divorce, l'article 274 du Code civil prévoit la possibilité d'une attribution de biens en usufruit comme modalité d'exécution de la prestation compensatoire en capital ;
- le ***droit de jouissance légale des parents*** sur les biens de leur enfant mineur jusqu'à ce qu'il ait atteint l'âge de 16 ans accomplis (C. civ., art. 382, 383, 384, al. 1). Jusqu'à cet âge, les biens sont la propriété personnelle de l'enfant ; mais les parents en perçoivent les revenus pour les appliquer aux charges de l'éducation (C. civ., art. 385), à l'exclusion des biens que l'enfant peut acquérir par son travail (C. civ., art. 387).

2) L'usufruit constitué par la volonté de l'homme

Dans de nombreux cas, l'usufruit est constitué par un acte juridique, testament ou acte entre vifs.

L'usufruit est généralement constitué par testament. On le qualifie alors d'usufruit volontaire. L'usufruit testamentaire est une libéralité couramment utilisée : une personne lègue tout ou partie de ses biens en usufruit (usufruit à titre particulier d'un bien, usufruit à titre universel d'une quote-part de la succession ou usufruit universel de la succession).

L'usufruit peut être établi par contrat, à titre gratuit ou onéreux : soit le propriétaire cède à un tiers la jouissance du bien en en retenant la nue-propriété, soit il vend la nue-propriété de son bien, s'en réservant l'usufruit ; il y a création de l'usufruit par voie de rétention.

L'usufruit portant sur un immeuble étant un droit réel, sa constitution est soumise à la publicité.

Cette technique de l'usufruit conventionnel est utilisée en matière familiale lorsque des parents souhaitent aider leurs enfants en leur transmettant la nue-propriété tout en conservant la jouissance de leurs biens, le plus souvent immeubles. Non seulement elle présente l'avantage de garantir la sécurité matérielle des parents mais elle est fiscalement intéressante puisque les droits de donation ne sont payés que sur l'usufruit et la reconstitution de la pleine propriété à leur décès se fait ensuite sans aucun droit supplémentaire à acquitter.

3) L'usufruit constitué par prescription acquisitive

Comme tout droit réel, l'usufruit peut être acquis par la prescription acquisitive. Il s'agira en matière immobilière d'une prescription trentenaire ou abrégée de dix ans si les conditions en sont réunies (une personne de bonne foi qui a été instituée « *a non domino* » et qui a donc un juste titre), et en matière mobilière de l'acquisition instantanée de l'article 2276 du Code civil[4].

---

4. V. *supra*, p. 122.

B - Les obligations de l'usufruitier à l'ouverture de l'usufruit

En contrepartie de ses droits et de ses pouvoirs, l'usufruitier est tenu, dès l'ouverture de l'usufruit, à certaines obligations. Il doit faire un inventaire des meubles et un état des immeubles sujets à l'usufruit et fournir une caution.

1) L'établissement de l'inventaire

L'article 600 du Code civil impose qu'un « *inventaire des meubles et un état des immeubles* » soit dressé. Cette formalité (acte sous seing privé ou acte notarié établi aux frais de l'usufruitier) se justifie par l'obligation de l'usufruitier de conserver la substance de la chose qu'il doit restituer à la fin de l'usufruit. L'inventaire permet d'apprécier si l'usufruitier s'est bien acquitté de ses obligations et de déterminer quels biens devront être restitués.

Le défaut d'inventaire n'entraîne pas la déchéance de l'usufruit mais permet au propriétaire de refuser de délivrer le bien. Si la prise de possession a déjà eu lieu, il est autorisé à faire constater lui-même, et ce par tous moyens, y compris la commune renommée, la consistance et l'état des biens objets de l'usufruit. Dans certains cas, l'usufruitier est dispensé dans l'acte conventionnel constitutif de l'usufruit de cette obligation d'inventaire. Le nu-propriétaire peut alors faire établir l'inventaire à ses frais.

2) La fourniture d'une caution

L'usufruitier doit fournir au nu-propriétaire une personne, physique ou morale, qui se porte caution de la bonne exécution de ses obligations. Cette obligation de donner « *caution de jouir en bon père de famille* », s'explique par les nombreuses obligations financières de l'usufruitier envers le nu-propriétaire (par exemple, le paiement des dépenses d'entretien ou des réparations en cas de détérioration du bien lors de sa restitution).

Le défaut ou retard de caution n'entraîne pas non plus la déchéance du droit :

- le défaut de caution est sévèrement sanctionné par les articles 602 et 603 du Code civil (mise sous séquestre des immeubles, vente des biens meubles...) ;
- le simple retard à fournir une caution « ne prive pas l'usufruitier des fruits auxquels il peut avoir droit ; ils lui sont dus du moment où l'usufruit a été ouvert » (C. civ., art. 604).

Il existe aussi des cas dans lesquels l'usufruitier est dispensé de fournir une telle caution. Ainsi en est-il pour :

- les parents, pour l'usufruit légal des biens de leurs enfants ;
- le vendeur ou le donateur, lorsque la vente ou la donation a eu lieu avec réserve d'usufruit ;
- l'usufruitier, dispensé dans l'acte constitutif de l'usufruit lui-même (en cas d'accord entre l'usufruitier et le nu-propriétaire).

Section 2
Le régime de l'usufruit

L'analyse du régime conduit à examiner aussi bien la vie de l'usufruit, c'est-à-dire son fonctionnement, que son extinction.

1• LE FONCTIONNEMENT DE L'USUFRUIT

L'usufruitier et le nu-propriétaire disposent de deux droits isolés l'un de l'autre et n'ont, en principe, aucun rapport l'un avec l'autre, contrairement à ce qui se passe en cas de bail, par exemple. Ainsi, même si socialement et économiquement l'usufruitier et le nu-propriétaire peuvent avoir une communauté d'intérêts, tout au long de l'usufruit on va trouver d'une part l'usufruitier qui a des droits et des obligations, et d'autre part le nu-propriétaire qui a des droits et des obligations symétriques à ceux de l'usufruitier.

A - Les droits et obligations de l'usufruitier

1) Les droits de l'usufruitier

Alors que le Code civil ne contient aucun article sur les droits du nu-propriétaire, il expose de façon détaillée ceux de l'usufruitier qui dispose, comme son nom l'indique, du droit d'usage *(usus)* et de jouissance *(fructus)* de la chose.

a) Le droit d'usage (l'usus)

L'usufruitier a en premier lieu le droit d'utiliser la chose « *comme le propriétaire lui-même* » (C. civ., art. 578).

Ce pouvoir d'usage est large, puisqu'il s'étend aux accessoires de la chose (augmentation de terrain comme droits de servitude ou « *tous les autres droits dont le propriétaire peut jouir* » ; C. civ., art. 596 et 597).

La seule limite au pouvoir d'usage de l'usufruitier trouve sa source dans son obligation de conserver la substance du bien qu'il doit restituer à la fin de l'usufruit.

b) Le droit de jouissance (le fructus)

L'usufruitier perçoit les fruits naturels civils et industriels de la chose. En revanche, il n'a pas droit aux produits, qui par définition altèrent la substance de la chose alors qu'il doit la conserver, sauf s'ils sont assimilés à des fruits (par exemple, les bois de haute futaie mis en coupe réglée – C. civ., art. 591, – ou les carrières régulièrement ouvertes – C. civ., art. 598). L'acquisition se fait par la perception, c'est-à-dire la cueillette, pour les fruits naturels et industriels (C. civ., art. 585), alors que les fruits civils, tels des loyers, s'acquièrent jour par jour. L'usufruitier n'en est propriétaire qu'à proportion de la durée de son usufruit (C. civ., art. 586).

Les articles 589 à 594 du Code civil précisent les règles particulières de jouissance des meubles.

Utiliser ou exploiter la chose implique des actes de gestion et d'administration. Or il faut distinguer selon la nature des actes : l'usufruitier peut faire sur le bien des actes d'administration mais non de disposition, car il ne peut engager le nu-propriétaire.

En matière de baux, il peut alors contracter seul des baux d'habitation mais ils ne seront opposables au nu-propriétaire que s'ils sont inférieurs à une durée de neuf ans. Dans le cas contraire, ce dernier ne pourrait se voir contraint de les respecter à la fin de l'usufruit sauf « *pour le temps qui reste à courir, soit de la première période de 9 ans, si les parties s'y trouvent encore, soit de la seconde, et ainsi de suite de manière que le preneur n'ait que le droit d'achever la jouissance de la période de neuf ans où il se trouve* » (C. civ., art. 595, al. 2).

Quant aux baux commerciaux, industriels, artisanaux ou ruraux, l'usufruitier ne peut pas les accorder, sous peine de nullité, sans l'autorisation du nu-propriétaire (ou autorisation judiciaire en cas de refus injustifié de celui-ci), car ces actes sont si importants qu'ils sont considérés comme des actes de disposition (C. civ., art. 595, al. 4). Cette règle issue de la loi n° 65-570 du 13 juillet 1965 instaure ainsi des relations entre nu-propriétaire et usufruitier témoignant de l'évolution de la notion.

Enfin, n'oublions pas que, s'il n'a aucun pouvoir de disposition sur le bien lui-même (l'*abusus* revenant au nu-propriétaire), l'usufruitier peut « vendre ou céder son droit à titre gratuit » (C. civ., art. 595).

2) Les obligations de l'usufruitier

L'article 601 du Code civil impose à l'usufruitier de « *jouir de la chose en bon père de famille* », comme le ferait un propriétaire soigneux et diligent. À la fin de l'usufruit, il a l'obligation de restituer la chose, soit en nature, soit en argent, obligation à laquelle il ne peut se soustraire qu'en cas de force majeure, appréciée par la jurisprudence. Cela implique que, durant l'usufruit, il doit conserver la substance de la chose et doit l'entretenir.

a) L'obligation de conserver la substance de la chose

Le Code civil impose à l'usufruitier de « *conserver la substance de la chose* » (C. civ., art. 578). À ce titre, il ne doit ni la détruire, ni en modifier la destination. Il ne peut notamment pas transformer un bail d'habitation en bail commercial, car ce serait porter atteinte à la substance de la chose.

L'usufruitier doit en fait se comporter comme les « anciens propriétaires » (C. civ., art. 590, al. 1er, 591 et 593), ce qui entraîne de nombreuses obligations, toutes destinées à lui permettre de restituer la chose dans son intégralité. L'usufruitier ne prend pas non plus le risque de modifier la chose matériellement, car la loi prévoit qu'il ne peut obtenir aucune indemnisation à la fin de l'usufruit pour les améliorations qu'il aurait pu apporter à la chose (C. civ., art. 599, al. 2).

b) L'obligation d'entretenir la chose

L'usufruitier a l'obligation de contribuer aux charges inhérentes à la jouissance de la chose (dites charges usufructuaires) : réparations d'entretien comme charges périodiques :

– l'usufruitier est tenu d'effectuer les ***réparations d'entretien*** de la chose (C. civ., art. 605, al. 1er), le nu-propriétaire pouvant même exiger qu'il les réalise ou en réclamer le remboursement s'il a été contraint de les entreprendre lui-même. La loi laisse à la charge du nu-propriétaire les grosses réparations (C. civ., art. 605, al. 2), sauf si elles sont imputables à l'usufruitier. En revanche, tout comme le nu-propriétaire, l'usufruitier n'est pas tenu de reconstruire le bien qui serait tombé en ruine pour cause de vétusté ou aurait été détruit par cas fortuit (C. civ., art. 607).

On retrouve le type de répartition des charges entre le nu-propriétaire et l'usufruitier et celle opérée entre le propriétaire et le locataire : les grosses réparations incombent au premier, les dépenses d'entretien au second. Le Code civil cite parmi les grosses réparations celles relatives aux gros murs, voûtes, poutres et couvertures entières ainsi qu'aux digues, murs de soutènement, ou clôture en entier (C. civ., art. 606). Toutes les autres réparations sont considérées comme des réparations d'entretien (C. civ., art. 606, al. 3), la Cour de cassation ayant précisé que « *l'article 606 du Code civil énumère limitativement les grosses réparations* »[5] ;

- l'usufruitier supporte les ***charges usufructuaires, c'est-à-dire les charges périodiques*** découlant de l'usufruit : elles correspondent aux « charges des fruits » (C. civ., art. 608), tels les impôts ordinaires calculés sur le revenu des biens (et non les impôts extraordinaires calculés sur le capital qui restent à la charge du nu-propriétaire ; C. civ., art. 609) ou l'impôt foncier.

B - Les droits et obligations du nu-propriétaire

Dépourvu des droits d'usage et de jouissance attribués à l'usufruitier, le nu-propriétaire ne dispose que de droits limités qui font écho à de faibles obligations.

1) Les droits du nu-propriétaire

Le nu-propriétaire conserve l'*abusus*, ce qui signifie le droit d'aliéner le bien. Mais cette faculté est limitée, car la cession ne peut porter sur l'usufruit. En pratique, il est difficile de trouver une personne qui accepte de conclure un acte portant sur un bien occupé ou exploité par un usufruitier. Le consentement de l'usufruitier est en général recherché pour une vente simultanée de l'usufruit et de la nue-propriété, le prix de la vente étant alors réparti entre lui et le nu-propriétaire. À défaut d'accord avec l'usufruitier, le nu-propriétaire ne peut le contraindre à vendre la pleine propriété du bien grevé d'usufruit (C. civ., art. 815-5, al. 2, au chapitre de l'indivision).

Le nu-propriétaire n'a pas le droit aux fruits de la chose mais aux produits qui échappent à l'usufruitier. Il a le droit d'exercer toutes les prérogatives permettant d'éviter la dégradation du bien.

2) Les obligations du nu-propriétaire

Conformément à l'indépendance de principe des deux droits de l'usufruitier et du nu-propriétaire, ce dernier a l'*interdiction de troubler l'usufruitier* dans l'exercice de son droit (C. civ., art. 599 : le propriétaire ne peut pas nuire aux droits de l'usufruitier). En revanche, il peut demander sa déchéance en cas d'abus de jouissance, ce qui implique qu'il a le droit de surveiller la gestion de l'usufruitier.

---

5. Cass. com., 12 juin 2012, n° 11-11424 : JCP E 2012, 1493, note H. Hovasse.

Le nu-propriétaire est tenu des charges qui n'incombent pas à l'usufruitier, notamment les charges non périodiques et les *grosses réparations* (C. civ., art. 605 et 606). S'il refuse d'entreprendre ces dernières, l'usufruitier n'a aucun moyen de l'y contraindre et s'il les effectue lui-même, il ne pourra en obtenir le remboursement qu'à la fin de l'usufruit, et la somme réclamée ne pourra dépasser ni les dépenses engagées, ni la plus-value apportée à l'immeuble par les travaux. En revanche, la jurisprudence considère que si l'usufruitier donne le bien, il est tenu, en tant que bailleur, aux grosses réparations à l'égard des locataires. Il peut ensuite se retourner contre le nu-propriétaire.

2• L'EXTINCTION DE L'USUFRUIT

L'usufruit est un droit temporaire. Quelles qu'en soient les causes d'extinction, à la fin de l'usufruit, la propriété se reconstitue dans sa plénitude sur la tête du nu-propriétaire. L'usufruitier, détenteur précaire et débiteur d'un corps certain, doit lui restituer la chose grevée d'usufruit. Cette obligation constitue la principale conséquence de l'extinction de l'usufruit.

A - Les causes d'extinction de l'usufruit

Le Code civil décrit « comment l'usufruit prend fin » (intitulé même de la section III du chapitre relatif à l'usufruit). Les articles 617 et 618 du Code civil énumèrent différentes causes d'extinction que l'on peut classer en causes normales et causes exceptionnelles.

1) Les causes normales

Le caractère temporaire de l'usufruit induit deux causes évidentes de son extinction :

- la ***mort de l'usufruitier*** en cas d'usufruit viager ;
- l'***arrivée du terme*** lorsque l'usufruit a été fixé pour une durée déterminée (usufruit conventionnel ou légal, comme le terme des trente ans de l'usufruit accordé à une personne morale).

2) Les causes exceptionnelles

De façon plus exceptionnelle, l'usufruit peut prendre fin :

- par la ***consolidation***[6]***,*** c'est-à-dire « la réunion sur une même tête des deux qualités d'usufruitier et de nu-propriétaire » (C. civ., art. 617) : le nu-propriétaire ou l'usufruitier acquiert le droit de l'autre ;
- par le ***non-usage de la chose pendant trente ans*** (prescription extinctive trentenaire) ;
- par la ***perte totale de la chose.*** La perte peut n'être que partielle « *si une partie seulement de la chose soumise à l'usufruit est détruite* » (C. civ., art. 623), auquel cas, l'usufruit se poursuit sur ce qui reste ;

---

6. B. Losfeld, « La consolidation. Réflexions sur un mode particulier d'extinction de l'usufruit », RTD civ. 2007, p. 1.

– par la déchéance judiciaire pour ***abus de jouissance*** (C. civ., art. 618). À la demande du nu-propriétaire, les tribunaux peuvent prononcer la déchéance à l'encontre de l'usufruitier qui se comporte de manière à compromettre la substance de la chose, « *soit en commettant des dégradations sur le fonds, soit en le laissant dépérir faute d'entretien* » (C. civ., art. 618) ;
– par la ***renonciation*** de l'usufruitier à son droit (C. civ., art. 622).

B - Les conséquences de l'extinction

L'usufruitier doit restituer la chose et, éventuellement, à l'issue d'un règlement des comptes, indemniser le nu-propriétaire.

1) La restitution de la chose

L'usufruitier doit restituer, en principe en nature, la chose objet de l'usufruit. Si l'usufruit porte sur des choses qui « se détériorent peu à peu par l'usage » (comme du linge ou des meubles meublants) il n'est « *obligé de les rendre, à la fin de l'usufruit, que dans l'état où elles se trouvent, non détériorées par son dol ou par sa faute* » (C. civ., art. 589).

Par exception, la restitution se fait par équivalent ou en argent dans deux cas :

– s'il s'agit d'un quasi-usufruit. Portant sur des biens consomptibles, il est impossible de restituer les biens d'origine. L'usufruitier doit alors rendre « *soit des choses de même quantité et qualité, soit leur valeur estimée à la date de la restitution* » (C. civ., art. 587) ;
– si le bien a été détruit par la faute de l'usufruitier. En revanche, si le bien a été détruit par un cas de force majeure, ce dernier n'est plus tenu à restitution ou indemnisation.

2) Le règlement des comptes

La restitution donne lieu à règlement de comptes permettant, à l'issue de l'évaluation des créances et des dettes respectives de l'usufruitier et du nu-propriétaire, de déterminer lequel doit, s'il y a lieu, indemniser l'autre.

a) Les charges de l'usufruitier

L'usufruitier a l'obligation de restituer au nu-propriétaire les fruits perçus à partir de la cessation de l'usufruit.

Il doit indemniser le nu-propriétaire en cas de dégradation de la chose due à un défaut d'entretien. En revanche, il n'a droit à aucune indemnité de la part du nu-propriétaire pour les améliorations qu'il aurait pu apporter à la chose (C. civ., art. 599, al. 2). La jurisprudence lui refuse aussi toute indemnisation pour des constructions nouvelles les considérant comme des améliorations. Cette solution conduit à traiter plus défavorablement l'usufruitier que le fermier, le locataire ou même le possesseur, qui pourtant n'a aucun droit sur la chose mais a droit au remboursement des constructions nouvelles qu'il effectue sur le terrain du propriétaire[7] .

7. V. *supra*, p. 88.

b) Les charges du nu-propriétaire

Lorsque l'usufruitier a entrepris lui-même les grosses réparations, qui pourtant incombent au nu-propriétaire (C. civ., art. 605), il peut en exiger le remboursement (et ce uniquement à la fin de l'usufruit).

Section 3

Les droits d'usage et d'habitation : déclinaisons de l'usufruit

Les rédacteurs du Code civil ont prévu deux modalités qui sont des diminutifs de l'usufruit : le droit d'usage et le droit d'habitation (C. civ., art. 625 à 636). Leur étude est réalisée par comparaison avec celle de l'usufruit puisque leurs règles sont communes, seule leur portée étant différente : le droit d'usage permet d'user de la chose d'autrui et d'en percevoir les fruits, dans la limite des besoins de son titulaire et de ceux de sa famille. Le droit d'habitation n'est qu'un droit d'usage restreint, limité à une habitation.

1 • LE DROIT D'USAGE

Malgré son étendue restreinte par rapport à l'usufruit, le droit d'usage fonctionne de façon identique à celui-ci.

A - L'étendue du droit d'usage

Le droit d'usage est un droit réel de même nature que l'usufruit, mais inférieur en étendue. En droit romain, l'usage ne comprenait que l'*usus,* puis on a admis que l'usager avait aussi droit à quelques fruits de la chose. Aux termes de l'article 630 du Code civil, l'usager a l'*usus* et le *fructus* mais limités, l'un et l'autre, à ses besoins et à ceux de sa famille. Il ne peut pas non plus céder son droit d'usage ou tirer de son objet un revenu locatif (C. civ., art. 631).

L'étendue du droit d'usage est fonction de la nature de la chose. Les parties peuvent constituer des droits d'usage et/ou d'habitation d'étendue variable, plus proches d'un véritable usufruit, en écartant conventionnellement certaines différences, ou, au contraire, plus limités encore que ne le prévoit la loi. Rien n'interdit par exemple aux parties de constituer un droit réel d'usage limité à une utilité particulière, à l'exclusion des autres. Ainsi est-il possible d'accorder un droit de chasse ou de pêche qui constitue un droit d'usage et non une servitude.

B - Le régime du droit d'usage

Plusieurs des articles du Code civil relatifs aux droits d'usage et d'habitation renvoient expressément au régime applicable à l'usufruit, à défaut de stipulations particulières du titre qui les établit (les règles légales sont donc supplétives).

1) La constitution du droit d'usage

a) Les modes de constitution

L'article 625 du Code civil précise que le droit d'usage (et d'habitation) s'établit comme le droit d'usufruit, ce qui n'est pas tout à fait exact puisqu'il n'existe aucun droit légal d'usage. Le droit d'usage est constitué soit par convention (directement ou par voie de rétention), soit par un testament, soit par prescription acquisitive (usucapion).

b) Inventaire et caution

Comme l'usufruitier, l'usager doit faire inventaire des meubles, dresser un état des immeubles et fournir caution. Il peut en être dispensé dans les mêmes conditions.

2) Le fonctionnement du droit d'usage

a) Les droits de l'usager

Lorsque le titre ne précise pas les droits de l'usager, la loi les limite à ses besoins et à ceux de sa famille, comprenant toute personne dont il a la charge (son conjoint, ses enfants, même ceux qui naissent après la constitution de son droit, ainsi que ses éventuels domestiques). Afin d'éviter les difficultés liées à la détermination des besoins d'une personne, il est préférable de préciser dans le titre constitutif l'étendue exacte de l'*usus* et du *fructus* de l'usager.

Le droit d'usage étant lié aux besoins de son titulaire et de sa famille, il a un caractère personnel très accentué. Il est en effet concédé *intuitu personae*, ce qui interdit à l'usager de le céder ou de le louer (C. civ., art. 631), sauf si le contrat ou la loi l'autorise (et alors que l'usufruitier, quant à lui, peut céder son droit). Incessible, le droit d'usage est aussi insaisissable. Il en résulte qu'il n'est pas non plus susceptible d'hypothèque.

Autre différence avec l'usufruit, où l'usufruitier peut louer la chose objet de l'usufruit, l'usager n'a même pas la possibilité de donner la chose à bail : il doit l'utiliser et l'exploiter lui-même, et ce dans les limites de ses besoins et de ceux de sa famille.

b) Les obligations de l'usager

Comme l'usufruitier, l'usager doit se conduire en bon père de famille et ne peut modifier la destination de la chose. Il est tenu à l'entretien, mais seulement dans la mesure de son usage (C. civ., art. 625, al. 2).

3) Extinction

Les causes d'extinction sont les mêmes que celles de l'usufruit. Le droit d'usage est un droit au maximum viager.

2. LE DROIT D'HABITATION

Le droit d'habitation n'est que le droit d'usage portant sur un logement dans lequel on retrouve la même limite et le même caractère personnel ou familial : son titulaire n'a que la faculté d'habiter avec sa famille le logement ou une partie de celui-ci, quand bien même « *il n'aurait pas été marié à l'époque où ce droit lui a été donné* » (C. civ., art. 632). L'article 633 du Code civil précise que « *le droit d'habitation se restreint à ce qui est nécessaire pour l'habitation de celui à qui ce droit est concédé, et de sa famille* ». Toute la difficulté consiste à apprécier ce qui est suffisant à l'habitation[8] ; parfois le propriétaire peut s'imposer dans le reste de la maison, d'autres fois non.

Les règles de l'habitation sont celles du droit d'usage : le droit d'habitation est incessible, insaisissable, insusceptible d'hypothèque et il ne peut pas être donné à bail.

Le titulaire du droit doit habiter lui-même ; il ne doit pas exploiter le bien.

Droit réel qui n'impose aucune obligation au propriétaire du logement, sinon l'obligation négative de ne pas en entraver l'exercice, et ne met pas de loyers à la charge de son titulaire, le droit d'habitation doit bien être distingué du bail. Celui-ci est en effet un droit personnel qui crée des obligations à l'encontre du bailleur et contraint le locataire au paiement de loyers sans lui conférer de droit réel.

BIBLIOGRAPHIE

AYNÉS (L.), « Les caractères de l'usufruit », Dr. & patr., mai 2005.42.

DOCKES (E.), « Essai sur la notion d'usufruit », RTD civ. 1995, p. 479.

KOURALEVA (P.), « L'usufruit, démembrement de la propriété ? », LPA, 19 juin 2009.

PIEDELIÈVRE (S.), Répertoire civil, v° Usage, habitation.

PONTON-GRILLET (D.), « Le droit d'usage et d'habitation : diminutif ou substitut du droit d'usufruit », D. 1992, chron. 235.

RIEG (A.), Répertoire civil, v° usufruit.

SIRINELLI (P.), « Le quasi-usufruit », LPA, 21 et 26 juillet 1993.

8. Par exemple, les juges ont pu considérer que pour une personne seule, deux pièces principales, une cuisine et une salle de bain suffisaient.

CHAPITRE 12

Les démembrements non prévus par le Code civil

La doctrine et la jurisprudence ont ajouté à la liste du Code civil un autre démembrement : l'emphytéose, à laquelle il faut ajouter deux autres baux de longue durée également reconnus comme des droits réels démembrés : le bail à construction et le bail à réhabilitation (section 1). La concession immobilière et le droit de superficie sont aussi traités parmi les démembrements, mais leur qualification controversée de droit réel incite à les étudier à part (section 2).

Section 1

Les baux de longue durée, droits réels démembrés

Par principe, les baux sont des droits personnels, le preneur ne disposant d'aucun droit direct sur la chose louée. Pourtant, lorsque les baux sont de très longue durée et ne sont assortis que de faibles obligations à la charge du bailleur, ils peuvent être accueillis parmi les droits réels démembrés : le preneur jouit de certains droits d'un propriétaire. C'est ce qui est admis pour l'emphytéose et les baux à construction ou à réhabilitation, ou le bail réel immobilier.

1 • L'EMPHYTÉOSE

L'emphytéose ou bail emphytéotique est un bail de très longue durée (de 18 à 99 ans, renouvelable par volonté expresse mais non par tacite reconduction[1]) qui ne peut porter que sur un immeuble (le plus souvent un fonds rural, mais il peut s'agir d'un fonds urbain), conférant au preneur (l'emphytéote) un droit réel susceptible d'hypothèque.

1. C. rur., art. L. 451-1, al. 2 : « *Ce bail doit être consenti pour plus de 18 années et ne peut dépasser 99 ; il ne peut se prolonger par tacite reconduction.* »

Malgré le silence du Code civil, la jurisprudence l'a toujours reconnu et la loi du 25 juin 1902 l'a consacré. Désormais, l'article L. 451-1 du Code rural précise que « *le bail emphytéotique de biens immeubles confère au preneur un droit réel susceptible d'hypothèque; ce droit peut être cédé et saisi dans les formes prescrites pour la saisie immobilière* ».

Proche de l'usufruit par sa nature juridique, l'emphytéose en emprunte les principales règles de fonctionnement.

A - La nature juridique de l'emphytéose

Par sa nature l'emphytéose devrait être un droit personnel, puisque le bail emphytéotique n'est qu'une variété du louage ; l'emphytéote ne devrait donc pas avoir de droit direct sur la chose louée, mais seulement un droit contre le bailleur.

Cependant, la longue durée du bail, son but (qui est souvent de permettre la mise en valeur de terrains incultes ou l'adoption d'un nouveau mode de culture ne produisant des fruits qu'après plusieurs années) ainsi que l'absence presque complète d'obligations à la charge du bailleur ont amené le législateur à accorder à l'emphytéote un droit réel qui lui confère, sous réserve de publication s'agissant d'un droit immobilier, des prérogatives opposables aux tiers et qu'il peut maintenir à leur encontre sans faire appel à son bailleur. Droit réel, l'emphytéose est donc cessible, saisissable et susceptible d'hypothèque. Elle confère aussi à son titulaire une action pétitoire par laquelle il peut réclamer la chose à un tiers.

Pour mieux comprendre la nature juridique de l'emphytéose, il convient de la distinguer d'autres institutions :

- ***l'emphytéose n'est pas un bail***: l'emphytéote a la jouissance de l'immeuble en contrepartie d'une redevance périodique ; son droit est transmis à ses héritiers mais il s'agit d'un droit réel immobilier alors que le preneur d'immeuble n'a qu'un droit de créance ;
- ***l'emphytéose n'est pas une servitude*** : l'emphytéose est un droit principal indépendant de la qualité de propriétaire d'immeuble ;
- ***l'emphytéose n'est pas un usufruit***: comme lui, l'emphytéose est un droit réel temporaire de jouissance portant sur la chose d'autrui, mais l'emphytéose n'est pas un droit viager (transmissible aux héritiers) ; elle dérive toujours d'un contrat (alors qu'il existe des usufruits légaux) ; elle ne s'établit jamais qu'à titre onéreux et ne peut porter que sur un immeuble (l'usufruit pouvant lui porter aussi bien sur des immeubles que des meubles) ; enfin, l'usufruitier n'est tenu d'aucune redevance.

B - Le fonctionnement de l'emphytéose

Les règles de fonctionnement sont proches de celles de l'usufruit tant en ce qui concerne la situation du bailleur et du preneur que la fin du bail.

1) La situation du bailleur et du preneur

L'*emphytéote* a des droits très étendus : à la seule condition de ne pas diminuer la valeur du fonds, il est libre d'opérer toutes opérations d'aménagement et de construction, et même des transformations et des modifications de destination.

Il peut céder son droit, hypothéquer le bien, constituer des servitudes (à charge d'en avertir le propriétaire si elles grèvent le fonds).

En contrepartie, il doit payer le canon, c'est-à-dire une redevance, en général faible compte tenu justement de ses charges de gestion, et qui a les caractères d'un loyer. Il est tenu à toutes les charges et contributions, ainsi qu'aux grosses réparations. L'emphytéote supporte ainsi des charges plus lourdes que l'usufruitier, qui n'est pas tenu aux grosses réparations.

Le *bailleur* est libéré de toutes les charges de l'immeuble et reçoit une redevance (le canon).

Le bail emphytéotique connaît un regain d'utilité pour les associations propriétaires de bâtiments importants qui n'ont pas toujours les moyens financiers pour procéder à leur remise en état. En recourant au bail emphytéotique, une association peut confier la partie technique de cette remise en état à un tiers locataire disposant des compétences techniques et l'immeuble lui reviendra à l'expiration du bail, libre de toutes les charges et contrats concédés par le locataire. En contrepartie, le locataire bénéficie de droits réels pendant une longue période qui lui laisseront la libre gestion du bien objet du contrat et la possibilité de le donner en garantie hypothécaire.

2) La fin du bail

a) Les modalités d'extinction

L'emphytéose prend fin soit :

- par l'expiration du terme ;
- par la *résolution pour inexécution* des clauses du bail (en cas de détériorations graves ou non-paiement de la redevance pendant deux ans) ;
- par la *perte de l'immeuble* (destruction matérielle ou expropriation pour cause d'utilité publique, l'emphytéote ayant alors droit à une indemnité distincte de celle du bailleur).

b) Les conséquences de l'extinction

L'emphytéote doit restituer au propriétaire le bien, avec tous les aménagements et constructions réalisés, et ce sans aucune indemnité, comme l'usufruitier. À la fin du bail, l'accession opère de plein droit, sauf convention contraire ; en revanche, elle profite à l'emphytéote pendant la durée du bail.

2. LE BAIL À CONSTRUCTION, LE BAIL RÉEL IMMOBILIER ET LE BAIL À RÉHABILITATION

L'emphytéose doit être rapprochée du bail à construction, qui en est la traduction en milieu urbain et du bail à réhabilitation.

A - Le bail à construction

Le bail à construction est un bail par lequel « *le preneur s'engage, à titre principal, à édifier des constructions sur le terrain du bailleur et à les conserver en bon état d'entretien pendant toute la durée du bail* » (L. 16 déc. 1964, art. 1er ; CCH, art. L. 251-1 à 251-9). Il sert notamment à l'aménagement et à l'urbanisation des zones nouvelles, le preneur s'engageant à construire sur le terrain loué. En cas de demande d'annulation du bail pour vil prix, la Cour de cassation, pour assurer plus de sécurité juridique, a écarté l'application de la théorie de l'inexistence pour préférer la nullité relative[2]. Comme l'emphytéote, le preneur est titulaire d'un droit réel immobilier cessible, saisissable et susceptible d'hypothèque. Il est propriétaire des constructions qu'il s'est engagé à édifier pendant le bail, qui dure également de 18 à 99 ans, en supporte les charges et frais d'entretien. À la fin du bail, le bailleur devient propriétaire des constructions, sans indemnité à verser.

B - Le bail à réhabilitation

Le bail à réhabilitation est une déclinaison du bail à construction. Introduit par la loi du 31 mai 1990[3], il a pour but non la construction mais la remise en état des immeubles en vue de la location à usage d'habitation. Conclu pour une durée minimum de douze ans, il confère pendant cette durée un droit réel immobilier au preneur qui ne peut être qu'une personne morale. Celle-ci « *s'engage à réaliser dans un délai déterminé des travaux d'amélioration sur l'immeuble du bailleur et à le conserver en bon état d'entretien et de réparations de toute nature en vue de louer cet immeuble pendant la durée du bail* » (CCH, art. L. 252-1). Le contrat doit indiquer « *la nature des travaux et leurs caractéristiques techniques et le délai de leur exécution* » (CCH, art. L. 251-1 al. 2). À la fin du bail, les améliorations ainsi réalisées bénéficient au bailleur sans que le preneur ne puisse exiger une indemnisation.

C - Le bail réel immobilier

L'ordonnance n° 2014-159 du 20 février 2014 relative au logement intermédiaire (art. 4, insérant les articles L. 254-1 à L. 254-9, CCH) introduit un nouveau bail de longue durée, appelé « bail réel immobilier » relatif au logement (dit aussi « ***BRILO*** »). Il est destiné à favoriser la construction de logements à des prix abordables dans les « zones

2. Cass. 3e civ., 21 sept. 2011, n° 10-21900 : Bull. civ. III, n° 152.
3. CCH, art. L. 252-1 et s.

tendues ». Ce dispositif vise à favoriser l'accession à la propriété de ceux qui ne bénéficient pas d'un accès au « parc social » mais qui ne peuvent financer une acquisition dans le parc privé en raison de ses prix élevés. La technique est la suivante : le propriétaire foncier conclut le bail avec un promoteur qui construit ou réhabilite des logements intermédiaires. Le bailleur reste propriétaire du sol tandis que le preneur, le promoteur dispose d'un droit de propriété sur les constructions le temps du bail longue durée (entre 18 et 99 ans). À l'issue du bail, le bailleur retrouve la propriété du bâti et le preneur ne peut pas réclamer d'indemnité pour amélioration, sauf stipulations contraires.

Le bail réel solidaire (BRS) instauré par l'ordonnance n° 2016-985 du 20 juillet 2018 prise en application de l'article 94 de la loi n° 2015-990 du 6 août 2015 est un nouveau bail réel de longue durée. Il est défini en ces termes : « bail par lequel un OFS (organisme foncier solidaire) consent à un preneur... pour une durée comprise entre 18 et 99 ans, des droits réels en vue de la location ou de l'accession à la propriété de logements... Ces logements sont destinés, pendant toute la durée du contrat, à être occupés à titre de résidence principale. Les décrets n° 2017-1037 et n° 2017-1038 du 10 mai 2017 rendent opérationnel le nouveau dispositif de la loi du 6 août 2015.

Section 2

Les démembrements controversés

La totalité des prérogatives du droit de propriété accordées au bénéficiaire du droit de superficie et la nature personnelle de la concession immobilière ont conduit la doctrine à hésiter à les reconnaître comme des démembrements. Pour le premier, c'est son caractère démembré du droit de propriété qui est contesté alors que pour la seconde, c'est sa nature réelle qui l'est.

1• LE DROIT DE SUPERFICIE

Le droit de superficie est un droit réel qui confère à un « superficiaire » la propriété des constructions et plantations érigées sur un fonds qui appartient à un autre, le « tréfoncier ».

Il y a coexistence de deux droits portant chacun sur un bien différent : le droit du superficiaire sur le dessus du fonds et le droit du tréfoncier sur le sol. Le droit de superficie constitue un aménagement du principe selon lequel le propriétaire du sol est propriétaire du dessus et du dessous[4] . Il y a un découpage horizontal de la propriété.

Cette « dissociation juridique de l'immeuble » conduit les auteurs à ne plus parler de démembrement, même horizontal, d'un droit de propriété, mais d'une superposition de différents droits de propriété, celui du superficiaire et celui du tréfoncier.

4. C. civ., art. 552. V. *supra*, p. 75.

Quelle que soit la qualification juridique retenue, le droit de superficie trouve toujours à s'appliquer, car il permet la réalisation de grands ensembles immobiliers, à niveaux superposés[5] et également l'appropriation privée, autrement impossible, de l'espace au-dessus de parcelles du domaine public. La dissociation en volumes du fonds permet de transférer la propriété de la surface (sols, gares...) à des personnes privées tout en maintenant dans le domaine public le tréfonds. L'inverse est possible, l'État pouvant accéder, en expropriant, à la surface de certains fonds nécessaires à la réalisation de ses projets d'intérêt public (constructions publiques telles des routes ou des parkings). Ainsi toutes sortes de superpositions peuvent se rencontrer[6].

A - Les modes de constitution

Le droit de superficie peut être constitué :

- *par convention* : vente, cession du droit de construire ou de planter, ou bail dans lequel le bailleur renonce au principe de l'accession, c'est-à-dire à la propriété des constructions et plantations réalisées par le preneur, contre indemnisation ou non ;
- *par usucapion*. En pratique, le possesseur acquiert la propriété du tout, c'est-à-dire aussi bien du sol que du dessus ou du dessous. Il acquiert la propriété plus que le droit de superficie tout seul.

B - Le régime

Malgré le silence de la loi, le droit de superficie est reconnu comme un droit réel qui confère les prérogatives de la propriété *(usus, fructus, abusus)* à son titulaire. À ce titre, il est perpétuel, sauf si la convention d'origine prévoit le contraire, cessible et susceptible d'hypothèque.

2. LA CONCESSION IMMOBILIÈRE

La concession permet de concéder la jouissance d'un bien. Il peut s'agir de concessions minières ou du domaine public. La concession la plus connue est la concession funéraire.

La concession immobilière est un « *contrat par lequel le propriétaire d'un immeuble ou partie d'immeuble, bâti ou non bâti, en confère la jouissance à une personne*

5. R. Savatier, « La propriété en volumes dans l'espace et la technique juridique des grands ensembles immobiliers », D. 1976, chron. 103.
6. Exemple cité par Ph. Malaurie et L. Aynès, *Droit civil. Les biens*, Defrénois, n° 902 : « à Paris, sous le même mètre carré de surface appartenant à un individu (ou au domaine public), il peut exister un tunnel pour le métro (concédé à la RATP), un garage privé (appartenant à un particulier ou à une société civile immobilière d'attribution), une voie publique (appartenant à la ville), couverte par un bâtiment, dont certains étages appartiennent à l'État, d'autres à des sociétés commerciales, d'autres des personnes physiques. Il y a, littéralement, superpositions de propriété privatives et publiques... On est assez proche de la copropriété de la loi de 1965, sauf que le sol n'est pas ici une partie commune mais fait l'objet d'une propriété distincte ».

dénommée concessionnaire, pour une durée de vingt ans au minimum et moyennant le paiement d'une redevance annuelle »[7].

La ressemblance avec le bail emphytéotique et le bail à construction existe (même si à la différence du bail emphytéotique ou du bail à construction, le loyer est élevé et le preneur n'a pas à faire de gros travaux sur l'immeuble) et autorise à considérer que le droit du concessionnaire est un droit réel.

Toutefois, ce droit est traditionnellement considéré comme un droit personnel. La concession immobilière ne conférant pas de droit réel apparaît comme un bail ordinaire.

BIBLIOGRAPHIE

Aulagnier, « Évaluation de l'usufruit et de la nue-propriété », Dr. & patr. nov. 1999, p. 64.

Chaput (J.-C.) et Rochegude (S.), « De la notion de droit de superficie à celle de volume immobilier », Defrénois 2007, art. 38570.

Courbe (P.), « L'entretien de la chose soumise à usufruit », JCP 1982. I.3070.

Gelot (B.), *La libre disposition de l'usufruit par le nu-propriétaire : du principe aux applications,* 1997, Defrénois, p. 961.

Danos (F.), « Le bail emphythéotique se distingue du bail à construction en ce qu'il ne comporte aucune obligation de construire à la charge du preneur », RDC 1er mars 2017, n° 01, p. 134.

Maly (Ch.), *Le bail à réhabilitation*, 2000, Litec.

Ponton-Grillet (D.), « Les aspects fiscaux de la relation entre usufruitier et nu-propriétaire », D. 1989, chron. 250.

Tixier, *Le bail à construction*, 2003, Litec.

7. Art. 48 Loi d'orientation foncière, n° 1253, 30 déc. 1967.

Bibliographie générale

ATIAS (Ch.), *Droit civil – Les biens*, 12e éd. 2014, Lexis Nexis, manuels Litec.

BENILSI (S.) et PIGNARRE (L.-F.), *Droit des biens*, 2012, LGDJ.

BERGEL (J.-L.), BRUSCHI (M.), CIMAMONTI (S.), *Les biens*, 2e éd., 2010, LGDJ.

DROSS (W.), *Droit civil. Les choses*, 2012, LGDJ.

DRUFFIN-BRICCA (S.), *L'essentiel du Droit des biens*, 10e éd., 2017, Gualino éditeur, coll. « Les Carrés ».

MALAURIE (P.) et AYNES (L.), *Droit civil. Les biens*, 7e éd., 2017, LGDJ.

MATHIEU (M.-L.), *Droit civil – Les biens*, 3e éd., 2013, Sirey, « coll. Université ».

MÉMETEAU (G.), *Droit des biens*, 8e éd., 2015, Larcier, Paradigme.

REBOUL-MAUPIN (N.), *Droit des biens*, 5e éd., 2014, Dalloz, coll. « Hypercours ».

REVET (Th.) et ZENATI-CASTAING (F.), *Les biens*, 3e éd., 2008, PUF, coll. « Droit fondamental ».

SCHILLER (S.), *Droit des biens*, 6e éd., 2013, Dalloz, coll. « Cours ».

SEUBE (J.-B.), *Les biens*, 6e éd., 2014, Litec, coll. « Objectif droit ».

SIMLER (P.) et TERRÉ (F.), *Droit civil, Les biens*, 9e éd., 2014, Dalloz.

STRICKLER (Y.), *Les biens*, 2006, PUF, coll. « Thémis droit ».

Index

N

O

P

Q

R

Imprimé en France - JOUVE, 1, rue du Docteur Sauvé, 53100 MAYENNE
N° 2608063N - Dépôt légal : août 2017